이그제큐티브 코칭의 이론과 실제

Executive
Coaching
: Theory and Practice

김현정

박영story

내가 코칭에 대해 관심을 갖기 시작한지 30년이 되어갈 무렵 코칭에 관한 학술서를 쓰게 되었다. 고등학생 시절, 기형적인 입시제도에 신음하는 학생들을 보았다. 대학을 갈 수 있는 학생과 그렇지 못한 학생 모두 그 안에서 나름의 고통을 겪고 있었다. 학교와 사회가 요구하는 대로 공부를 잘 하는 학생들조차 학교서열화에 따른 압박과 집단 따돌림 등으로 고통을 겪고 있었다. 성공적이라고 해서 다 행복한 것이 아니구나 라는 생각이 들었다.

나는 그들을 돕는 사람이 되고 싶었다. 그래서 대학원 지원서에 "세상을 바꾸고 싶다"고 썼다. 리더를 더 좋은 리더로 성장시키는 일을 함으로써 더 좋은 세상을 만들고 싶었다. 이때 성공하고 있는 사람들을 돕고 싶다는 나의 생각은 어른들도 불완전하며, 어떤 높은 자리에 있는 사람도 도움이 필요할 것이라는 가정을 세우게 만들었다. 이 가정은 맞았다.

성공한 사람도 도움이 필요하다. 그들도 갈등하고, 고뇌한다. 이제까지 성공하였다고 해서 앞으로도 성공할 수 있는 비밀 공식이 있는 것이 아니다. 많은 사람들이 그들을 따른다고 해서 그들에게 마음의 그림자가 없는 것도 아니다. 정상은 수많은 용단이 필요하고, 결정의 결과를 감내해야 하는 두려움을 이겨내야만 한다. 그들에게 영향을 받는 수많은 사람들을 생각하면, 그 무게를 짐작하기 어려울 정도이다. 이 땅의 여러 수준에서 이러한 심적 고뇌를 가지고 있기에, 그들에게는 코치가 필요하다. 그들의 고뇌를 배부른 투정이라 여기지 않고, 리더라는 외로운 자리에서의 희로애락에 공감해주며, 올바른 의사결정을 하도록 도와주는 사람들이 필요하다. 배우자나 측근이 할 수 있을 것이다. 하지만 제3자의 눈과 귀가 필요할 때가 있다. 그것이 코치가 해야 하는 역할이다.

이그제큐티브 코칭은 리더에게 귀 기울일 것 이상을 해야 한다. 리더에게 미치는 영향력은 파급효과가 어마어마하다. CEO의 잘못된 결정으로 회사가 휘청거리기도 하고, 스트레스 상황에서 터져버린 감정이 수많은 임직원이 수십 년간 정성껏 쌓아 올린 기업의 이미지를 추락시켜 실질적인 사업의 손해를 불러일으키기도 한다. 따라서 코치는 이들에게 실질적인 도움이 될 수 있는 코칭을 해야 한다. 원대한 비전을 가지고, 좌절과 실패를 과정으로 여기며 그 과정을 통과할 수 있도록 기쁨과 소명의식을 가지고 가슴 뛰는 리더를 위한 응원군인 코치가 되어야 한다. 그러기 위해서는 전문성이 있어야 한다. 단순히 대화법이 아닌, 근거를 기반으로 한 조언을 제공하며, 매일매일 루틴에 파묻혀서 잊어버린 삶의 비전과 가치를 되새기도록 희망과 에너지를 불어넣어주어야 한다. 그들이 중요한 결정을 앞두고 심리적으로 갈등하고, 파급효과에 대해 고민할 때, 확률에 근거했을지언정, 이론이나 연구 결과에 바탕을 둔 조언을 할 수 있어야 한다. 그리고 그 결정에 심적으로 힘을 실어줄 수 있는 코칭이 필요하다.

이그제큐티브 코칭이 학문 분야로 주목받기 시작한 것은 길게 봤을 때, 2000년대 들어서이다. 이는 산업 분야의 니즈에 부합하기 위해 현장에서 발전한 개입 방법이기 때문에, 어떤 한 학문 분야에 뿌리를 두고 있지 않다. 다양한 분야로부터 코칭에 필요한 지식과 철학을 차용할 수 있다. 즉 심리학, 경영학, 교육학, 철학 등으로부터 많은 지혜를 가지고 올 수 있다. 문화와 역사가 다르더라도 인간이 가지는 보편성은 분명히 존재하며, 코치는 그 보편성에 근거하여 클라이언트의 특수성까지 두루 고려하는 것이 필요하다. 세계적인 코치이자 코칭학자인 맨프레드 케츠 드 브리스 교수는 "나는 되는 것은 다 쓴다. 나는 사람들을 돕고 싶다"고 하였다. 1900년대 초반 구획이 생긴 학문 분야를 2000년이 넘어서까지 집착할 필요는 없다. 따라서 학문 분야를 넘나들며 리더에게 도움이 될 만한 것들을 모아 새로운 분야를 만들고, 그 분야에서 독특한 이론과 연구들을 발전시켜 나가야 할 것이다.

이러한 움직임은 벌써 시작되었다. 하버드 대학 내의 비영리 연구단체인 코칭 연구원Institute of Coaching은 긍정심리학을 사용하여 인간이 변화와 웰빙을 추구하는 것을 코칭이라고 본다. 기존의 심리학이나 경영학, 교육학의 연구나 접근법을 무시하는 것이 아니다. 오히려 그러한 인접 분야의 학문적 발전을 코칭환경에서 재해석하여 새로운 연구의 코칭을 연구와 학문 분야로 성장시키고 있다. 이에 참여하는 학자들의 면면을 보아도, 이것이 결코 변방의 하나의 소소한 접근법이 아님을 알 수 있다. 미국 심리학회에서 가장 많은 표차로 회장 당선이 된 마틴 셀리그만이나 저명한 교육 심리학자인 미하이 칙센트미하이, 미국에서 가장 영향력 있는 심리학자로 꼽히는 감성지능의 다니엘 골먼도 그들의 연구와 이론이 가장 잘 구현되는 방식을 코칭으로 보았다. 뿐만 아니라 유럽 최고의 경영대학원인 INSEAD에서 가장 많은 학술 논문과 저작을 생산한 저명한 교수 역시 20년 넘게 리더십 코칭을 해온 맨프레드 케츠 드 브리스 교수이다. 이 외에도 우리가 그 분야의 교과서에 등장하는, 유명한 학자들이 코칭 연구를 이미 시작해 놓았다. 한국 코칭도 그 대열에 들어갈 시기가 왔다.

한국 기업들이 이그제큐티브 코칭을 도입한지 10여년의 세월이 흘러, 이제는 제법 많은 기업들이 코칭을 리더십 개발 프로그램으로 사용하고 있다. 하지만 이런 산업계에서의 인기에도 불구하고, 학문 분야로서의 코칭은 걸음마 단계이다. 미국과 영어 사용권에서는 1990년대에 코칭이 기업에 도입되고 2000년대에 들어서부터 연구논문과 박사논문이 폭발적으로 증가하여 하나의 학문 분야로 자리매김하였다. 이제 우리의 코칭도 학문 분야로 성장하여, 현장에서 실행하는 사람들에게 실증을 통한 검증된 코칭 이론과 기법을 제공하는데 본 서가 단초가 되길 바란다.

　본 서는 코칭의 연구자−실행가 모델에 근거하였다. 코칭을 실행하면서 그 분야를 연구하는 모델로 코치와 코칭 연구자 모두를 위한 책이다. 주요 이론과 연구 결과를 기반으로 모델을 만들고, 실행하면서 검증하여, 그것을 또다시 이론과 연구로 만들어 내는 방식이다. 이를 위해 나는 지난 20여년간 세계적인 학자들에게 배우고, 국내외 코치로 활동하면서 얻은 통찰을 바탕으로 기존 연구와 이론을 제시하여, 그에 따른 실행 모델을 제시하였다. 또한 그간 영향 받아온 이론과 연구 결과를 중심으로 기존 학문 분야에서 코칭에 제시하는 이론과 연구 결과를 모았다. 이는 분명 현재 코칭하는 사람들에게 도움이 될 것이다. 특히 코칭을 단순 대화 기술 중심이 아니라 인간의 이해와 그들에게 유익을 가지고 올 수 있는 근거를 가지고 자신감 있는 코칭을 하고자 하는 코치들에게 큰 도움이 되리라 생각한다. 뿐만 아니라 코칭을 연구하는 사람들에게 첫 번째 학술서로 손색이 없길 바란다. 코칭에 관한 연구를 알차게 엮어 놓았지만 그래도 빈 곳이 많을 것이다. 이것은 후속 연구자들이 메워갈 수 있는 여지가 될 것이다.

　나는 본 서를 출간함과 동시에 2판을 준비하고 있다. 최선을 다해 썼지만, 원고를 완료하고 나니 쓰고픈 것들이 계속 떠올라 밤잠을 설칠 지경이다. 아마 내가 가진 이그제큐티브 코칭에 대한 열정과 애정 때문이 아닐까 한다. 그래도 부족하나마 여기서 독자들에게 선보이고, 더 좋은 2판과 코칭 관련 도서를 내고 싶다.

본 서를 낼 수 있게 가르침을 준 모든 분께 감사드린다. 그 누구보다도 감사한 분은 나의 클라이언트들이다. 나에게 가장 큰 가르침과 성장, 그리고 삶의 보람을 선사해 주었다. 모두를 기억할 수 없지만, 그 분들이 없었다면 오늘의 나도 없다. 늘 영광스런 마음으로 그 분들을 기억하고 있다. 스승으로는 나의 코칭 철학과 지식 공급자이자 멘토이신 INSEAD의 맨프레드 케츠 드 브리스 교수님께 가장 큰 감사를 드린다. 2000년에 교수님의 저서를 본 후, 그 분께 배우는 꿈을 꾸고, 그 분과 같은 코치이자 학자가 되길 꿈꿔왔다. 이제는 그 분의 책을 번역하면서 각각의 생각이 누구의 고유 아이디어인지 분간이 안 될 정도로 닮아 있음을 알게 되었다. 교수님의 광팬으로 17년, 인간적으로 10여년의 인연이 내가 이 낯선 분야를 흔들림 없이 갈 수 있게 해 주었다. 그리고 어려울 수밖에 없는 교수님께 다가갈 수 있도록 늘 중간 역할을 해 주시고, 인간적으로 큰 힘을 주시며 내가 왜 코치로 살아야 하는지 이유를 깨닫게 해주신 또 다른 멋진 코치이시며 맨프레드 교수님의 사모님이신 엘리사벳 엥글루아노, INSEAD 글로벌 리더십 센터의 연구 디렉터이자 친해해 마지 않는 리즈 플로랑－트레이시께도 감사드린다. 아이비리그 대학 최초의 코치 양성 프로그램을 선보인 나의 박사과정 지도교수인 성인학습의 대가 빅토리아 마식 교수님도 빼놓을 수 없는 분이다. 박사과정을 시작할 때부터 신뢰와 가르침, 때로는 일자리까지 주시며 세세한 박사논문 지도로 교수가 되고 싶다 라는 생각을 처음으로 하게 해 주셨다. 코치 양성을 할 수 있게 기회를 주신 연세대학교 권수영 교수님, 아주대학교 박호환 교수님께 무한 존경과 감사를 드린다. 쉽지 않은 작업에 힘을 보태준 박영사 이선경 과장님과 편집에 힘써주신 김효선 선생님께 감사드린다. 누구보다도 나에게 심리적으로 큰 힘인 가족과 힘들 때 투정도 받아주고 술잔을 함께 기울여준 삼총사가 없었다면 이러한 작업을 끝낼 수 없었을 것이다. 고마운 분들의 이름을 열거하기 시작하려니 끝이 없다. 내 인생 자체가 코칭이었기 때문일 것이다. 고해성사할 때, 아주 유용한 맺음말이 있다. "이 외에도 알아내지 못한 죄에 대해서도 사하여 주옵소서." 여기서도 지면사정과 일반 독자들을 위해 이럴 수밖에 없을 것 같다. 이 외에 이곳에 감사를 표하지 못한 모든 분들께 깊은 감사를 보낸다.

세상은 더 좋아져야 한다. 그러기 위해서는 훌륭한 리더가 필요하다. 그리고 훌륭한 리더 옆에는 좋은 코치가 있어야 한다. 더 좋은 코치가 많아지기 위해서는 코칭이 학문 분야로, 또 실행 분야로 더욱 발전해야 한다. 이런 나의 신념이 독자들에게 닿기를 바란다.

2017년 김현정

contents

이그제큐티브 코칭의 이 론

이그제큐티브 코칭의 실 제

코칭모델 I : 조직문화를 바꾸는 그룹코칭   153

코칭모델 II : 일대일 코칭 – 변화촉진 코칭   169

Executive Coaching: Theory and Practice

이그제큐티브 코칭의
이론과 실제

김현정

21세기 새로운 시대, 새로운 리더를 위한 이그제큐티브 코칭

　유통업체 양상무가 최근 최하위 고과를 받은 이부장을 질책하고 있다. 평소 소극적이던 면모가 부장이 되어서는 더욱 두드러진 단점이 된 듯하여 그의 그런 모습에 대한 지적과 함께 좀 더 적극적인 면모를 가질 것을 주문하고 있다. 양상무는 이런 자신의 태도가 전혀 문제될 것이 없다고 생각한다. 본사에서 근무하던 이부장이 부장이 된 직후 파견 발령이 난 지점에서 받아온 고과인데, 파견 직원인데다가 바로 승진 발령을 받은 사람이라 승진이 필요한 사람에게 고과를 몰아주는 지점의 관행의 피해자라는 것을 잘았다. 하지만 이번 기회가 이부장에게 부족한 면들을 더욱 주지시킬 수 있는 좋은 기회라고 생각하여, 더욱 강하게 몰아붙이고 있다.

　부족한 부하직원을 좋은 성과를 낼 수 있는 방식을 가르쳐서 그를 본인이 원하는 모습을 갖게 하고자 하는 것이 많은 리더와 코치들이 생각하는 코칭일 수 있다. 양상무 역시 보통의 리더들이 하는 행태를 보인 것뿐이다. 하지만 이런 행동의 결과가 무엇일까? 이부장은 더욱 소심해지고, 양상무는 더욱 그를 몰아세우고, 결국 변화를 감지하지 못하자 어차피 임원이 될 수 없는 잉여인간 취급을 하게 된다.

　양상무를 담당하는 코치는 회사와 10회의 코칭을 계약하고, 그를 만났다. 간단히 스스로를 소개하고, 코칭의 전체적인 개요와 목적, 그리고 코치를 어떻게 이용해야 하는 지에 대한 브리핑을 제공하였다. 그리고 코칭 받고 싶은 분야가 있는지 물었다. 그러자 양상무는 전반적으로 큰 문제는 없지만, 자신을 힘들게 하는 부하직원이 있다며 이부장 이야기를 꺼냈다. 양상무는 얼마나 이부장을 성장시키기 위해서 노력했는지, 얼마나 이부장이 요지부동인지, 본인이 얼마나 속이 타는지 하소연을 했다. 그리고 그를 어떻게 코칭해야 좋겠냐고 물었다. 코치는 그의 이야기를 공감해주며 그의 타는 속을 헤아려 주었다.

그리고 나서 코치는 양상무에게 "이부장은 앞으로 어떻게 될 거라 생각하시나요?"라고 물었다. 그러자 그는 "이부장은 임원이 될 수가 없어요. 그게 조직의 생리예요. 어차피 모두가 임원이 될 수가 없으니까요. 그 사람도 그걸 알고 있어요. 지난 번 면담 때 본인은 그저 회사 오래 다니는 것이 유일한 바람이래요." 코치가 물었다. "양상무님께서는 조직에서 어떤 바람을 가지고 있으세요?" 그러자 그는 한동안 머뭇대며, 그런 거 생각해 본 적 없다고 어물거리더니, "끝까지 가고 싶지요. 조직에서 끝까지요."라고 말했다. 코치가 물었다. "그건 어떻게 가능할까요? 누가 상무님을 끝까지 가게 해 줄까요?" 양상무가 잠시 생각하더니, 낯빛을 바꾸며 말했다. "결국 부하직원들이겠지요." 코치가 말했다. "그렇죠. 여태까지 선배들이 이끌어 주었다면 이제는 부하직원들이 상무님을 승진시켜주겠지요. 실적으로, 그리고 평판으로요." 그는 자리를 고쳐 앉았다. 그가 부하직원들을 바라보는 시각이 바뀌는 것을 느낀다고 말했다. 코치는 양상무가 이부장을 잉여인간처럼 바라보는 것을 다른 조직원들이 어떻게 바라볼까 생각해 보자고 했다. 부하직원들은 양상무님 눈 밖에 나면 저런 취급을 당한다는 생각에 충성은커녕 어떻게 하면 조직을 벗어날 것인가를 궁리하게 될 것이고, 남은 사람들 사이에는 보신주의만이 팽배해질 수밖에 없다는 결론에 도달했다. 그리고 리더의 일은 부하직원 한 사람 한 사람을 통해 조직 전체를 관리해야 하는 사람임을 자각하게 되었다.

이후 양상무는 코치와 함께 본인이 부하직원들을 바라보는 시선 자체를 바꾸는 것이 어떤 리더십 행동보다 중요한 과제라는 것을 알게 되었다. 부족하다고 비난한다고 해서, 그가 나아질 리도 없으며, 그것은 자신에게도 도움이 되지 않고, 조직 전체에도 악영향을 끼치게 된다. 그가 새로운 시각이 필요한 것을 자각할 때 코치는 이부장을 긍정적인 관점에서 바라볼 것을 제안하였다. 그가 가진 장점을 발견하고 그것을 최선을 다해서 개발할 수 있게끔 해주는 것이다. 이러한 긍정적인 시각에 대해서 이야기를 하자 결국 그는 이런 결론을 내렸다. 이부장이 설령 임원이 될 수 없더라도 있는 동안이라도 회사에 기여하고, 본인이 성장할 수 있는 일을 하다가 나가게 된다면, 그것이 우리가 할 수 있는 최선이 아니겠냐고 말이다. 부하직원들의 강점을 개발하고 이용하는 활기 있는 조직을 만들겠다는 목표를 세웠다.

또한 코치는 양상무가 가지고 있는 개인적인 목표에 대해서도 이야기했다. 그는 '조직에서 끝까지'라고 하는 목표를 가지고 있었다. 그는 부사장 정도까지 승진하고자 하는 열망을 가지고 있었다. 그는 그것을 달성하기 위하여 본인이 얼마나 많은 노력과 희생을 하고 있는지를 토로하였다. 그는 지쳐있음을 인정하였다. 임원이 되기 위해 열심히 했고, 임원이 되니 뭔가를 보여줘야 한다는 조급증이 생겼고, 그러다 보니 그것이 현실화 되지 않는 것이 힘이 들기 시작했다고 한다. 조직은 작년 정도의 속도로 돌아가지만, 임원이 된 후에는 더 빨리 돌아가기를 열망했다. 그러나 뜻대로 돌아가지 않자, 부하직원들이 무능해 보이고, 답답해 보여 다그치기 시작한 본인을 발견하였다.

코치는 그에게 새로운 비전이 필요하다고 했다. 양상무는 부사장까지라고 이야기했고, 코치는 그것이 무엇을 의미하냐고 물었다. 큰 조직에 부사장이 된다는 것은 지위를 차지하는 것 이상의 문제였다. 부사장이 되기까지, 그리고 부사장이 된 후에 나는 어떤 조직을 만들고 싶고, 나는 어떤 것들을 조직에서 도전하고 바꾸고 싶은 지에 대해서 이야기를 나누었다. 그는 본인이 만들고 싶은 조직의 모습을 그리고 그것을 현실에서 바로 실현할 수 없음의 한계를 인정하지만 포기하지 않고, 할 수 있는 최선을 다해서 그 방향으로 나아가야 함을 깨달았다. 단순히 지위가 아니라, 그가 평생을 바친 조직과의 사이에서 의미 있는 변화를 만들어 가고, 후배들이 존경하며 기억하는 선배로 남고자 하는 비전도 설정하였다. 설령 조직에 큰 변화가 생겨, 중간에 회사를 떠나는 일이 있다고 하더라도, 본인이 지금 조직에 최선을 다 해 변화와 발전을 이루어 놓고 나간다면 그것이 더 큰 의미가 있지 않겠냐고 했다. 그는 사내 정치의 압박으로부터 조금은 자유로워질 수 있어졌다며 오히려 홀가분해 하였고, 실제로 활력을 되찾는 듯 보였다. 그는 이부장뿐만 아니라 모든 조직원들이 이렇게 되길 바란다고 하였고, 자신 또한 그런 리더가 되고 싶다고 하였다.

그는 그 이후로 자신의 비전과 가치에 맞춰서 의사결정을 하고 행동을 하려고 했다. 새로운 행동방식을 배워야 했고, 코치가 그 과정을 도왔다. 생각만큼 쉽지 않았지만, 시도를 했고, 또 좌절하기도 했다. 그때마다 코치는 그를 수용하고, 그의 노력을 인정하며, 응원하였다. 힘들면 쉴 것을 권유하기도 하고, 이전처럼 편하게 익숙한 방식을 사용하는 것도 인정해 주었다. 그러면서 익숙한 방식이 새로운 방식보다 좋지 않다는 것을 스스로 깨달았다. 그는 변화와 퇴화를 수없이 반복하며 시행착오를 통해서 본인의 새로운 방식을 내재화 해 나가고 있었다. 코치는 그와의 만남의 간격을 넓혀가며 그를 지지하였고, 그들은 약속되어 있던 횟수의 마지막 코칭을 맞이하였다. 양상무는 코치 없이 잘해 낼 수 있을까 걱정이었지만, 코치의 일관된 메시지를 숙지하였던 터라 코치의 믿음과 응원 속에 스스로의 코치가 될 수 있다고 믿게 되었다. 코치는 이메일과 전화로 언제든 연락할 수 있다고 안심시키며 진한 악수로 코칭의 여정을 마무리 하였다.

이는 비즈니스 현장에서 이루어지는 이그제큐티브 코칭의 실제 사례를 재구성한 예시이다. 이 코칭에서 코치는 클라이언트의 이야기를 공감과 수용을 통해서 지지하고 응원해 주면서도, 여러 장면에서 기존 시각의 문제점을 스스로 발견하고, 새로운 시각을 모색하는 작업을 코치와 함께 해 나갔다. 스스로 변화의 필요성을 절감하고, 그것을 기반으로 새로운 행동 전략을 수립하고, 그 과정에 코치의 전문성의 수혜를 입었다. 클라이언트는 코치의 모습을 모델링하게 되고, 그러한 모습을 자신의 리더십의 일부로 내재화 하는 과정을 시작하였다. 이러한 발전을 위한 협력적 관계와 그에 준하는 행동변화, 그리고 그것을 촉진하는 코치의 기능이 이그제큐티브 코칭을 구성하고 있다. 그러나 이러한 코칭은 매우 다양한 형태로 이루어진다. 코칭은 기존 교육과 달리 각 개인의 니즈와 목표에 따라 구현된다는 것이 최대의 장점일 것이다. 따라서 코칭은 계약된 목적에만 부합한다면 다양한 형태로 존재한다.

따라서 매우 다양한 형태로 존재하지만 접근법에 있어서는 기존의 인접 분야의 영향을 많이 받았다. 상담심리학이나 교육학, 그리고 조직학의 영역에서 코칭과 같은 형태가 계속적으로 발전되며 존재하였고, 그것들이 지금 코칭이란 이름으로 개개인의 니즈에 맞는 개입 방식으로 분류된 것이다. 본 서에서는 이러한 코칭의 다양한 접근법을 알아보고자 한다.

본 서의 구성

본 서는 이그제큐티브 코칭을 연구하는 연구자와 코칭을 현실에서 실행하는 코치들을 위해 쓰여 졌다. 코칭은 현실에서 클라이언트들의 니즈에 의해 성장한 개입 방식이기 때문에, 정확한 체계와 검증된 방식으로 세상에 소개되고 발전되어온 심리학이나, 조직개발 접근법과는 다르게 이해될 수 있다. 연구자-실행자 모델에 의해 훈련되는 심리학자들의 경우, 기존에 검증된 접근법을 시행하면서 그것을 또 다른 연구로 발전시키며 학문 분야를 공고히 만들어 나갔다. 코칭은 아직 이러한 접근의 시작단계에 있다. 그러나 본 서는 코치들의 연구와 실행의 끈을 이어가며 검증된 기법을 다양한 현실에서 실현하고, 그것을 또 다른 코치들에게 연구나 저서 등으로 배움을 나누어 나갔으면 하는 바람으로 쓰여 졌다. 따라서 연구자이면서 코치인 필자의 경험을 바탕으로 연구자와 현실의 코치를 모두 염두에 두고 구성하고 집필하였다. 내용은 대부분 기존의 이론과 연구를 바탕으로 구성되었으나, 현실에서 크게 도움이 될 내용들이다. 이를 통해 연구자들은 코칭을 학문적으로 더 잘 이해할 수 있을 것이며, 코치들은 코칭을 실행하는 데에 필요한 지식을 습득하여 시행착오를 줄이고 보다 나은 코칭을 제공할 수 있을 것이다.

본 서는 먼저 코칭이 학계에서 어떻게 논의되고 있는지 알아보고, 코칭의 이론적 배경을 살펴보도록 하겠다. 그리고 두 가지의 코칭모델을 제시한다. 조직심리학적 관점에서의 그룹코칭과 긍정심리학적 관점과 상담심리학적 관점에서 출발한 변화촉진 코칭을 통해 실제 코칭에 필요한 기술과 기법 역시 소개하고자 한다.

EXECU

COACHI

이 론

Executive Coaching: Theory and Practice

이그제큐티브 코칭이란

    이그제큐티브 코칭Executive Coaching이란 간부/임원을 더욱 성공적인 조직원으로 성장시켜, 조직에 이바지 하도록 하는 과정이라고 말할 수 있다.[*] 이그제큐티브 코칭은 그 정의와 범위가 매우 광범위하고, 합의가 이루어지지 않고 있다. 쿠트와 커프만Coutu and Kauffman이 실시한 미국 등 영어권지역의 코치들을 설문조사한 결과 코칭의 정의는 코치의 수만큼이나 많이 존재하고 있다고 한다(Coutu & Kauffman, 2009). 또 다른 설문결과는 누구든 "내가 이그제큐티브 코치다"라고 이름을 붙이면 무슨 행위를 하더라도 그것이 코칭이라고 한다(Bono, Purvanova, Towler, & Peterson, 2009). 본 장에서는 코칭이 어떻게 정의되고, 특징지어지는지 기존 문헌 고찰을 통해서 알아보고자 한다.

● 이는 국내에서 비즈니스 코칭, 경영자 코칭이라는 말로 대체해서 사용이 되기도 하고, Kets de Vries와 같은 학자는 리더십 코칭이라는 단어를 1990년대 초반부터 사용하였으며, 지금은 이를 이그제큐티브 코칭과 혼용하여 사용하고 있다. 그러나 지금은 영어권 학술계에서는 이그제큐티브 코칭이라는 단어로 통일하여 사용하고 있다.

배경과 탄생

언제부터 이그제큐티브 코칭이 시작되었는지에 대한 의견은 분분하다. 학술적 연구는 1990년대부터 등장하기 시작하고, 실질적으로 코칭이 시작되어 기관에서 시행하기 시작한 것 역시 1990년대 초반으로 인식되고 있다. 1993년에 코치 유Coach U라는 사설기관이 코칭을 시작하였고(Leonard & Laursen, 1998), 그 당시 유럽의 경영대학원인 INSEAD에서는 사장급 임원들을 대상으로 하는 Challenge for leadership이라는 그룹코칭이 시작되어 현재까지 이어지고 있다. 1990년대는 세계적으로 격변의 시대로 묘사된다. 신자유주의와 인터넷과 같은 새로운 미디어, 동구권의 해체 등으로 말미암은 글로벌화의 급진전 등으로 세계는 급격한 변화를 겪으면서 동시에 최고의 성장기를 구가하게 되었다(Stiglitz, 2003). 이러한 급격한 변화를 따라잡는 것이 사회 전 분야에서 큰 숙제가 되었고, 학자와 경영컨설턴트들은 리더가 이러한 급격한 변화를 유연하게 따라잡을 것을 주문하였다(Quinn, 1996; Kotter, 1990). 더 나아가 리더는 변화를 단순히 따라잡는 것이 아니라, 변화를 만들어 내는 주체가 되어야 함을 설파하였고, 번즈가 Buns가 70년대에 제시한 변혁적 리더십(1978)이 배스Bass에 의해 수정되어 학계와 기업에서 폭발적인 인기를 구가하게 되었다(Bass, 1998; Bass & U.S. Army Research Institute for the Behavioral and Social Sciences, 1996). 이러한 움직임은 리더가 단순히 세계화나 기술의 발전을 어떻게 따라잡을 것인가를 배우는 것이 전부가 아님을 시사한다. 리더는 변화와 불확실성에 익숙해져야 할 뿐만 아니라, 외부에서의 힘으로 어쩔 수 없이 변화되는 것이 아니라 선제적으로 스스로 변화하고, 변화를 이끌어 가야 하는 소명을 받게 된다.

이런 환경에서 리더십은 그 어느 때보다도 중요하게 되었다. 조직의 성공과 실패를 이야기함에 있어서 리더의 행동이나 성향 등은 언제나 가장 먼저 회자되는 부분이었고 리더십의 중요성 속에 리더에 대한 보상 역시 폭발적으로 증가되었다. 1993년 이후 임원급 리더에 대한 보상은 회사의 규모, 업계, 성과, 그 어느 것으로도 설명될 수 없을 만큼 급격하게 증가했으며(Bebchuk & Grinstein, 2005) 그 증가세는 현재까지 꺾이지 않고 있다. 이러한 기대와 보상 속에 리더는 실질적이면서도 윤리적인 책임을 져야만 하는 입장에 놓이게 된다. 따라서 리더와 관리자는 더욱 높은 수준의 자기 조직Self-organizing, 자기 주도, 자기 규제를 요구 받게 되었다(Stacey, 1992). 이는 자기 인식을 기반으로 하고 있으며(Argyris, 1993; Schön, 1987) 자기 효능감* - 자기 자신이 잘 할 수 있을 것이라는 믿음(Bandura, 1995)-을 올려주어 더욱 높은 수준의 성과를 내는 기반이 된다(Anderson & Betz, 2001; Lindsley, Brass, & Thomas, 1995).

많은 학자들은 이그제큐티브 코칭이 그 역할을 수행하는 최적의 방식으로 경영현장에서 자생적으로 생성된 것으로 보고 있다. 코칭은 클라이언트를 이렇게 급변하는 현실에 유연하게 적응하고, 결과적으로 조직의 성과에 이바지 하는 개입 방식으로 해석된다(Griffin, 2006; Jarvis, 2004; Kets de Vries & Korotov, 2007; Niemes, 2002; Ozkan, 2008). 코칭에 관한 수많은 논문과 책을 쓰고 있는 킬버그Kilburg(2000)는 이러한 환경적 변화와 그에 따른 전략을 이그제큐티브 코칭과 연결시키고 있다. 그는 코칭의 가장 주요한 기능은 성찰을 통해서 클라이언트의 자기 인식 수준을 높여 자기 효능감을 높임으로써 개인과 조직의 성과를 높이는 것으로 보고 있고, 이는 지금까지 코칭의 메커니즘으로 설명되고 있다. 이렇게 코칭은 시대의 변화에 의해 필연적으로 생기고 성장하였다.

• 자기 효능감은 어떤 상황에서도 높은 성과를 예측해 주는 매우 기본적인 특성으로, 실제로 행동변화를 불러오고 성과를 높이는 요인으로 현대 심리학이 밝힌 몇 안 되는 성과를 예측할 수 있는 가장 확실한 요소 중 하나이다.

기원과 정의

이그제큐티브 코칭의 기원은 다양한 측면에서 이야기가 된다. 치정자에 대한 정서적 지원이나 조언을 제시한다는 면에서 17세기 프랑스 왕에게 비공식적이고 비밀리에 조언을 해주던 Father François Leclerc du Tremblay를 그 기원으로 삼기도 하며(Coutu et al., 2009), 스포츠를 심리학적 관점에서 풀어 쓴 "테니스의 내면 경기 The Inner Game of Tennis"의 저자 게일웨이Gallwey(1974; Raskin, 2009)를 그 기원으로 보기도 한다. 그러나 이러한 기원은 코칭을 어떻게 정의하느냐에 따라서 다르게 보여질 수 있다. 실제로 조언을 주고, 뒤에서 의사결정과 행동에 직접적인 영향을 행사하는 존재로 볼 것인지, 아니면 정서적 지지와 함께 심리적 메커니즘을 이해할 수 있는 지식과 훈련을 하도록 하는 것이 코칭인지에 따라서 그 기원은 다르게 정의될 수밖에 없을 것이다. 킬버그와 쿠투는 최고 권위자에게 지혜를 전달한다는 면에서 코칭의 기원을 보았고, 코칭이 스포츠 분야에서 심리학을 기반으로 발전한 데에서 기원이 찾아진다면 스포츠 코칭에서 경영 코칭의 기원을 찾을 수 있다.

하버드 비지니스 리뷰 비즈니스 리포트 Harvard Business Review Business Report 에서 설문조사에 참여한 영어권의 140명의 코치들은 코칭을 "클라이언트와 클라이언트가 속한 조직의 니즈에 부합하도록 디자인된 개인적이면서도 비밀이 보장되는 공적 약속"으로 보고 있다(2009, p. 3). 그러나 이렇게 넓게 정의를 하더라도 이는 반론의 여지를 남긴다. 예를 들면 비밀보장은 철저히 코치와 대금을 지불하는 조직 사이의 계약관계에 기반한다는 것이다(Kilburg, 2000). 조직에서 코칭 내용에 대해서 알고 싶어 하는 부분이 있다면 이는 계약 시 논의가 될 수 있는 부분이다. 한편 비밀보장에 제한을 두는 것이 상담과 코칭의 차이점으로 이야기되기도 할 만큼 코칭에 있어서 비밀보장은 필수 요인은 아닌 것으로 보고 있다(Jarvis, 2004). 개인적이라는 면에서도 반론의 여지가 있다. 보통 미국에서는 일대일 관계가 코칭이라고 여겨지고 있다. 하지만 유럽에서는 가장 큰 코칭센터인 INSEAD 글로벌 리더십 센터INSEAD Global Leadership Center: IGLC를 설립하고, 운영한 케츠 드 브리스Kets de Vries(2005) 교수가 그룹코칭을 행동변화를 불러일으키는 가장 효과적인 접근법으로 보고 있어, 일대일 코칭만을 코칭으로 규정지을 수 없다고 본다. 이그제큐티브 코칭의 메카로 불리는 미국 뉴욕주의 맨하탄에서 민속지적 연구를 진행한 오즈칸Ozkan(2008)은 긴 기간의 참여 관찰 연구 끝에 코칭의 정의는 코치의 수만큼 있다고 결론을 내렸다. 하지만 대부분의 학자들도 경영 컨설팅과 심리치료와는 달리 조직의 이득을 위하여 개인의 발전에 초점을 맞춘 개입 방식이라고 보고 있다(Berglas, 2002; Garman et al., 2000; Hall et al., 1999; Hart, Blattner, & Leipsic, 2001; Kilburg, 2000; Ozkan, 2008). 다양한 코칭의 정의는 다음과 같다.

이그제큐티브 코칭의 정의

Downey(2003: 15)	the art of facilitating the performance, learning and development of another
Whitmore(2002: 97)	optimizing people's potential and performance
Carter(2001: 15) more broad definition	a form of tailored work-related development for senior and professional managers which spans business, functional and personal skills
The International Coach Federation	a process that is designed to help clients improve their learning and performance, and enhance their quality of life

특히 학계에서는 킬버그Kilburg의 정의를 많이 사용하고 있으며 다음과 같이 정의된다.

조직 내에서 관리의 권한을 갖고 책임을 수행하고 있는 클라이언트와 이런 클라이언트의 업무 향상과 개인적 만족을 위하여 다양한 행동주의적 기법과 방법을 사용하여 상호의 목적을 달성할 수 있는 코치와 클라이언트 간에 형성된 도움을 주는 관계로, 미리 이루어진 합의의 범위 안에서 클라이언트 조직의 효과성을 높이는 것을 목적으로 한다 (Kilburg, 2000, p. 142).

이렇듯 확실한 정의와 경계가 없는 것이 이그제큐티브 코칭이 가지고 있는 하나의 딜레마로 여겨지고 있다. 그리하여 그 경계와 기준을 세우는 데에 어려움을 겪는다는 논의가 계속되고 있다. 하지만 정의가 모호해 보이지만 학계의 논문이나 저서들과 실제로 행해지는 이그제큐티브 코칭에는 일정의 특징이 있으며, 다음과 같다.

첫째, 코칭은 세 명 이상의 계약이다. 즉 코치와 코칭을 받는 사람, 그리고 코칭을 받는 사람이 속한 조직이다. 조직은 HR 부서가 통로일 수도 있고, 코칭을 받는 사람의 상사를 통해서 일 수도 있다. 코칭은 코칭을 실질적으로 받는 임원이나 간부의 니즈와 그를 고용하고 있고, 그가 성공에 이바지해야 할 조직을 주요 이해 당사자로 삼고 있다. 따라서 코칭은 조직과 코칭을 받는 사람의 니즈와 목적을 잘 조율하여 목표를 달성하는 것이 중요하다. 이는 시스템에 관한 것이자, 코칭의 목적과도 부합한다. 때론 임원이나 간부가 외부에서 본인이 코치를 고용하여 자신이 돈을 지불하며 서비스를 받기도 하는데, 이는 라이프 코칭Life Coaching*과 이그제큐티브 코칭의 중간에 놓여있는 형태라 할 수 있다. 여러 이유로 EDS, Hewlett Packard, IBM, NASA와 같은 회사들은 사내에 코치를 양성하여 내부적으로 사용하고 있는데, 이럴 경우에도 코치집단은 조직 외부에 존재하는 경우가 많다. 즉 상하관계나 정치적 관계가 없는 것이다(Frisch, 2001; Rock & Donde, 2008). 코칭이 여러 형태와 변형을 모두 포함하는 단어인 만큼,

---

• 라이프 코칭은 일반적으로 우리 인생에 변화가 필요할 때 받게 되는 코칭을 말한다. 주제에는 제약이 없으며, 주로 개인과 코치가 개인적으로 계약을 맺고 진행한다.

이 역시 이그제큐티브 코칭으로 보고 있다. 하지만 일반적으로 이그제큐티브 코칭은 코치와 코칭을 받는 사람, 그리고 그를 고용한 조직, 세 당사자를 포함한다.

둘째, 이그제큐티브 코칭의 중요한 포인트는 이 과정이 단순히 좋은 것이 아니라, "조직의 성공에 이바지"해야 한다는 점이다. 이것이 이그제큐티브 코칭이 일반 코칭과 다른 점이다. 이런 코치들은 조직이 고용을 한다. 조직의 니즈와 각 리더의 니즈를 동시에 충족시킬 수 있는 코칭이 필요하다. 이 코칭의 전제는 세 가지 정도로 이해할 수 있다. ① 성인발달적 측면에서 개인이 코칭을 통해서 인격적으로 성장을 하게 되면, 성숙된 인격으로 더 좋은 리더십을 발휘하여 조직의 발전에 이바지 할 수 있다는 것이다(Fitzgerald & Berger, 2002). 코칭이란 것이 초기에는 궤도를 이탈한 임원이나 간부의 문제를 해결하기 위한 수단이었으나, 지금은 잘하고 있는High-functioning 리더를 더욱 더 성공적이게 돕는 수단으로 변모하였다. 그렇기 때문에 코칭을 통해 좋은 사람이 되면, 좋은 리더가 될 수 있고, 조직의 발전에 이바지 할 수 있다는 전제를 갖는다. ② 개인의 변화가 조직의 변화를 촉발한다는 것이다(Kets de Vries & Balazs, 2005). 개인의 변화 없이는 조직의 변화가 어렵고, 조직의 변화를 위해서 중요한 개인이 코칭을 통해서 변화를 하고, 그 변화를 조직에 퍼뜨릴 수 있다. ③ 리더의 변화 없이는 조직의 변화가 없다는 것이다. 즉 조직의 최상위의 리더가 변화하지 않는다면 그 조직은 변할 수가 없다. 따라서 스스로 변화에 민감하고, 능동적으로 대처하거나, 변화를 이끌어 가는 리더나 리딩 팀이 되기 위한 코칭을 받는다면, 그것이 조직발전에 직접적인 영향을 미친다는 것이다(Burke, 2010). 실제로 많은 연구에서 리더에게 실질적 변화나, 하다못해 변화의 의지가 없을 때, 부하직원들의 교육은 의미가 바래거나 오히려 새로운 행동이 지지 받지 못하고 좌절되어 역효과를 냄을 증명하고 있다. 즉 조직의 변화와 발전을 위해 리더가 코칭의 수혜를 받아야 한다는 것이다.

셋째, 인간의 행동과 심리 등에 대한 깊은 전문성과 검증된 기법을 사용하여 변화를 추구한다. 여러 문헌에서 가장 흔하게 사용되는 킬버그(Kilburg, 2000)의 이그제큐티브 코칭의 정의를 다시 한 번 보자. "조직 내에서 관리의 권한을 갖고 책임을 수행하고 있는 클라이언트와 이런 클라이언트의 업무 향상과 개인적 만족을 위하여 다양한 행동주의적 기법과 방법을 사용하여 상호의 목적을 달성할 수 있는 코치와 클라이언트 간에 형성된 도움을 주는 관계로, 미리 이루어진 합의의 범위 안에서 클라이언트 조직의 효과성을 높이는 것을 목적으로 한다." 즉 코치는 코칭을 받는 클라이언트를 돕기 위한 여러 가지 행동주의적 기법을 사용할 수 있는 전문성을 지녀야 한다. 이런 면에서 코치들이 윤리적으로 문제가 되는 것은 이런 전문성이 없음에도 불구하고, 전문성이 있다고 하거나, 자신이 가진 기법이 클라이언트의 니즈를 충족할 수 없음을 알면서도, 자신이 전문성이 있는 기법을 사용하는 것이다. 단순히 전문성이 있을 뿐 아니라, 그것을 통해 클라이언트의 당면한 문제나 니즈에 최선으로 통할 수 있을 때, 클라이언트와 그가 속한 조직에 최선을 이끌어 낼 수 있는 전문성을 사용하는 것이 코칭이라 할 수 있다.

넷째, 코칭은 관계이며 과정이다. 앞에서 말한 킬버그의 정의에서도 코칭은 도움을 주는 관계라고 정의한다. 그리고 리더십의 정의 역시 리더가 이룬 결과가 아니라, 조직원들이 공동의 목표를 이루기 위해 영향력을 행사하는 과정으로 정의하고 있다. 경영학이나 심리학에서 개념의 대부분의 정의는 놀랍게도 결과가 아니라 과정이다. 즉 코칭 역시 코칭을 받아서 어떤 결과를 가지고 오느냐 보다는 그것을 이루어 가는 과정에 초점을 맞추는 것이 맞고, 코치와 클라이언트의 관계 속에서 그 프로세스를 보아야 한다. 양상무의 예시에서도 코치와 클라이언트는 서로 신뢰관계를 형성하고, 그 안에서 클라이언트는 새로운 시각과 행동양식을 현실에서 실현하고, 그에 대한 코치의 지지가 이어진다. 이러한 신뢰관계가 형성이 되지 않게 되면, 오랜 시간 익숙한 것 대신 새로운 행동양식을 실험하는 과정에서 오는 심리적 압박에 변화가 진전이 되지 않을 수도 있기 때문에 이 관계는 특별히 중요하다. 클라이언트가 코치의 전문성을 의심하거나, 인간적으로 너무 차갑거나 고압적이라고 느껴서 그가 하는 말에 동의하고 싶어 하지 않고, 만남 자체를 꺼리게 된다면 코칭은 앞으로 한 발짝도 나아가지 못하게 되기도 한다.

특히나 코칭은 개별화된 접근이기에 매우 개인적인Personal 과정이다. 따라서 어떤 관계를 형성하여 어떤 기법으로 어느 시점에 어떻게 도움을 주느냐가 모두 중요하다. 단순히 "어떤 기법을 사용했다"가 아니라, 그것을 둘러싼 모든 상황, 시점, 사람 등을 고려의 대상으로 다루는 것을 말한다. 코칭은 10명의 사람에게 보편적으로 가장 잘 어울리는 하나의 명품 옷을 골라 똑같이 입히는 것이 아니다. 오히려 맞춤복과 같다. 대상의 치수를 재고, 낯빛과 분위기를 살피고, 옷을 입어야 하는 사람과의 뜻깊은 대화와 디자이너의 통찰력을 통하여 클라이언트에게 가장 어울리면서도 가장 필요한 옷을 재단한다. 그리고 그것을 통하여 옷을 입는 사람이 개인적으로 만족을 하고, 그가 돋보일 수 있도록 만들어 가는 과정이다. 그러면, 두 사람에게 같은 옷을 입힐 수는 없을 것이다. 디자이너가 훌륭할수록 접근은 더욱 다양해 질 것이다. 이렇게 한 클라이언트에게 최적화된 결과를 만들어 가는 과정이 코칭이다. 이는 일방적인 관계라기보다는 파트너십의 관점에서도 바라볼 수 있다. 코치가 우월적 지위에서 변화를 이끄는 것이 아니라, 변화의 파트너로 조력관계를 형성하는 것이다.

이러한 코칭의 특징을 종합하여 이그제큐티브 코칭을 정의해 볼 수 있다. 이그제큐티브 코칭이란 조직과 개인의 변화와 발전에 전문성을 갖춘 코치가, 계약관계에 있는 조직의 성공을 위하여, 조직 내에서 중요한 역할을 수행하고 있는 클라이언트와 조력관계를 형성하고, 다양한 기법을 사용하여 클라이언트의 성공을 이끌어 내는 과정이다.

목적과 결과

역사적으로 이그제큐티브 코칭은 궤도를 이탈한 리더Derailing Executives들을 위한 해결책으로 시작되었지만, 현재에는 잠재력이 높은 경영진과 리더의 커리어 개발에 더 많은 초점을 맞추고 있다(McCauley & Hezlett, 2002). 코칭의 목적은 코치와 조직, 그리고 클라이언트와 역사적 맥락에서 다르게 이해될 수 있지만 시각의 다양성에도 불구하고 보통은 클라이언트의 행동변화를 궁극적인 목적으로 여긴다(Brotman, Liberi, & Wasylyshyn, 1998). 위더스푼과 화이트(Witherspoon and White, 1996)는 리더인 클라이언트가 ① 특정의 기술 습득 ② 업무 성과 증진 ③ 탁월한 경영과 개인 업무 수행을 위해 코칭을 사용한다고 하였다. 더 나아가 코칭은 폭넓은 목적을 가지기도 하는데, 조직의 변화를 위해서 최고 경영자가 어떤 아젠다를 수립해야 하는지에 대한 조언의 제시를 목적으로 하기도 한다. 국제코치연맹International Coaching Federation: ICF은 전문 코칭은 클라이언트의 학습의 깊이를 더하고, 성과를 향상시키며, 그들의 인생의 질을 향상시켜서 특별한 결과를 내기 위한 지속적이고 전문적인 관계라고 정의하고 있다(2003). 코치로 활동하고 있는 셔먼과 프레이즈Sherman and Freas(2004)는 코칭의 목적은 조직의 경제적 이득을 위해서 클라이언트의 학습, 행동변화를 만들어 내는 것으로 보았고 코칭의 발생 초기에 분석한 다섯 가지 실증연구에서는 코칭을 학습 증진, 자기 인식 증진, 리더십 개발과 효과성을 목적으로 하는 것이라고 하고 있다(Kampa-Kokesch & Anderson, 2001, p. 153). 또한 앞서 서술한대로 코칭이 리더가 급변하는 경영환경에 적응하기 위하여 탄생했다는 면에서 클라이언트를 더욱 유연하게 하는 것이 그 목적이라고 보여 지기도 한다(Griffin, 2006).

가장 중요한 포인트는 코칭이 클라이언트에게 지식이나 기술을 습득하게 하는 것에 국한하는 것이 아니라 클라이언트인 리더와 경영진이 인격적으로 발달하는 것을 그 목적으로 한다는 것이다(Fitzgerald & Berger, 2002). 이는 지식의 확장이 아닌 생각하는 방식이 바뀌는 전환학습을 촉진시키는 것인데, 이를 통해 클라이언트는 더 넓고 복잡하게 사고할 수 있으며, 동시에 다양한 요구와 불확실성에 대응할 수 있는 마인드를 갖는 것을 의미한다(Kegan, 1994). 또 다른 학자들은 단순히 기술을 습득하는 것이 아니라 그들 스스로 새로운 모습으로 변혁하게 하는 교육적 개입방식이 되어야 한다고 주장한다(Kets de Vries & Korotov, 2007; Niemes, 2002). 이러한 전환학습을 기반으로 하는 코칭은 '이크제큐티브 코칭의 이론적 배경'에서 깊이 있게 논의하고자 한다.

역할과 운영

이그제큐티브 코칭의 정의와 그 경계에 대한 이야기는 아직까지도 논란의 대상이다. 그러한 이유 중 하나는 코칭이 가진 역할이 워낙 다양하기 때문이다. 예를 들어 하버드 비즈니스 리뷰Harvard Business Review에는 시간차를 두고 심리학을 전공한 코치와 그렇지 않은 코치가 상대가 코칭에 적합하지 않다는 글을 실었다. 정신과 의사 출신인 저자는(Berglas, 2002) 코치는 반드시 심리학 분야에서 혹독한 훈련을 거쳐야 한다고 했다. 그렇지 않게 되면 클라이언트가 가지고 있는 위험한 심리적 사인Sign을 읽어내지 못해서, 제대로 대응을 하지 못한다는 것이다. 예를 들면, 우울증이 심한 클라이언트의 상태를 알지 못해, 약을 먹고 의사를 만나는 것을 추천하는 대신 리더는 원래 힘들다, 힘내라고 격려를 하게 되면 코칭을 안 받는 것보다 더 위험한 상황을 만들 수 있다는 것이다. 반면 엔지니어 출신의 코치는 심리치료 전공자들이 쓸데없이 사람들에게 병명을 붙이고, 조직의 이익에 기여해야 하는 코칭의 진정한 목표를 외면하고 있다고 주장한다(Sherman & Freas, 2004). 하지만 이는 어느 한편을 지지해야 하는 문제가 아니다. 사실 코칭이 가진 다양한 역할을 반영하는 논란일 뿐이다. 심리학적 지식이 풍부한 코치가 해줄 수 있는 코칭이 있고, 업계에서 잔뼈가 굵은 코치가 해줄 수 있는 코칭이 다르기 때문이다. 따라서 코치들끼리 논쟁할 부분이 아니라, 클라이언트가 어떤 니즈를 가지고 있는 지를 보고, 그 역할을 잘 해줄 수 있는 최상의 코치를 선택해야 하는 실질적인 문제로 해석해야 한다.

다양한 역할을 수행하고 있지만, 보통 코치의 역할은 다음과 같이 네 가지로 이야기 되고는 한다(Witherspoon & White, 1996).

첫째, 기술 코칭Coaching for Skills은 현재 직무를 잘 수행하기 위해 필요한 특정 기술을 습득하는 데에 초점을 맞춘다. 성공적인 비즈니스를 위하여 기본적 개념이나 전략, 방법론, 행동, 태도와 시각을 배우게 되는데 보통 짧은 시간에 이루어지고, 며칠에서 몇 주 정도 진행이 되면서 클라이언트가 새로운 기술을 신속히 습득하여 사용할 수 있도록 하는데 초점을 맞춘다. 보통은 새로운 기술이 도입이 되거나, 산업을 옮겨서 영입된 임원에게 업계에서 사용하는 개념이나 전략 등을 빠르게 습득하도록 도와야 할 때 많이 사용한다. 이럴 경우에 코치는 특정 사업이나 특정 기술에 전문성을 가진 전문가일 가능성이 높다.

둘째, 성과 코칭Coaching for Performance은 단순히 기술 습득이 아니라 현재의 직무를 좀 더 폭 넓게 보고 성과를 향상 시키는 데에 초점을 맞춘다. 이러한 경우는 경영진이 현재 하고 있는 일을 더욱 효율적으로 하게 하기 위해서 하는데, 이런 상황에서는 무엇을 어떻게 향상해야 하는지에 관한 정의가 모호한 경우가 있다. 이들은 코치와 클라이언트가 코칭 세션을 통해서 무엇을 달성할 지를 먼저 세팅하고 진행한다. 예를 들면 신임 임원이 임원으로서의 새로운 임무에 어떻게 적응하느냐를 코칭하는 것이다. 전문 엔지니어로서 일에 관한 전문지식도 높고 리더십에 대해서도 꾸준히 학습하였지만, 실제로 조직을 운영하고 인재를 육성해야 하는 당면과제를 달성하기 위해서 무엇을 어떻게 더 학습하고 변화해 나가야 하는 지를 코칭 받을 수 있다. 어떤 경우는 커뮤니케이션 스킬에 대한 코칭이 있을 수도 있고, 문제 있는 부하직원을 잘 다루는 코칭이 될 수도 있으며, 비전을 수립하고 전파하는 코칭이 될 수도 있다. 이러한 코칭은 광의에서 정의될 뿐 클라이언트 개개인의 자산과 니즈를 바탕으로 개인적으로 맞춤 설계되어 진행될 수 있다. 이런 경우 코치는 경영과 인간 행동변화에 대한 조금 더 광범위한 지식과 해법을 제시할 수 있는 전문성을 필요로 한다.

셋째, 개발 코칭Coaching for Development는 지금 업무에서 한 발 더 나아가 미래의 직무를 위한 학습에 초점을 맞춘다. 이런 코칭에서 코치는 "커리어 코치"로서 역할을 하게 되는데, 클라이언트가 새로운 커리어를 계획하거나 그를 실행하는 데에 필요한 언러닝Unlearning—익숙한 방식을 버리는 제거학습—을 하도록 돕는다. 한 단계 커리어의 도약을 목표로 하거나, 다른 분야로 옮길 때, 자신이 가지고 있는 익숙하지만 근거 없는 멘탈 모델(이것은 우리의 뇌 속에 존재하는 이른바 고정관념에 의해 만들어진 하나의 세계를 말한다) 등을 돌아보고, 버릴 것은 버리고, 새로이 학습해야 할 것은 학습하는 과정을 거친다. 이는 보통 승계과정에서 일어나기도 하고, 커리어의 변화에서 일어나기도 한다. 실제로 코칭에서 이직이나 전직 등은 매우 자주 다루어지는 주제이다. 개인의 필요에 의해서도 그렇고 조직의 필요에 의해서 이직이나 전직을 해야 할 상황에서 조직이 그들의 커리어의 연속이나 변화를 위해 코칭을 제공하기도 한다. 이런 경우는 새로운 분야에서 잘 적응할 수 있는 광범위한 지식, 시각, 태도 등을 습득하고 실행할 수 있도록 돕기도 한다.

넷째, 클라이언트가 설정한 이슈Executive's Agenda에 부응하는 것이다. 이는 세법 컨설팅부터 회사의 비전 설정, 혹은 위기관리와 개인의 심리적 안정을 도모하는 데까지 넓은 범위를 다루게 된다. 리더는 고립되고 외로운 자리이기 때문에 여러 사람에게 다양한 의견을 들어야 하지만 누구에게 도움을 받고 있는 지가 외부에 알려질 경우 민감한 상황을 만들 수도 있다. 따라서 다양한 니즈를 충족시켜 줄 수 있는 부정형(不定形) 코칭이 여기에 해당된다. 리더에게 지지와 건설적인 피드백을 줄 수 있는 외부인 역할의 코치가 필요하다. 이는 클라이언트가 필요로 하는 분야의 매우 높은 수준의 전문성, 조직과 인간에 대한 이해, 그리고 그것을 개선할 수 있는 통찰을 제공할 수 있는 코치여야 한다. 또한 리더십에 대한 전문성이 요구된다.

The Coaching Role 4 roles of coach (Whitherspoon & White, 1996)

기술 코칭	현재 직무를 수행하기 위해 필요한 특정 기술을 습득하는 데 초점
성과 코칭	현재 직무를 좀 더 폭 넓게 보고 성과를 향상 시키는 데 초점
개발 코칭	미래의 직무를 위한 학습에 초점
클라이언트의 아젠다	클라이언트의 현안을 넓게 보고 학습을 촉진하는 코칭

허드슨Hudson(1999) 또한 코칭의 종류를 존재 코칭Being Coaching과 성과 코칭Performance Coaching으로 나누어서 제시한다. 존재 코칭은 내면의 작업으로, 이 경우는 저항, 신념, 가치, 자존감, 용기, 목적, 집중 등의 문제를 다루는 반면 성과 코칭은 외부 작업, 즉 주로 목표 달성, 성과 향상, 의사 결정, 효율성 제고와 같은 문제를 다룬다. 이는 어떤 것이 더 좋은 지에 관한 이야기가 아니다. 클라이언트에 따라 더 필요한 부분에서 시작하여 서로 영향을 주면서 코칭이 진행되기 마련이다. 많은 코치들이 성과를 올리는 부분에서만 트레이닝을 받다 보니 이런 심리적인 부분을 등한시 하게 되는 경우가 있는데 이는 코칭의 깊이를 제한하고, 코칭의 효과를 반감하게 된다. 클라이언트는 보통 코칭을 시작할 때 성과를 이슈 삼아 시작하지만 많은 경우 코칭관계가 성숙되어 갈수록 내면적 문제를 다루게 된다. 이러한 과정에서 클라이언트의 인격적 성장이 일어나고는 한다. 따라서 코치는 이러한 내면적인 부분에 대해서 알 필요가 있고, 외현의 문제를 내면적 문제로 전환하여 인간적 성장과 더불어 성과 향상을 꾀할 수 있게 된다. 반면 성과 코칭의 경우는 외부 작업으로 불린다. 코치는 클라이언트에게

지속적이고 정확한 피드백을 제시함으로써 자극하고, 유용한 방식으로 일을 처리하도록 한다. 코칭이란 무엇을 곧바로 성취하는 목표가 아니라 학습 환경을 제공하는 것이다. 따라서 코칭은 좋은 질문을 던지고, 클라이언트가 그들의 안전지대를 벗어나 기꺼이 실험을 하고, 실패를 두려워하지 않고 도전할 수 있도록 하는 것이다. 코치는 새로운 방식을 통해서 큰 상처 없이 성과를 이루어 내도록 도와야 한다. 그러기 위해서는 신뢰를 바탕으로 한 관계, 공감, 신용 등을 주요하게 생각해야 한다.

이그제큐티브 코칭은 이러한 다양한 역할을 하는 코치들이 각각의 클라이언트의 니즈에 적합하게 대응할 수 있다는 점에서 큰 장점을 가진다. 특정인에게 맞춤화되어 있으면서도 신속한 발달을 촉진시켜야 한다는 현업의 니즈에 부응하게 됨으로써 코칭은 큰 인기를 끌게 되었다(Jarvis, 2004). 위에 열거한 코칭의 목적들은 사실 이전에 다양한 집체 교육에서 추구했던 목표이기도 하다. 이런 것들의 충족을 위해 개인의 발전과 리더들의 변혁을 위한 시도는 끊임없이 지속되어 왔다(e.g. Bradford, 1964; Golembiewski & Blumberg, 1977). 국내외에는 수많은 MBA 과정과 최고 경영자 과정이 있다. 발전하는 리더의 모습을 갖추기 위하여, 수많은 학습의 노력을 하는 것은 국내에서도 낯설지 않다. 그러나 이그제큐티브 코칭은 운영의 융통성에 있어서 확실한 차별점을 갖는다. 특히 일대일 코칭의 경우는 일반적인 기업교육과 다르다. 집무실을 떠나 제3의 장소에서 정해진 시간에 집체 교육을 받는 전통적인 방식이 아니라, 클라이언트가 원하는 시간에 집무실에서 긴 시간을 할애하지 않고 본인에게 필요한 것만 학습을 하게 된다. 시간, 장소, 코칭 간격, 코칭 토픽 등 모든 것이 클라이언트의 편의와 니즈에 집중이 되어 있으며 시간과 장소의 일관성 때문에 현안을 가장 가까이서 코칭 받고 해결법을 모색할 수 있다는 장점을 가진다(Michelman, 2004). 또한 일반적으로 집체교육이 공식 학습Formal Learning을 촉진하는데 반해, 코칭은 비공식 학습을 촉진한다. 즉 가르치는 사람이 일방적인 교육 내용을 가지고 와서 전달하는 것이 아니라, 클라이언트가 본인의 경험을 돌아보고, 그 안에서 스스로 깨달음을 갖게 되고, 그것을 즉시 적용할 수 있게 된다. 이러한 비공식 학습은 구조화된 교실 상황의 학습이 아니라 일상적인 행위, 업무, 대인관계, 조직문화의 지각, 시행착오 등에서 일어나는 부수적인 배움을 이야기 하는데, 이는 조직 구성원들에게 공식 학습보다 더 자주 일어나게 되고, 그러한 과정을 통해서 더 많은 성장을 경험하게 된다(Marsick & Watkins, 2001).

방식도 유연하게 진행될 수 있다. 보통 코칭은 외부 전문 인력과의 일대일의 형식으로 진행된다. 하지만 기업들은 코칭에 사용되는 높은 비용을 감당하고 조직 전반에 미치는 효율성을 높이기 위하여 그룹코칭 역시 활발하게 활용한다(김현정, 2014). 한편 늘어나는 수요와 높은 코칭비용(Coutu & Kauffman, 2009), 다양한 유형의 코치들의 시장 진입에도 불구하고(Bono, Purvanova, Towler, & Peterson, 2009) 일정 규모 이상을 가진 회사들은 코칭에 사내 인력을 활용하는 등 그 형태는 다양하게 진화하고 있다.

형식면에서도 유연하게 진행된다. 전화나 이메일로 진행이 되기도 하고, 커피숍에서 진행될 수도 있다. 일주일에 한 시간이 될 수도 있고, 6개월에 두 시간씩 일어나도 상관이 없다. 코치와 클라이언트의 관계 역시 격식을 덜 차리면서도, 협동적이고, 유연하다. 리더십 개발을 목적으로 하는 다른 방식들에 비해서 훨씬 유연하게 운영되며, 클라이언트에게 가장 부담없는 형식이 사용되는 점에서 차이점을 가지고 있다(Hart, Blattner, & Leipsic, 2001; Kilburg, 2000). 클라이언트의 니즈에 최적화된 서비스를 제공하는 것이 코칭의 큰 장점 중 하나이다.

코칭 VS. 상담/심리치료, 컨설팅·멘토링

이그제큐티브 코칭은 다 학문 분야Multidisciplinary Discipline이다. 이는 심리학, 교육학, 경영학, 행정학 등의 다양한 분야에서 각자의 이론을 바탕으로 연구와 이론을 발전시켜왔을 뿐만 아니라, 인접 개념이나 개입방법을 통해서 코칭을 정의하고, 그 경계를 형성해 왔다. 코칭은 보통 상담/심리치료, 컨설팅, 멘토링 등과 비교된다. 각각의 차이점과 공통점을 알아보겠다.

▌코칭 VS. 상담/심리치료

심리학적 접근을 사용하고, 주로 일대일 대화를 기반으로 진행된다는 점에서 상담과 코칭은 자주 비교되고 있다. 상담은 코칭이지만, 코칭은 상담이 아니다. 어떤 학자들은 아예 코칭을 상담가가 행하는 하나의 행위로 보기도 한다(Sperry, 2008). 실제로 기업의 수장들이 받는 코칭의 경우 심리적 안정을 꾀하기 위한 경우가 많다. 그러나 정신과 의사에게 상담을 받는다는 것이 외부에 알려질 경우 그것이 회사에 영향을 미칠 수 있기 때문에, 상담가와 정신과 의사의 역할을 수행할 수 있는 코치를 사용하기도 한다. 실질적으로 코칭으로 위장한 심리상담이 많이 이루어지고 있다. 그러나 실제 활동하고 있는 이그제큐티브 코치들 중에는 상담을 전공하거나 수련을 받지 않은 사람들이 상당수를 차지한다. 따라서 코칭을 상담의 한 영역으로 보는 데에는 무리가 있을 수가 있다. 비슷한 면도 매우 많이 존재하고, 많은 코치들이 상담에 이론적 근거를 두고 있으나, 몇 가지 측면에서 상담과 코칭은 구분되는 특성을 가지고 있다(Jarvis, 2004; Kilburg, 2000).

심리상담과 이그제큐티브 코칭의 가장 큰 차이는 클라이언트가 어떤 사람이냐는 것이다. 기본적으로 상담이나 심리치료의 클라이언트는 대부분 일시적 혹은 만성적으로 심리적인 어려움을 겪는 사람이다. 즉 본인이 정상상태라고 느끼지 못하고 있는 경우이고, '정상' 수준으로 들어가는 것이 상담과 치료의 목표이다. 하지만 코칭은 대부분 '정상' 이상의 기능을 하는 사람들이다. 물론 스트레스나 불안 수치가 매우 높아 상담이나 심리치료가 요구되는 코칭 클라이언트도 있지만, 기본적으로 코칭의 목적은 치료가 아니다. 물론 치료가 선행되어야 할 필요가 있고, 치료와 비슷한 스트레스 조절이나 마인드 컨트롤, 명상 등으로 개선이 될 여지도 있다.

따라서 상담이나 심리치료는 일상생활을 유지하지 못할 정도의 스트레스를 유발하는 증상을 완화하는 치료적 목적을 갖지만, 이그제큐티브 코칭은 이미 성공적인 회사의 간부와 임원들을 더욱 성공적이 될 수 있도록 돕는 데에 목적이 있다. 즉 발전과 개발이라는 목적을 가지고 있다.

기법과 프로세스면에서도 차이를 찾을 수 있다. 기본적으로 상담과 심리치료는 검증된 방식을 사용해야만 한다. 우리가 몸에 병이 있어서 병원을 찾아가는 것도 이러한 검증된 방식의 치료를 받기 위함이다. 따라서 증상의 진단과 더불어 이를 치료할 수 있는 검증된 방식을 각 상담가나 심리치료사 등이 사용하는 것을 기본으로 하고 있다. 하지만 코칭의 경우는 다양한 기법을 혼용하여 사용한다. 학계의 검증을 받지 않은 방식을 사용하기도 하고, 다른 세팅에서 검증된 방식을 사용하기도 한다. 예를 들면 효과적인 상담 기법을 코칭 장면에서 사용하는 것이다. 이는 기본적으로 심리적인 문제를 진단 받은 사람에게 사용하기도 하지만 코칭 클라이언트에게 사용하기도 한다. 실제로 INSEAD에서 임상심리학자로 훈련된 코치들은 그룹코칭에서 집단치료의 기법인 '빈의자 기법'을 사용한다. 이는 심리치료의 한 방법인 게슈탈트 집단심리치료에서 사용하도록 고안이 되었지만 그룹코칭 장면에서 사용하기도 한다. 물론 이것을 사용하는 것은 그들이 훈련된 임상심리학자이기 때문이다. 훈련받지 않은 사람이 미숙하게 사용하게 되면 효과가 없는 것을 넘어 대상자에게 상처를 줄 수도 있다. 경영대학의 교수이기도 한 그들은 다른 모듈에서 같은 대상자에게 의사들을 위해 고안된 동기강화 대화Motivational Interviewing(한국에서는 동기강화 상담이라고 번역되고 있다)나 기업 전략 기획에 사용되는 이론을 이론적 프레임으로 사용하기도 한다(Kim, 2011). 즉 코칭은 다양한 기법을 코치의 역량에 맞게, 클라이언트에게 필요한 기법을 적절히 사용하게 된다.

진입장벽 역시 다르다. 현재 우리나라에는 수많은 민간 자격증이 "상담"이라는 말을 넣고 발행되고 있다. 하지만 우리나라도 권위 있는 학문기관의 학자들이 상담관련 학회를 만들고 그곳에서 훈련과 자격시스템을 사용하여 인력을 양성하고 있다. 보통은 대학원을 졸업하고 학회를 배경으로 활동을 하게 된다. 미국의 경우는 APA American Psychological Association에서 심리학과 상담과 심리치료에 대한 가이드라인을 제시하고 검증시스템을 가지고 있다. 대학원 프로그램 자체를 APA가 인증하고, 대부분의 주요 대학이 이 프로그램에 참여하고 있다. 상담심리학의 경우는 해당 대학원을 졸업하고, 주에서 실시하는 시험을 통과해야 상담 면허증을 가질 수가 있다. 물론 주에서 이 면허증이 필요 없다고 하면 면허증 없이도 상담이나 치료를 할 수 있다. 특히 심리치료에 있어서 임상심리학자나 정신과 의사처럼 약물을 다루는 사람의 경우는 진입장벽이 더욱 높다. 그들은 더욱 높은 수준의 면허증을 받게 되고 면허증 없이 면허증이 허가한 행위를 하게 되면 불법이다. 이들의 행위는 치료를 목적으로 하고 있어서, 치료가 제대로 되지 않거나 잘못되었을 경우 의료사고 혹은 그에 상응하는 법적 책임을 져야 한다. 반면 이그제큐티브 코칭은 APA 산하의 컨설팅 심리 Consulting Psychology 분과에서 주로 다루고 있다. 상담심리학이나 임상심리학을 전공하지 않았더라도 APA가 인증한 프로그램에서 심리학 학위를 받으면, 이 분야에서 활동이 가능하다. 그러나 코칭의 경우는 그 어느 나라에서도 진입장벽이 없다. 자격증 제도가 남발되고 있지만, 자격증이 있다고 취업이 보장되거나, 남들은 못하는 행위를 할 수 있는 것도 아니다. 누구든지 당장 코치라고 스스로 명명하고 활동하면 그것이 코칭이 되는 것이다. 이에 많은 코치들은 진입장벽, 혹은 업계의 표준이라도 제시되어야 한다고 주장하고 있다. ICF가 인증제도와 멤버십을 운영하고 있지만, 법적·제도적 강제성은 전혀 없다.

　누가 돈을 지불하느냐도 상담/심리치료와 이그제큐티브 코칭의 큰 차이점이다. 사실 필자는 이 부분이 가장 큰 차이점이라고 생각한다. 라이프 코칭의 경우는 상담/심리치료처럼 클라이언트 당사자가 돈을 지불한다. 그러나 이그제큐티브 코칭은 코칭을 받는 사람이 속해 있는 조직이 비용을 지불한다. 이그제큐티브 코칭은 코치, 클라이언트 그리고 클라이언트의 조직, 이 세 이해당사자가 반드시 존재해야 한다. 사실 코칭 안에서 심리치료가 일어날 수도 있고, 경영 컨설팅이 일어날 수도 있다. 하지만 이것이 조직을 위한 행위이고, 조직이 비용을 지불한다면 이것은 이그제큐티브 코칭이다. 코칭을 접근법으로 설명하는 학자들도 적지 않다. 즉 미래 중심이면 코칭이고, 과거를 많이 다루면 상담이라는 식이다. 하지만 그러기에는 과거를 많이 다루는 정신분석가들이 코칭계에서 이루어 놓은 것이 너무 많다. 과거의 성장과정을 중시하는 정신분석을 기반으로 하는 코칭 기법에 관한 실증적 연구를 포함한 학술 논문도 제법 많다(Arnaud, 2003; Brunning, 2006; Dubouloy, 2004; Huggler, 2007; Kets de Vries, 2014; Kets de Vries, Carlock, & Florent-Treacy, 2007; Kilburg, 2006; Passmore, 2007; Peltier, 2009). 따라서 이러한 접근법 보다는 시스템적 측면에서 이그제큐티브 코칭과 라이프 코칭을, 그리고 이그제큐티브 코칭과 상담/심리치료를 구분하는 것이 더 응당하다고 본다. 즉 어느 회사의 임원이 본인이 돈을 부담해서 상담/심리치료를 받고 있다면 상담/심리치료이다. 하지만 같은 도움을 회사에서 고용한 상담 교육을 받은 코치에게 받는다면 이그제큐티브 코칭이 되는 것이다.

🎯 코칭 vs. 상담/심리치료

	이그제큐티브 코칭	상담/심리치료
클라이언트	High-functioning	Low-functioning
목적	발전: 더욱 성공적으로	치료: 디스트레스(distress) 없는 상황으로
기법과 프로세스	다양한 기법을 혼용하여 사용	각 치료법에 검증된 방식을 따름
진입장벽	없음	학위, 자격증 관리가 철저
대금 지불자	조직	본인(예외: 아동치료 시 부모, 보호감호나 형 집행 중 국가 등)

▌코칭 VS. 컨설팅·멘토링, 심리치료

또한 코칭은 멘토링이나 심리치료와 비교되기도 한다. 조직개발 측면에서 멘토의 행동은 코치가 하는 행동과 다르지 않을 수 있다. 하지만 멘토링은 비슷한 특성(업무, 성별)을 가진 선임자가 후임자에게 도움을 주는 형태이므로, 코치라는 직업을 가진 사람이나, 코칭을 하는 컨설턴트와는 다른 입장을 가지고 있다. 심리치료는 보통 과거의 문제를 다루고, 그것을 극복하기 위하여 심리적 지원과 개입을 사용하는 것을 말한다(Gray, 2006; Joo, 2005). 컨설팅은 보통 전문적인 솔루션을 제공하는 것을 의미한다. 그것이 실행되도록 심리적 지지나 개인화된 행동교정전략을 밀착하여 제공하지는 않는다. 따라서 코칭이 프로세스에 더욱 관여하게 된다. 이들에 대한 비교는 아직도 끊임없이 비슷하면서도, 다른 버전이 등장하고 있는 만

🏃 코칭과 멘토링, 컨설팅, 심리상담의 차이점(Gray, 2006)

Coaching	Mentoring	Consultancy	Counselling
it is the coachees themselves who originate and commit to their own strategies, meaning that 'buy in' is more likely	a relationship–often internal within an organization–whereby more experienced–often senior or executive managers, and usually in the same speciality–provide support and a role model for less experienced colleagues (Megginson and Clutterbuck, 1995). In terms of time, it is usually open–ended, and often associated with the mentee's career development and improved performance although this is largely a UK focus whereas in the USA, mentoring has strong psychosocial and counselling elements(Gibb and Megginson, 1993).	consultants can survey a situation and come up with a set of strategies	helps people to come to terms with the past, and provides support to, first contain, and then move out, of a crisis. It is, essentially, remedial, helping someone to become 'whole' and to rediscover their place in the family, community or workplace, and may be quite long term in duration

큼, 여러 가지 면에서 비슷한 점을 가지고 있다. 하지만 무엇보다 중요한 것은 이런 시각과 구분의 노력은 코칭이 멘토링이나 심리치료와는 다른 개입이라는 것을 의미하기도 한다는 것이다.

정리와 시사점

이러한 다양하고도 유연한 접근, 정의나 목적과 운영방식은 코칭의 특성이 되었다. 이밖에도 코칭은 다음 장에서 설명하겠지만, 여러 이론적 배경을 가지고 있고, 다양한 학문 분야의 학자들이 그들의 분야에서 자신들의 언어로 정의하고 있다. 그리고 조금 더 큰 그림에서 아직도 많은 학자들은 잘 알려지지 않고, 여러 가지 정의와 시각이 존재하는 이그제큐티브 코칭을 규정짓고 이해하려는 움직임을 계속 하고 있다. 하지만 이러한 작업이 과연 의미가 있을까? 이그제큐티브 코칭은 성공적인 리더를 더욱 성공적으로 만든다는 목적과 개인의 발전을 통해 조직의 발전을 꾀한다는 대의만을 만족한다면, 나머지 것들은 지금 이대로 남겨놓는 것이 코칭일 것이다. 코칭이 무엇으로 정의가 된다면 지금은 코칭이었던 것들이 코칭이 아닌 것이 되어버릴 것이다. 그 순간 지금 코칭이 가지고 있는 최대의 장점인 '개인에게 맞춤식'이라는 유연성을 해치게 되기 때문이다. 뒷부분에서 논의하겠지만, 코칭과 관련하여 다양한 인증제도가 존재하지만 인증제를 통하여 코치의 입문이 어떤 식으로 제한이 된다면 다양성이 해쳐지거나, 다양성을 위시한 다양한 인증제가 존재한다면 선택하는 사람들에게 별 의미를 주지 못하고, 시장만 혼탁해지는 결과를 가지고 올 수 있다. 미국도 미국 심리학회APA와 국제코치연맹ICF을 중심으로 코치들이 모여들고 있다. 서로는 마치 상대방은 존재하지 않는 듯한 행보를 보이고 있지만 (Ozkan, 2008) 둘 다 자신들의 방식으로 코치들 사이에 영향력을 행사하고 있다. 한국도 한국심리학회 산하에 코칭심리학회가 존재하고, 한국코치협회 등 수많은 단체가 존재한다. 서로가 각각의 방식으로 경계를 정하고 회원들에게 교육과 인증제를 제시하고 있다. 코칭이라고 해서 심리학을 꼭 기반으로 해야 하는 것도 아니며, 특정 질문 기술 등을 사용해야만 하는 것도 아니다. 다양한 코치가 존재하고, 그 코칭 방식이 먹히느냐는 결국 시장이 결정을 할 일이다. 다양한 방식과 접근 방법이 혼재하고, 더 나아가 더 다양한 방식으로 진화될 때 코칭은 코칭으로서의 본연의 의미를 간직하는 것이 아닌가 한다. 특히나 코칭 자체가 클라이언트에게 불확실성과 다양성에 유연하게 대처하는 것을 학습하도록 하면서, 코칭을 확실하고 정형화 되게 정의하자고 하는 것 자체가 아이러니가 아닐 수 없다.

또한 현재까지 학문적으로 논의된 코칭 자료에 대한 한계도 고려해야 할 것이다. 지금껏 제시한 내용들은 코칭에 관한 학술적 견해이다. 이그제큐티브 코칭에 관한 학술 논문은 실제 일어나고 있는 코칭의 케이스를 대표하기에는 그 숫자가 터무니없이 작다. 국내 사정은 더욱 그렇다. 코칭은 아직까지 학문 분야라기보다는 기업 현장에서 일어나고 있는 실행의 영역에 있다. 따라서 이러한 논문에 나온 내용들이 현재 코칭 현상을 모두 설명해 주는 데에는 한계가 있을 수밖에 없다(Gessnitzer & Kauffeld, 2015). 특히나 코칭을 하는 심리학자의 수가 전체 코치의 수에서 일부분을 차지하지만 코칭 연구 분야에서는 "컨설팅 심리학 저널: 실행과 연구 Consulting Psychology Journal: Practice and Research"의 주도 하에, 연구자-실행자 모델Researcher-Practitioner Model에 의해 훈련된 심리학 배경의 코치들이 많은 학술 논문을 배출하고 있다. 따라서 학술 연구와 현실에서 일어나고 있는 코칭 현상과의 간극은 아직 꽤 넓은 것으로 추정된다. 그러나 최근 15년 간 다양한 학문 분야에서 코칭에 대한 연구가 진행되고 있어, 추후 다양한 접근법을 기반으로 한 학술 연구의 발전을 기대해 볼 수 있을 것이다.

이그제큐티브 코칭의
이론적 배경

이그제큐티브 코칭은 2000년을 넘어오면서 다양한 학문 분야의 관심을 받기 시작하였으며, 학문의 한 분야로 성장하기 시작하였다(Starr, 2008). 이를 주로 연구한 분야는 심리학, 교육학, 경영학 등이며, 이그제큐티브 코칭을 정의하고, 그의 특성을 규명하는 데에서 시작하여, 최근에는 다양한 접근 방법을 코칭 장면에서 사용하여 그 효과성을 검증하는 단계에까지 이르렀다. 아직 충분한 실증적 연구가 이루어지고 있다고 하기는 어려운 면이 있지만, 여러 이론적 배경에 뿌리를 내리고, 그 분야에서 새로운 연구 분야로 부각되고 있다. 이번 장에서는 이그제큐티브 코칭의 이론적 배경을 살펴보고자 한다.

왜 이론을 공부하는가?

코칭을 스킬 중심으로 접근하는 사람들이나 이론은 실행의 반대말이라고 여기는 사람들에게는 코칭에 이론적 배경이 왜 필요하냐고 말할 수도 있다. 이론은 책 속에 죽은 화석과 같은 것이 아니라, 우리가 세상을 읽고 예측하는 하나의 근거가 된다. 예를 들어 두 사람이 창밖을 바라보고 있다. 맑은 하늘에 검은 구름이 몰려오고 있다. 두 사람은 다 우산이 없다. 이론을 아는 사람은 검은 구름이 비구름인지, 어느 속도로 다가오는지를 예측하여서 바로 자리에서 일어나 집으로 향했다. 하지만 이론을 모르는 사람은 검은 구름이 무엇을 의미하는지 몰라 비를 맞으며 집에 돌아가야 할지도 모른다. 이론은 비가 오는 것을 막을 수 없다. 하지만 현상을 해석하고 예측하고 대비할 수 있게 한다. 물론, 그것이 비구름이 아닐 지도 모르고, 계산보다 빨리 다가와서 집에 가는 길에 비를 맞게 될지도 모른다. 하지만 모르는 것보다 낫다. 더 많이 아는 사람은 풍속과 풍향, 구름 모양, 크기에 대한 정보를 가지고 더 정확한 예측을 할 수 있게 된다.

또한 본 서에 실은 이론적 배경들은 이미 학계에서 수십년에서 백년 이상 수없이 재생산 되어 살아남은 이론들이다. 그 이론들이 사람들에게 의미 없다고 생각되었다면 재생산 될 수 없었을 것이다. 또한 이런 이론적 배경은 연구에도 매우 중요한 부분을 차지한다. 연구는 여러 케이스 혹은 소수의 케이스를 심층적으로 바라볼 때, 그 케이스들의 기본 전제를 제공한다. 예를 들어 정신분석적 접근을 사용했다고 하면, 그것이 무엇인지에 대해서 많은 사람들이 지식을 가지고 있거나, 지식에 쉽게 접근할 수 있다. 그랬을 때, 그런 접근법이 어떤 결과와 과정을 만들어 내는지를 연구하게 되면, 개인들은 시행착오를 줄일 수 있다. 예를 들어, 코칭에서 코치가 클라이언트의 가능성에 대한 인간적인 믿음을 가지고 경청을 했을 때, 코칭에 있어서 만족도가 높고 행동변화가 일어날 가능성이 높다는 연구가 있다고 하면, 코치는 클라이언트를 부족한 사람으로 보고 가르치기보다는 존중하는 태도로 경청을 먼저 시도해 볼 수 있다. 개인적으로 이런 저런 실험을 하는 수고와 위험 부담을 줄여준다. 물론, 모든 사회과학의 연구는 확률에 관한 것이므로, 100%는 존재하지 않는다. 하지만 코칭 성공의 확률을 올릴 수 있다. 또한 2000년 이후 이그제큐티브 코칭은 많은 학술적 관심을 받기 시작하였고, 많은 연구들이 진행되고 있으므로 현업의 코치들도 이러한 이론과 이론을 배경으로 한 연구를 통해 더욱 효과적인 코칭을 진행할 수 있다. 또한 이 연구의 대열에도 참여할 수 있다.

본 서에 실은 이론적 배경들은 코칭을 연구하는 사람들(실행만 하는 사람들은 어떻게 하고 있는지 다른 사람들이 알 수 있는 근거가 없다)이 어떤 배경을 가지고 코칭을 했을 때, 어떤 결과가 나오는 지에 대한 연구와 경험적 결과가 많이 공유되는 내용들이다. 그리고 훌륭한 세상을 보는 방식, 클라이언트를 이해하는 방식, 어떻게 주어진 문제를 풀어나가야 하는지에 대한 구체적인 방법론과 통찰을 제공할 것이다. 본 서에서 선택한 이론들은 코치들에게 코칭 철학을 제공하기 위함이기도 하다. 코칭은 사람을 상대하는 일이다. 사람을 상대하는 일은 상대에 대한 나의 인식이나 인간관, 세계관이 그 어떤 기술보다 중요하다. 거친 남자도 사랑에 빠지면 사랑하는 여성에게는 부드러워질 것이다. 우리가 하는 코칭 행위가 어떤 것인지, 무엇을 지향해야 하는지를 코치가 마음에 새기는 것은 그 어떤 테크닉보다 중요하다. 단 몇 줄의 글로 그러한 마음이 생기지 않는다. 현인들의 이야기를 듣고, 해석하고, 자신만의 철학을 발전시키는 것이 정말 중요하다. 외우거나, 받아들이는 것이 아니라, 자신이 더욱 설득되고 편하게 접근할 수 있는 이론적 근거를 찾고, 그 위에 자신의 철학을 발전시키면 된다. 코칭은 기술대회에 나가는 것이 아니다. 필수요소가 다 들어간 짜여진 프로그램을 완벽하게 시행하는 리듬체조나 피겨스케이팅 같은 것이 아니다. 오히려 바다에서 파도타기를 하는 것과 같다. 어떤 파도가 올지 알 수가 없고, 어떤 하루도 같은 환경이 없다. 하지만 다양한 파도와 하나가 될 수 있어야 하기에 유연한 태도와 많은 레퍼토리를 필요로 한다.

어떤 CEO는 당장 조직이 겪고 있는 문제의 해법을 제시하고 있는 경영학 교수를 불러서 자기에게 그 해법을 적용할 수 있는 지 코칭을 받고자 할 수도 있고, 어떤 임원은 스트레스를 받는 자기의 이야기를 공감적으로 들어주기를 바라기도 한다. 모든 클라이언트가 깊은 라포 형성에 시간을 들여야 하는 것도 아니고, 어떤 상황에서는 코치가 그저 친한 친구처럼 함께 해주기만 해도 된다. 그게 코칭이 존재하는 이유이다. 물론 자신의 코칭 스타일이 정립되면, 자신과 같은 코치를 찾는 사람이 자신을 찾게 될 가능성이 높아지겠지만, 보통 코칭은 다양한 니즈를 다루게 되는 경우가 많다. 많은 코칭에서 시작은 비즈니스 이야기로 시작하지만 이야기를 하다 보면 자신의 가정사와 개인의 감정적 어려움을 다루게 되는 경우가 70%에 달한다고 한다(Coutu & Kauffman, 2009; Korotov, Kets de Vries, Florent-Treacy, & Bernhardt, 2011). 이러한 심리적 부분을 능숙하게 다루지 못하는 코치는 최소한 지금은 자신이 최선을 발휘할 수 있는 시간이 아니라는 것을 알고 그에 따른 조치를 취할 수 있어야 한다. 그러니 다 알지는 않더라도 여러 사례의 가능성에는 열려 있어야 한다. 따라서 본 서에서는 그러한 각기 다른, 그러나 기본적인 이론들을 다루기로 하였다. 이들은 주류의 이론들이며, 많은 이론서와 연구가 이루어진 분야이니, 관심 있는 독자들은 참고도서 목록을 참고하여 더 깊이 있는 연구를 진행하길 바란다.

본 서에서는 이론적 배경으로 조직개발 이론, 심리학적 이론, 교육학적 이론을 다룰 것이다. 조직개발 이론은 조직의 발전을 위해서 어떤 노력들이 이루어져 왔고, 어떻게 코칭이 조직발전에 이바지 하는지에 대한 배경을 제시한다. 심리학적 이론은 코치가 상대하는 "인간"에 대한 이해와 그들에게 변화를 가지고 오는 메커니즘에 대해서 설명한다. 교육학적 이론에서는 성인들의 자신들의 관점을 바꾸어 나가는 전환학습이나 비판적 성찰과 같은 개념들을 다루도록 하겠다.

조직개발
이론적 접근

　이그제큐티브 코칭은 다른 코칭과 달리 조직의 성공이라는 목표 하에 진행된다. 해당 리더·임원·주요 인사를 코칭함으로써 조직이 그들이 설정한 방향으로 발전해 나가는 데 이바지 하는 하나의 개입 방식으로 여겨진다. 따라서 그 뿌리를 1940년대부터 미국에서 발전되어온 조직개발에서 찾고 있다. 이그제큐티브 코칭은 조직개발의 한 방식이며, 이를 이론적 바탕으로 삼고 있다(김현정, 2014). 조직개발은 보통 조직심리학을 전공하는 학자들에 의해서 연구되어 왔으며, 조직을 발전시키는 여러 가지 노력을 집대성한 분야로 여겨진다. 일대일 코칭부터 인수 합병까지 그 범위를 넓혀 조직이 성장하는 데 기여하는 일련의 행위를 모두 포함한다. 우선 조직개발의 기본 개념을 살펴보자.

　조직개발Organization Development은 학문적으로도 다양하게 정의된다. 일반적으로 조직개발이란, 조직 효과성 향상을 목적으로 조직의 전략, 구조 및 과정을 계획적으로 개발하고 강화하는 데에 있어 시스템 전반적으로 행동과학 지식을 적용하는 것을 말한다(Cummings & Worley, 2009). 그러나 학자에 따라서는 그 범위를 좁혀 조직문화를 계획적으로 변화시키는 프로세스로서 조직개발을 정의하기도 한다(Burke, 1982). 조직개발의 역사에 대해서 버크Burke(2010)는 구약성경에 등장하는 모세 시절부터 조직개발의 노력이 찾아진다 하였고, 테일러(Tayler, 1911)의 과학적 관리 또한 조직개발 역사의 한 축이라고 설명하고 있다. 하지만 Cummings와 Worley(2009)에 따르면, 많은 학자들은 조직개발은 근대에 들어 고안되고 행해진 국가훈련실험실National Training Laboratories: NTL과 감수성훈련이나 T-그룹Training Group 등 여러 훈련그룹의 발전을 조직개발의 근간으로 보고 있다(Marshak, 2006). 이러한 훈련 집단과 이와 유사한 노력들은 아직도 조직개발의 형태들로 여겨지기도 한다.

또 한편에서는 조직개발이 쿠르트 레빈(Kurt Lewin, 1951)의 노력의 성과라고 보고 있다. 그는 T-그룹, 질문지 피드백, 액션리서치 등의 여러 가지 기법을 개발·실행하였다. 그 중 T-그룹은 조직개발로 알려진 초기 기법이다. 이는 감수성훈련이나, 참만남 집단Encounter Group이라고도 알려져 있는데, 이러한 훈련은 작은 그룹 안에서 참가자들이 다른 참가자들과의 집중적인 상호작용을 통하여 피드백을 얻고, 이를 통해 자신과 다른 사람과의 관계에 대한 자각을 높이는 방식이다. 그들은 주로 피드백을 주고받거나, 문제 해결 상황의 시뮬레이션이나 주어진 상황의 롤 플레이 등을 통해서 자신을 발견하는 일련의 과정을 경험하게 된다. 그리하여 그들은 자신이 하는 말과 행동이 다른 사람에게 어떻게 영향을 끼치며 어떻게 자각되는 지에 대한 감수성을 높이게 된다.

1940년대 후반 제2차 세계대전 이후 미국은 전 사회를 바로 잡기 위한 다양한 노력을 기울이게 된다. 쿠르트 레빈과 그의 동료들은 인간의 행동을 배우기 위한 방식을 개발하게 되는데, 초기에는 기준과 태도, 개인의 행동을 바꾸기 위한 리서치 방식에서 발전하게 되었다. 첫 번째 T-그룹은 1964년에 열렸다. 꽤 유명하고, 현재도 T-그룹의 정당성과 역사를 이야기할 때 빠지지 않고 회자가 되는 이야기로 간단히 소개하고자 한다.

당시 미국 코네티컷 주에서는 공정 고용법을 제정하고 유명 사회심리학자인 쿠르트 레빈에게 집단 간의 긴장을 효과적으로 다룰 수 있고 이로 인해 인종에 대한 대중의 태도를 변화시키도록 도울 수 있는 리더들을 훈련시켜줄 것을 요청하였다. 레빈은 각 10명씩으로 구성된 작은 집단을 모아 워크숍을 조직하였다. 이 집단들은 당시의 전통적인 방식으로 운영되었다. 그들은 근본적으로 토론집단이었고, 참가자들이 제시하는 "집안" 문제를 분석하였다. 레빈은 행동 없이 연구 없고, 연구 없이 행동도 없다는 신념을 가지고 있었다. 그는 워크숍이 일어나는 동안 연구관찰자들에게 각 소집단의 행동적 상호작용을 기록하고 부호화하도록 하였다. 이후 저녁 모임에는 워크숍 진행자들과 연구관찰자들이 만나서 진행자와 참가자들의 집단행동에 대한 그들의 관찰을 한데 모았다. 그때 합숙 중이던 참가자들이 연구자들이 저녁에 하는 활동을 알게 되었고, 참가허락을 요청하였다. 이것은 파격적인 요구였으며, 스탭들은 이를 처음에는 받아들일 수 없었다. 그들은 자신의 부적절함을 드러내는 것이 두려웠고, 집단 참가자들이 그들의 행동을 공개적으로 토론하는 것을 듣는 데서 오는 효과에 대하여 확신이 없었다. 그러다가 실험적으로 이 관찰이 허용되기에 이르렀다. 이렇게 우연히 역사적인 T-그룹이 조직되었다. 이 모임에 참여하게 된 관찰자들은 심도 있는 토론을 목격하는 것이 자신들의 학습을 자극한다는 것을 느끼게 되었다. 곧 저녁 모임의 형식은 참여자들도 관찰에 대해 반응하도록 확장되었고, 얼마 안 되어 양쪽 모두가 그들의 상호작용에 대한 분석과 관찰에 참여하게 되었다. 며칠 후 모든 참가자들이 저녁 모임에 나오게 되었고, 3시간씩 걸리는 날도 있었다. 이 모임이 참가자들에게 그들 자신의 행동에 대해서 새롭고 풍부한 이해를 하게 해주었다는 데 동의했다. 이후 이러한 형태는 하나의 훈련 형태로 자리 잡게 되었다(Yalom & Leszcz, 2005).

연구자들은 이렇게 우연히 인간관계 교육의 체험적 학습이라는 강력한 기법을 발견하게 되었다. 참가자들은 바로 그들 자신들의 상호작용의 네트워크를 연구함으로써 가장 효과적으로 배우게 되었다. 그들은 객관적인 방법은 그들 자신의 행동과 이 행동이 타인에게 주는 영향을 즉석에서 이루어진 관찰을 통해 직면하도록 하는 데 효과적이었다. 그들은 자신들의 인간관계 유형, 다른 사람들이 그들에게 보이는 반응, 일반적인 집단 내에서의 행동들에 대해서 알게 되었다(Yalom & Leszcz, 2005).

이러한 그룹 활동은 일반적인 아젠다나 구조, 당장 이루어야 할 목표 등을 가지고 있지 않다. 매 그룹의 진행을 맡은 사람이 일련의 활동 뒤에 참가자들이 자신들의 감정을 자연스럽게 표현하도록 한다. 이렇듯 사람들이 사안에 대해서 판단을 내리거나 결론을 내는 것이 아니라 그들이 가진 감정을 나누는 것에 초점을 맞추어서 진행된다. 이를 통해 그들이 하는 말과 행동이 함께 상호작용하는 사람들에게 어떤 영향을 끼치는 지 자연스럽게 알게 된다. 감수성훈련은 20세기에 가장 중요한 사회적 개입일 것 (Rogers, 1968)이라는 평가를 받기도 하였으며, 현재까지 수많은 교육현장에서 광범위하게 사용되고 있다. 이런 T-그룹은 참만남 집단, 민감성훈련, 국가 실험실훈련 등의 이름으로 계속 재생산 되고 큰 인기를 누렸다. 이러한 기법들은 조직개발의 터전이 되었으며, 아직까지도 많은 조직개발 기법의 개념과 방법적인 면에서 중요한 바탕으로서 역할을 하고 있다.

이러한 그룹 활동의 효과성에 대한 실증적 연구 역시 많이 진행되었다. 대표적으로 1975년 아들러와 골먼Nancy Adler and Daniel Goleman(1975)은 T-그룹에 참가했던 학생들은 그들이 세운 목표에서 비참가자들에 비해 현저하게 많은 변화를 보였다고 결론지었다. 그러나 이러한 활동이 기업 장면에 쓰이기에는 한계가 존재한다. 이는 상당 수준의 자기 노출과 개방성이 요구되는데, 자기 노출이 많은 조직 상황에서는 부정적인 결과를 가지고 올 수 있기 때문이다. 이런 피드백은 매우 개인적이라서 제대로 훈련된 관찰자나 트레이너가 아닌 사람이 주고받다가 도움은커녕 극렬한 저항이나 언어·정서적 폭력 등 역효과를 낼 수 있다. 따라서 이러한 그룹은 언제나 인간 상호작용 실험실Human Interaction Laboratory에서 충분히 성찰의 시간을 가지고, 이론에 대해서도 배운 후에 실행이 되고 있다. 이런 시간을 통해 T-그룹에서 일어나는 일을 이해할 수 있게 되어, 그 위험성을 줄이고 혜택을 극대화 할 수 있게 된다.

이들은 다양한 이름을 가지고 실행되고 있지만, 몇 가지 비슷한 측면을 갖는다. 이들은 보통 8~20명 정도의 작은 그룹으로 일대일 상호작용이 촉진되는 크기이면서도 집단 역동이 발생하도록 그룹을 구성한다. 이들은 시간제한을 두고 진행된다. 이들은 개인의 경험에 초점을 두고, 지금 여기에 초점을 두기 때문에 "체험집단"으로 보여 진다. 이곳에서 사람들은 예의 같은 것을 초월하고 관습적인 사회적 가면을 버리도록 격려 받으며, 대인관계에서 정직, 탐색, 직면, 자기 개방, 고조된 정서적 표현에 가치를 둔다. 이들은 때로는 내적, 외적 변화에 대해서 이야기 하며 실제 삶에서의 변화를 추구하기도 한다. 이는 많은 심리학적 개념이 투입이 되어 설명되지만, 기본적으로 정신적으로 건강한 사람들을 대상으로 하며, 여기서 일어나는 경험은 치료가 아닌 성장으로 명명된다(Yalom & Leszcz, 2005).

코칭의 출현과 발달

이후 많은 조직개발 방식이 출현하고, 그 중 이그제큐티브 코칭은 최근 가장 빠른 성장 추세를 보이는 조직개발의 분야로 여겨진다(Cummings & Worley, 2009). 이는 앞서 소개했듯이 주로 간부나 임원급의 조직원이 조직의 발전과 성공을 위하여 주기적으로 코치의 도움을 받는 것을 의미한다(Kilburg, 2000; Kilburg & Levinson, 2008). 보통 이런 코칭은 일대일 관계를 기본으로 하고 있으므로, 각 개인이 가지고 있는 니즈와 목표에 최적화된 서비스가 제공된다. 이는 조직에서 리더 역할을 맡고 있는 사람들의 경쟁력이 강화되면, 그들이 조직의 발전에 기여할 것이라는 가정에 근거한다. 케츠 드 브리스와 발라즈(Kets de Vries & Balazs, 2005)는 조직의 발전이나 개혁에는 개인의 변화가 선행되어야 한다고 주장하는데, 그런 의미에서 간부·임원들의 개발을 위한 코칭이 조직개발의 초석이 된다고 한다. 우리나라도 간부·임원들을 위한 코칭 프로그램들이 많이 시행되고 관련 학술 논문도 소개되고 있고(리상섭, 2010; 박윤희·기영화, 2009), 서베이를 통한 양적연구가 소개되기도 하였다(송영수·노동원, 2010).

또한 코칭이라는 단어는 리더십 이론에도 자주 등장을 하는데, 이는 리더의 코치로서의 역할이 많이 대두되기 때문이다(조대연·박용호, 2011). Quinn(1996)은 리더의 역할 중에서 대인관계 기술을 갖춘 리더를 "코치" 형 리더로 제시하였고, 상황리더십을 주장한 Hersey와 Blenchard(2001)는 리더가 부하의 성숙도에 따라, 특정 상황에서는 코칭 기술을 사용하여야 한다고 주장하였다. 리더는 일을 하고자 하는 의지는 있지만, 그를 수행하기 위한 능력이 부족한 부하직원에게 코칭 스킬을 사용하여 리더십을 발휘할 것을 권장하고 있다. 이 맥락에서 코칭이라는 단어는 앞에서 정의한 이그제큐티브 코칭의 코칭과는 약간은 다른 뉘앙스와 의미를 가지고 있긴 하다. 하지만 광의에서 코칭 기술이 이 시대의 리더에게 필요한 리더십 스킬이라고 제시하고 있다. 또한 케츠 드 브리스는 리더가 코칭 스킬을 잘 사용하여 조직 전체에 영향을 미친다면, 이는 조직 내에 코칭 문화를 형성하게 되고, 이런 조직은 21세기의 경쟁력 있는 조직이 된다고 주장하였다(2011). 즉 코칭이라는 것이 코치라는 직업을 가진 사람이 구사하는 기술일 뿐만 아니라, 리더도 개발해야 하는 덕목 중 하나라는 것이다(Boyatzis, 2010; Cummings & Worley, 2009; Quinn, 1996). 이는 현재 진행되고 있는 많은 리더십 개발 프로그램에서 그 예를 찾을 수 있다.

예시

이러한 조직개발의 이론적 전통을 잘 계승한 것이 INSEAD에서 행해지는 그룹코칭이다. 창시자인 케츠 드 브리스 교수 역시 본인이 하나의 실험실Laboratory로서(Kim, 2011) CEO 등을 대상으로 그룹코칭을 시작하였다. 1990년대 초반 최고 경영자 층을 위한 코칭으로 시작하여 지금은 중간관리자, 코치/컨설턴트, 인사담당자들을 대상으로 하는 프로그램(Coaching and Consulting for Change, 이하 CCC)으로까지 확대되었다. 기존의 T-그룹의 특성을 포함하고 있으나, 지식전달 측면에서도 매우 강화되었고, CCC의 경우는 석사학위과정이 되었다. 보통 3~4일의 과정을 8회에 걸쳐서 진행하는데, 진행이 되는 동안 프랑스 기준에서 석사학위 요구치 이상의 지식 습득과 논문 작성이 이루어진다.

이 그룹코칭은 조직 내외에서 코치 역할을 하고 있는 사람들(일반 현업리더, HR 담당자, 직업 코치나 컨설턴트 등)에게 코칭을 제공함으로써 자기 인식을 높이고, 코칭 과정 중에 배우게 되는 코칭 기술을 통해 코치 역량을 극대화 시켜 좋은 리더로 거듭나서, 조직발전에 단초가 되게 하는 것을 목적으로 하고 있다. 다른 조직개발 개입방법과 마찬가지로, 이 그룹코칭도 작은 그룹 안에서 다양한 활동을 하고, 다른 사람으로부터 피드백을 주고받고, 다음 회기까지의 액션플랜을 수립하고 실행하는 등의 감수성훈련과 액션리서치 기법들을 모두 사용하고 있다. 필자(Kim, 2011)의 연구에 의하면, 관리자급 프로그램의 경우 36명의 참가자가 두 달 간격으로 7회 (2011년 석사학위과정으로 승격 이후 8회) INSEAD 캠퍼스에 모여 3~4일의 그룹코칭 모듈에 참여한다. 각 모듈별로 토픽이 마련되고, 각 일정 중에는 강의, 워크숍, 소그룹 활동, 토론 등이 진행되고, 각 토픽에 맞는 그룹코칭도 제공된다. 36명의 참가자가 세 명의 교수급 코치와 함께 하기도 하지만 소그룹 활동 시에는 5~6명으로 구성된 그룹에 코치가 배치되어 그룹 진행을 돕고, 코칭을 한다. 각 모듈 사이에는 상당한 양의 도서를 읽고, 지난 모듈에 관한 성찰적 학습일기를 작성하기도 하고, 다른 참가자와 화상채팅을 통하여 동료코칭을 진행하기도 한다. 모든 코칭 프로그램은 첫 모듈에 경청과 공감 대화법 등 기본적인 코칭 스킬을 가르침으로써 이후 동료코칭이 원활하게 이루어 질 수 있도록 세팅되었다. 이는 쿠르트 레빈의 조직개발 활동의 기본 개념에 다양한 학문 분야의 지식과 기법들을 시대 발전에 맞게 조화시켜, 진화한 형태이다. 그리고 이 그룹코칭은 기업이 요청할 경우, 각 기업의 니즈와 상황을 고려하여 수정된 형태로 제공된다. 자세한 내용은 Kim(2011)을 참고하기 바란다.

심리학적 접근 I: 정신역동, 인본주의

코칭은 초기에 심리학자들에 의해 발전되는 경우가 많았다. 뉴욕 월스트리트의 펀드매니저와 뱅커 등 화려한 직업을 가진 사람들이 거대한 실적 압박을 이겨내기 위해 상담가나 정신과 의사를 찾는 경우가 많다. 우리나라에서도 간혹 박찬호나, 박인비, 손연재와 같은 스타 운동선수들이 슬럼프를 극복하고, 마음을 다잡기 위해 전문가를 찾는다는 기사를 읽을 수가 있다. 김연아의 화려한 성공에는 늘 그녀의 강인한 정신자세가 회자된다. 그녀 역시 누군가의 도움을 받는다. 이들은 보통 심리학을 배경으로 한 전문가들의 도움을 받는다. 직업적 기능을 잘 수행하기 위해 클라이언트의 심리를 살피는 것이 심리적 접근 방식이다. 따라서 코칭은 논의가 시작되던 시절부터, 이것이 상담과 다른 점이 무엇이냐는 질문에 끊임없이 직면해야 했다. 사실 프로세스상에서 다른 점은 찾을 수가 없다. 어떤 학자는 상담은 코칭이지만, 코칭은 상담이 아니라고 정의하였다. 그는 코칭이 가지고 있는 다양한 목적성 때문이라고 하였다. 심리치료의 경우는 어떤 이유로 정상적인 생활을 못 누리는 사람이 정상의 삶을 누리도록 하

거나 인격적 성장을 촉진하기 위한 것이다. 반면 코칭은 평균 이상의 기능
을 하는 사람을 더욱 잘하게 하는 것이다. 프로이드는 심리치료의 목표를
사랑하고 일하게 하는 것이라고 했다(훗날 노는 것이 추가되었다). 심리치료
가 사랑하고, 일을 하는 데에 존재하는 장애를 제거하는 작업이라면, 코칭
은 "더 잘" 일하고, 사랑하게 하는 것, 그리고 놀게 하는 것이다. 따라서
대부분의 상담은 코칭의 요소를 가지고 있다. 하지만 기술을 전수하거나,
업계에 적응을 돕는 등의 기능적인 코칭의 경우는 상담의 범주에 들어갈
수 없게 된다.

Peltier(2001)는 코칭에 있어서 심리학적 접근법을 다음과 같이 소개하
였다.

🏃 심리학적 접근 방법 *

Approach to Coaching	Focus	Elements of Intervention	Criteria for Evaluation
Psycho -dynamic approach	Client's unconscious thoughts and internal psychological states	Psychoanalysis—uncovering gap between ideal "ego" and reality; defense mechanisms; transference; counter transference; family dynamics	Increased self-awareness of thoughts, feelings, and reactions
Behaviorist approach	Client's observable behaviors	Behavioral principes—intrinsic and extrinsic reinforcement; primary and secondary reinforcement; positive and negative reinforcement; punishment	Increased understanding of antecedents and consequences of behavior; behavior change
Person-centered approach	Client's self-understanding without direst intervention by coach	Creating a trusting and empathic therapeutic relationship	Personal growth and change
Cognitive therapy approach	Client's conscious thinking	Cognitive therapy—identification of distorted thinking and irrational thoughts	New thinking that leads to positive feelings and effective behavior

| | | Data gathering and analysis | |
| Systems-
oriented
approach | Individual, group,
and organizational
influences on
client's behavior | of client's interactions with
other individuals; requirements
of role, group, and intergroup
relations; direct intervention
within the organization | Improved job,
group, and
organizational
effectiveness |

* Summary based on approaches disxussed in Peltier(2001)

　실제로 많은 심리학자들이 코칭을 하고 있으며, 코칭의 효과성에 대한 논문들이 속속 발표되고 있다. 펠티어Peltier는 심리학자들이 하는 접근을 다섯 가지로 정리하였다. ① 정신역동 접근은 클라이언트의 무의식을 탐험하고, 자신의 내부에서 일어나는 심리역동을 살펴봄으로써 자신에 대한 인식을 높이는 방식이 이에 해당이 된다. 여기서는 무의식을 탐험함으로써 이상적 모습과 현실의 조율을 통해 본인을 더 잘 알아갈 수 있다고 보았다. 경험의 시공의 착각을 가지고 오는 전이Transference라던가, 부모와 맺은 관계가 평생 반복되어 나타나는 가족 내의 역동 등이 주요 개념이다. ② 행동주의적 접근은 보이지 않는 무의식이 아닌 보이는 행동을 교정한다. 내재적 그리고 외재적 강화를 통해서 잘된 행동을 강화하고, 벌을 통해 나쁜 행동을 줄이거나 없애는 접근 방법이다. 이를 통해 행동변화가 될 뿐만 아니라, 행동변화에 따른 신념의 변화도 꾀하게 된다. ③ 인본주의(인간주의·인문주의(人文主義)·휴머니즘이라고도 하며 '인간다움'을 존중하는 대단히 넓은 범위의 사상적·정신적 태도·세계관)적 접근은 어떤 기법을 사용하는 것이 아니라 무조건적인 수용과 정확한 공감을 통하여 클라이언트와 공감적인 신뢰관계를 구축하여 관계를 통하여 클라이언트가 스스로 변화해 나가도록 돕는 접근법이다. 이는 현재 대부분의 상담가들이 사용하고 있으며, 동기강화 대화Motivational Interviewing 등 다른 상담이나 코칭 등 사람들의 변화를 불러일으켜야 하는 분야에서 가장 기본적인 철학과 기법을 제공한다. ④ 인지치료 접근법은 클라이언트의 잘못된 생각을 바로잡는 것이다. 그들이 "승진에서 누락되면 죽는다"와 같은 왜곡된 생각이나 비이성적 생각을 재고하고 바로 잡음으로써 부정적인 감정으로부터 벗어나게 되는 것이다. "승진에 누락되는 것이 나의 인간에 대한 평가는 아니며, 설령 누락되더라도 많은 사람들이 잘 살아가고 다음 해에 도전하면 된다"는 식으로 생각을 바꾸는 것이다. ⑤ 시스템 중심 접근법은 앞에 설명한 조직개발과 같은 접근법이다(Peltier, 2001).

이 외에도 다양한 심리학적 접근이 사용된다. 그러나 본 서에서는 2부에서 다루는 내용에 기반이 되는 이론을 깊이 있게 다루고자 한다. 2부 실제 부분에서 다루는 기법은 정신역동적 접근 방법과 인본주의적 접근법을 근간으로 한 접근법이다. 심리학은 많은 코칭 기법의 근간으로 사용되고 있지만, INSEAD의 맨프레드 케츠 드 브리스 교수는 정신역동 접근방식을 근간으로 하는 그룹코칭을 실행하고 있다. 이러한 그룹코칭은 조직 내에 코칭 문화를 퍼뜨리는 하나의 방식으로서 정의되고 실행되었다. 프로이드를 비롯한 정신분석학파는 수많은 개념과 이론으로 아직까지도 수많은 분야에 영향을 미치고 있지만, 조직에는 많이 적용되거나 사용되고 있지 않았다. 그러나 케츠드 브리스는 이러한 정신분석적 접근을 조직 내에서의 이상 행동을 진단하고, 그를 해결하는 데에 사용하였다. 관련 학술 논문과 연구가 가장 많이 생성이 된 코칭모델이기도 하다.

일대일 코칭모델은 동기강화 대화를 기반으로 한 변화촉진 코칭모델이 제시된다. 동기강화 대화는 처음에는 중독자들처럼 변화가 가장 어려운 것으로 보이는 사람들에게 변화를 불러일으키는 기법으로 심리치료사들에 의해서 개발되었다. 이는 현재 중독 환자뿐만 아니라, 행동의 변화를 불러일으키는 코칭, 교육 등 아주 광범위한 분야에서 사용되고 있다. 30년간의 꾸준한 임상연구를 토대로, 인간 심리변화의 기저를 밝히고, 그것이 현장에서 어떻게 이용이 되는지 철학부터 테크닉까지 매우 섬세하게 발달시켰다. 동기강화 대화의 창시자인 윌리엄 밀러와 스테픈 롤닉(William Miller & Stephen Rollnick, 2015)은 무엇보다 동기강화 대화의 정신을 매우 강조하는데, 이는 인본주의 상담의 아버지인 칼 로저스Carl Rogers의 철학과 이론에 기반하고 있다. 인본주의적 접근법은 모든 인간은 성장하고 싶은 의지와 잠재력을 가지고 있다는 전제 하에 접근한다. 부족하거나, 문제가 있는 존재가 아니라 성장하고 싶은 의지와 능력을 가지고 있는 사람이 지금 장애물에 부딪혀 있거나, 이런 저런 사유로 그것들을 발휘하지 못한 것인데, 이런 전제를 가지고 진정성, 무조건적인 수용, 정확한 공감 등을 사용하여 이야기를 들어주는 것만으로도 충분히 치료효과를 볼 수 있다는 신념과 연구, 임상 결과에 근거한다.

따라서 본 서에서는 정신역동 접근법과 인본주의적 접근 등 긍정심리학의 주요 개념을 설명하고자 한다. 특히 정신역동 접근법은 근대 심리학을 만들어 낸 큰 바탕으로 심리학적 사고방식을 이해하고, 전체 심리학을 이해하는 데에 큰 그림을 제공한다. 인본주의적 접근의 경우는 상담 등 사람들을 도와주는 직업을 가진 사람들에게 기본 중의 기본으로 여겨지는 접근법이다. 따라서 대부분의 상담자는 칼 로저스의 인본주의적 접근을 바탕으로 그 위에 인지치료 기법이든, 행동주의 기법을 사용하는 방식을 사용하고 있다. 이는 상담의 기본 기술이기도 하고, 많은 코치들에게도 기본 기술로 쓰이고 있다. 구체적 기법 등은 후반부에 작성을 하겠지만, 인본주의적 접근의 기본 철학과 개념들을 설명하고자 한다.

[매거진 S] 금메달을 원한다면 심리를 도핑하라.

출처: http://m.sports.naver.com/general/news/read.nhn?oid=064&aid=0000005024

정신역동 접근 방법

20세기 최고의 사상가이자 오스트리아의 정신의학자, 정신분석의 창시자인 프로이드Freud에 의해 시작된 심리역동 접근은 근대 학문에 있어서 큰 센세이션을 불러일으켰을 뿐만 아니라, 현대 심리학에 지대한 영향을 끼쳤다. 이후 융Jung과 아들러Adler 등의 심리학자들에 의해서 이론이 발전되고 반박되어 졌으며, 다른 심리치료 방법에 중요한 토대를 제공하게 된다. 정신분석이라는 용어는 1896년 프로이드가 히스테리 환자들을 치료하면서 만들어졌다. 그는 최면술을 통해 환자를 치료하다가 이 방법이 적절치 않다고 보고 자유연상법을 사용하였다. 이는 환자가 떠오르는 대로 생각을 말하도록 유도하는 것으로 무의식 속에 억압되어 있는 감정을 의식계로 방출해 환자를 치료할 수 있다고 본 것이다. 자신의 무의식에 집중하기 위해서 프로이드는 대면하여 대화하는 대신 긴 소파Couch에 환자를 눕혀 놓고 본인은 머리맡에 앉아 치료를 하였다. 간혹 코칭이나 심리학 관련 서적 등에 나오는 카우치Couch는 정신분석을 받는 장소를 상징하게 되었다. 이후 정신분석은 인간의 내면을 분석하고 조망하는 모든 역할을 포괄하는 개념어가 되었다(프로이트, 2007).

프로이드의 심리학은 근대 심리학의 태동을 가지고 온 큰 역할을 했지만, 이론의 깊이나 인간 심리의 극단적 분석과 치료 방법의 비현실성 등을 이유로 현재는 순수하게 프로이드식 심리치료가 이루어지는 일은 거의 없다. 하지만 게스탈트 심리치료 등 다른 심리치료 기법에 지대한 영향을 미치고, 코칭에도 이론적 기반을 제공하고 있으며, 무의식이나, 심리성적 발달 단계Psychosexual Development, 성격의 구성 요소, 방어기제, 전이 등의 개념은 코치들에게 클라이언트의 정신역동을 이해하는 데에 큰 도움이 되고 있다. 또한 정신역동을 기반으로 하는 리더들의 심리에 대한 분석이나 코칭도 많이 시행되고 있고, 효과성도 실증 연구를 통해서 증명되고 있다

(Arnaud, 2003; Brunning, 2006; Dubouloy, 2004; Huggler, 2007; Kets de Vries, 1984). 코칭에서 유용하게 쓸 수 있는 주요 개념을 살펴보자.

▌무의식

정신역동 이론에서 가장 중요한 업적은 아마도 인간의 의식체계를 재정의한 것일 것이다. 프로이드는 인간의 정신 영역을 크게 의식과 무의식 Uncontious으로 나누고, 의식과 무의식 사이에 전의식이라는 중간 단계가 있다고 설정하였다. 의식이란 우리가 느끼고 깨닫는 모든 행위와 감정들이다. 하지만 의식이 작동하는 시간은 그리 길지 않다. 대부분의 인식 내용들은 일정한 시간이 지나면 의식에서 사라진다. 그러나 이것들은 완전히 사라지는 것이 아니라, 전의식과 무의식의 영역에 자리를 잡게 된다. 전의식은 무의식과 의식의 교량과 같은 역할을 한다. 이들은 이용 가능한 기억이지만, 애써서 생각해내야 하는 부분이다. 우리는 보통 대부분 의식하는 것이 우리의 전부라고 생각을 한다. 하지만 정신분석에서는 무의식이 의식보다 더 큰 비중을 차지한다고 보았다.

🏃 프로이드의 인간 심리 개념

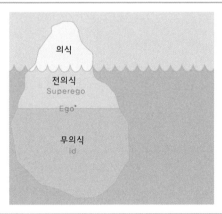

• Note: Ego is freefloating in all three levels

무의식은 빙산에 드러나지 않은 부분처럼 우리가 알 수는 없지만, 우리에게 미치는 영향은 의식과 비교가 안 될 수준으로 방대하고 보았다. 무의식에는 성적 욕구 같은 본능적 욕구를 비롯해 다양한 감정과 충돌들이 억압된 상태로 존재한다. 억압되어 있는 충동이나 본능들 때문에 인간은 갈등을 겪고, 모순된 행동을 보이게 된다. 우리가 의식 수준에서만 생각하면 합리적이고 이성적인 판단을 할 수 있지만, 우리가 알 수 없는 억압된 충동이나 본능이 소리 없이 의식 수준의 행동을 가로막게 되는 것이다. 프로이드는 인간의 행동이나 정신적 과정이 이와 같은 무의식에서 기원한다고 보았다. 심리학에서는 의식, 전의식, 무의식을 지정학적 모형으로 인식하기도 한다.

이러한 무의식은 우리가 의식하지 못하는 무수한 데이터를 가지고 있는데, 우리가 기억하지 못하는 유아기 때의 기억도 포함하고 있다고 보았다. 따라서 우리는 출생 직후 부모의 사랑스런 눈을 통해서 생성된 자신에 대한 상을 만들어서 무의식에 넣어두거나, 방치나 냉담 등으로 인한 상처에 의한 분노를 넣어두기도 한다. 이러한 것은 우리가 의식 수준에서 기억해 낼 수 없는 것이나, 현재의 나에게 지대한 영향을 끼치는 데이터가 된다.

예를 들어, 이부장은 참을성이 없고, 강박적인 성격을 지녔다. 그는 자기가 원하는 바에서 조금만 뒤처지거나 일이 다른 상태로 진행되면, 스스로 매우 초조해지며 이러한 초조함을 부하직원들에게까지 드러내어 채근하는 성격으로 유명하다. 그는 큰소리를 내어 화를 내지는 않지만, 이러한 조급증이 함께 일하는 사람들을 여간 불안하게 하는 것이 아니었다. 실무를 하는 부하직원일 때에는 강박적인 면이 일에 완성도를 높이고 실수를 줄인다는 면에서 긍정적으로 작용했으나, 리더가 되어 많은 사람을 이끌어야 하는 시점에서는 본인과 부하직원을 괴롭히는 이유가 되었다. 이런 이부장을 코칭하면서, 그의 가족들을 이야기하게 되었고, 그의 어린 시절의 양육환경을 살펴보게 되었다. 코치는 그가 부모님이 맞벌이를 하는 가정의 둘째로 태어나 그다지 큰 보살핌을 받지 못한 것을 알게 되었다. 또한 두 살 터울의 동생이 태어나면서 그간 둘이 나누어 받던 사랑을 셋이서 나누어 받는 상황에 놓이게 되었다. 그런 그는 부모님의 편의를 위하여 기저귀를 일찍 떼어야만 했고 배변훈련을 매우 혹독하게 받았다. 기저귀를 떼기로 한 시점부터 부모님은 실수를 하는 그를 야단쳐 이른 나이에 기저귀를 뗄 수 있었다. 부모님이 나중에 그에 대해서 "우리 둘째는 참 착하기도 했다. 셋째가 태어나서 힘든 때였는데, 기저귀를 금방 떼었다"면서 그 과정에 있었던 학대와 폭력을 자랑 삼아 이야기 하는 것을 통해서 나중에 알게 되었다. 물론 그에게 배변훈련 과정이 기억에 남아있지 않다. 하지만 그의 강박증이나 통제나 조절에 대한 긴박한 욕구는 배변훈련 과정에서 형성되었으리라고 분석될 수 있다.

그럼 이것을 아는 것이 무슨 의미가 있을까? 정신분석 치료법은 무의식에 존재하는 것들을 알게 되는 것이 치료라고 보았다. 본인이 불편해 하는 부분의 뿌리를 알게 됨으로써, 그것을 인지하고 의식수준에서 통제할 수 있다는 것이다. 따라서 이러한 무의식, 상당부분은 우리가 기억하지 못하는 시간의 기억들이 만들어 낸 우리의 자아를 알아가고 완성해 가는 것이 보다 나은 삶을 누리는 길이라고 보았다. 그리고 정신분석의 목표는 종래에는 우리가 어떤 사람인지, 그리고 무엇을 원하는 지를 알아가는 과정이다. 우리가 진정 원하는 것, 무의식이 이야기 하는 것들을 알게 되어 자신이 진정 무엇을 원하는지를 알게 되고, 개인적인 욕구를 충족시킬 수 있는 삶을 살아가야 한다고 주장한다.

이를테면 프로이드는 인간을 움직이는 가장 큰 원동력은 성적 충동, 즉 리비도Libido라고 정의하였다. 그는 유아기 때부터 이성 부모에게 성적 충동을 느끼고 동성 부모와 경쟁구도를 형성하며, 그 안에서 좌절하고 타협하는 과정을 거치면서 성격이 형성된다고 설명하였다. 또한 원초아Id를 성격 구성의 한 요소로 봄으로써 인간이 가지고 있는 충동적이고 파괴적인 면을 제시하였다. 이런 것들은 모두 무의식에 들어있는 요소들이다. 유명 가수인 "싸이"는 자신이 하는 모든 행위는 "이성에게 잘 보이고 싶은 행위"라고 이야기 하였다. 이러한 자신의 성적 충동을 알고 그것을 자신의 음악에 담아내어 큰 성공을 거두었다. 많은 사람들이 이성에 대한 성적 욕구를 무의식에 억압해 놓는 면들이 많으나, 그는 그것을 의식수준으로 끄집어내어 음악으로 승화해 낸 것이다.

또 다른 유명 정신분석가이자 프로이드의 초기 제자 중 한 명인 아들러Adler는 인간의 성장동력이 열등감Inferiority Complex을 극복하여 우월하고자 하는 우월성Superiority의 추구라고 보았다. 사람들은 자신이 가진 열등감을 극복하는 과정에서 성장한다. 예를 들면, 어린 시절부터 소화기관이 좋지 않은 사람은 자신이 먹을 수 있는 음식과 그렇지 못하는 음식들에 예민해지고 구분해야만 하며, 그러는 동안 음식에 대한 식견과 미각이 발달하여 미식가, 요리 평론가, 요리사 등으로 성장할 수 있다고 하였다. 이는 다른 사람들보다 우월해지고 싶은 욕구가 아니라 자신의 가능성을 실현하는 쪽으로 발전된다. 그의 심리학을 Individual Psychology라고 부르는데, 우리나라에서는 개인 심리학으로 번역하고 있다. 하지만 이것은 개인 이상의 의미이다. 이는 부정을 뜻하는 In과 나눈다는 의미의 Divid의 합성어로, 즉 나누어질 수 없는 하나의 개체로 통합해 가는 것을 의미한다. 즉 자신의 무의식에서 원하는 욕구와 현재 의식적으로 누리는 삶을 하나로 통합시켜 자신이 원하는 삶을 살아가는 것이 인간의 삶의 지향점이라고 보았다. 이는 우리나라에서 큰 인기를 끈 그의 이론을 바탕으로 한 저서의 제목이기도 한 "미움 받을 용기"를 응원하고 있다. 즉 자신이 원하는 것을 삶에서 이루어 나가는 진정한 내가 되기 위해서는 사회적 시선으로부터 자유로워져야 하며, 다른 사람들의 시선에 굴복하여 살아가는 사람들의 시샘으로부터 미움 받을 수 있는 용기를 가져야 한다는 의미이다. 또한 그는 태어난 순서에 의해서 성격이 형성된다고 보았고, 어린 시절 초기 기억을 치료나 자기 개발 계획에 단초로 많이 사용하였다.

이러한 개인적 차원에서 한 발 더 나아가, 칼 융(Jung, 1989)은 인간이 집단 무의식을 가지고 있다고 보았다. 개인의 무의식뿐만 아니라, 인류나 문화권에서 무의식이 공유된다는 것이다. 아이들 중에서는 개를 처음 보고 무서워하는 아이가 있고, 무서워하지 않는 아이가 있는데 이는 공유된 집단 무의식이 달라서 그런 것이라고 설명한다. 본인이 개에게 나쁜 기억이 있지도 않는데, 겁을 내고 피하는 행동은 집단 무의식의 영향이라는 것이다. 이러한 무의식이 우리 안에는 선천적으로 크게 작용하고 있어서 우리의 무의식을 집단적 수준에서 해석할 수도 있게 된다. 인간은 어떤 상징체계를 가지고 있는데, 이를 해석해 내는 것이 필요하다고 주장하였다. 예를 들어 각 사회에 구전되어 오는 옛날 이야기들은 문화권을 막론하고 비슷한 이야기들이 존재한다. 신데렐라나 장화홍련전과 같은 이야기가 대표적인 예시가 될 것이다. 구박받던 의붓딸이 미신적 존재들의 도움을 얻어 왕이나 높은 벼슬을 가진 사람의 잔치에 참가하게 되고, 신발을 빠뜨리고 오게 되며, 그 신발의 주인을 찾으려는 왕자나 높은 벼슬의 사람과 결국은 결혼하게 된다. 사람들의 국가 간 왕래가 활발하지 않던 시기에도 이러한 비슷한 이야기는 여러 문화권에 존재한다. 이것이 인류가 공유하는 집단 무의식이 있다는 증거로 해석되었다. 여기서 신발은 의지하게 될 사람, 결혼 대상자 등을 상징하게 된다. 프로이드는 이러한 집단적 상징체계를 제시하지 않았으나, 융은 인간이 가진 상징체계를 통해 무의식을 탐험하려고 시도하였다. 즉 같은 꿈을 꾸더라도 프로이드는 그 꿈이 가진 특성을 여러 방면에서 개인적·언어적으로 해석하려고 하였으며, 융은 반복적으로 꾸는 선명한 꿈에 나타나는 상징을 분석함으로써 무의식에 접근하려 하였다.

보통 무의식은 우리가 알지 못하는 부분이고, 또 어쩌면 알고 싶지 않은 억압된 기억이나 잊혀진 기억일 수 있다. 따라서 자신의 무의식을 탐험하는 것은 일정부분의 위험성을 내포하고 있다. 잊혀졌던 기억이 살아나면서 혼란과 원망이 살아나서 더욱 큰 혼란에 휩싸이게 될 수도 있고, 지금 살고 있는 삶과 다른 삶에 대한 열망으로 이제까지 일군 것을 모두 포기해야 할 지경에 이르기도 한다. 따라서 코치는 그런 상황에 대처할 수 있는 능력을 키워야 할 것이고, 그렇지 않은 경우 전문가에게 위탁해야 한다. 하지만 일반적 수준에서는 무의식에서 드러난 자신을 수용할 수 있는 안전한 분위기를 만드는 것이 매우 중요하다. 우리의 무의식에 있는 것들은 보통 우리가 사회적으로 많이 이야기 하지 않는 것들이 많다. 예를 들면, 질투나 타인의 불행을 보면서 즐거워하는 심리(샤덴프로이데), 성적 충동 등은 모든 사람이 다 가지고 있는 감정이다. 하지만 많은 성인들이 자신은 이런 감정을 갖지 않는 인간인 것처럼 위장하고 살아간다. 만약 그렇다면 그 위장은 대부분 억압의 형태로 무의식에 있기 때문에, 그 억압을 해제해주는 코칭이 필요하다. 구체적 사례를 뒷부분에 제시하겠다.

▍ 전이

전이Transference는 정신분석에 있어서 매우 중요한 개념으로, 심리치료가 일어나는 메커니즘을 설명하기도 하는 용어이다. 전이는 정신분석 용어사전에서 다음과 같이 정의한다.

> 아동기 동안에 중요한 사람들과의 관계에서 경험했던 느낌, 사고, 행동 유형이 현재 맺고 있는 다른 사람들과의 관계로 전치된 것이다. 이 과정은 대체로 무의식적인 것이기 때문에, 환자는 전이에서 나타나는 태도, 환상 그리고 사랑, 미움, 분노와 같은 감정의 다양한 원천들을 지각하지 못한다. 이 현상은 자발적으로 발생하는 것이며, 때로는 당사자들을 힘들게 하기도 한다. 일반적으로 부모가 그런 감정 유형의 원래 대상이지만, 형제자매, 조부모, 교사, 의사 그리고 아동기의 영웅들도 전이의 대상이 된다.
>
> - 정신분석용어사전, 2002. 8. 10.,
> 서울대상관계정신분석연구소[한국심리치료연구소]

즉 어린 시절 사람들과의 관계에서 맺었던 경험이 나도 모르게 무의식적으로 현재의 누군가에게 투영되는 것을 말한다. 예를 들어 잔소리가 많은 누나를 둔 사람이 직장에 와서 잔소리 하는 여성 상사에게 자신이 누이에게 가지고 있던 감정을 그대로 느끼게 되는 것이다. 경쟁구도에서 비교되어 와서 질투와 좌절을 느끼게 했던 누나에게 느끼는 감정을 여성 상사에게 투영하여, 그녀도 누나처럼 자신에게 좌절을 줄 것이고, 뛰어넘을 수 없는 존재가 될 것이라는 느낌을 가지고 행동하게 되는 식이다. 특히 이는 조직 내에서 상사와의 관계에서 많이 드러난다. 엄하고 무서운 고위 공무원 출신 아버지를 둔 중견기업의 임원은 현재 엄하고 무서운 회장님을 모시는 비서실장이다. 어린 시절부터 엄하던 아버지를 늘 예의 바르게 선생님 대하듯 해야 했고, 그 흔한 투정 한 번 부려보지 못했다. 아직도 주말이면 아버지를 찾아뵙고 어려움을 살피고 있지만, 그때마다 어린 시절처럼 긴장하고, 늘 야단치는 아버지 앞에 어린아이가 되어버리고 만다. 그러나 그는 그런 아버지와 지내는 것이 익숙하다. 그는 아버지를 대하듯 리더를 대했고, 윗사람을 모시는 일을 가장 잘해서 결국은 회장 비서실장의 자리에까지 앉게 되었다. 하지만 그 이후 갖은 스트레스 관련 질환에 시달리고 있다. 늘 약을 달고 살며, 최근에는 스트레스로 귀가 안 들리는 증상까지 겪었다. 그는 그의 상사에게 존경과 함께 큰 두려움을 상시 느끼고 있다는 것을 코칭을 통해서 비로소 알게 되었다. 다른 사람들이 인식하는 회장님과 자신이 인식하는 회장님이 사뭇 다르다는 것도 알게 되었다. 자신의 감정의 실체를 알고, 자각함으로써 효과적으로 감정을 다루는 방안을 모색하기 시작하였고, 결국 자원하여 계열사로 자리를 옮기기로 하였다.

코치 역시 코칭 장면에서는 전이의 대상이 될 수 있다. 정신분석 치료에서는 치료자들이 전이를 사용하여 심리치료를 한다. 즉 기법을 사용하여 전이를 일으키는 것이다. 그러나 훈련받지 않은 코치는 그렇게까지 해서도 안 되며 할 필요도 없다. 하지만 자연스럽게 전이가 일어날 수 있음은 자각하는 것이 필요하다. 예를 들어 클라이언트는 코치의 부드럽고도 단호한 태도에 초등학교 시절 자신이 가장 좋아하고 가깝게 지냈던 선생님을 무의식적으로 떠올렸다면, 자신의 이야기를 스스럼없이 하고 또 코치가 제안하는 것을 저항 없이 수용하게 된다. 따라서 코치의 태도가 어떤 종류의 사람을 떠올리게 하느냐는 코치의 매우 사소한 행동과 말투 등에 의해서도 촉발이 될 수 있다. 하지만 이는 순전히 무의식적 작용으로 긍정적인 모습도 클라이언트에게는 친절하다가 배신을 한 사람을 떠올리게 할 수 있으므로 어쩌면 코치가 통제할 수 있는 상황은 아닐 수도 있다. 하지만 근거 없이 클라이언트가 공격적이라거나, 지나치게 호의적일 때는 전이를 떠올리고 적절히 대처해야만 한다. 또 하나 상기해야 할 것이 역전이 Counter-transference라는 개념인데, 이는 치료자나 코치가 클라이언트에게 전이가 되는 것이다. 예를 들어 아버지와 사이가 좋지 않은 코치가 아버지처럼 수염을 기른 클라이언트를 보고 부정적인 감정을 갖게 되는 것이 이에 해당된다. 따라서 코치는 늘 자기 점검을 통해서, 이러한 일이 코칭관계에 부정적 영향을 끼치지는 않는지 살피는 것이 필요하다. 상담가 등 심리치료를 하는 사람들은 이 문제를 심각하게 여기고, 상담이나 수퍼비전을 통해서 극복해 나간다. 사람을 상대하는 사람이라면, 특히 내면의 이야기를 다루는 사람이라면 전이에 대한 이해와 함께 스스로 모니터링 하는 훈련이 필수라 하겠다.

전이가 일어났다고 느껴지면 코치는 조직 상황에서 어려움을 겪고 있는 리더에게 가족관계에서 일어난 역동을 떠올리게 하거나, 그를 통해서 자기 인식을 넓히는 것이 유용할 수 있으나, 이는 감당할 수 있는 수준에서 이루어지는 것이 필요하고, 어린 시절 강력한 트라우마 등을 호소하는 경우에는 심리치료 전문가에게 문의하거나 위탁하는 것도 필요하다. 심리학적으로 훈련이 된 코치들의 경우도 개인사가 주요 이슈가 되어 깊이 있게 다루어 질 경우에는 코칭관계보다는 보다 사적인 치료관계에서 다룰 것을 권유하는 경우가 많다. 보통 심리치료가 더 많은 시간이 요구가 되고, 이런 경우의 코칭은 경비 처리와 개인 비밀보장 측면에서도 위험성이 있기 때문이다.

▌ 방어기제

방어기제란 사람들이 힘든 상황을 극복하기 위하여 사용하는 심리적 기제로, 정신적 진통제이다. 이는 자아가 무너지거나 심각하게 손상을 받지 않게 위해서 본인 스스로를 속이는 등 무의식적으로 일어나는 행위이다(프로이트, 2007). 이는 최악의 정신적 손상을 막아주는 역할을 하지만 현실감각을 떨어지게 한다. 예를 들어 합리화Rationalization는 자신이 할 수 없는 것에 대해 가치를 일부러 낮게 봄으로써 자신을 안심시키는 것이다. 여우가 나무에 달린 포도가 너무 맛있어 보여 따먹고 싶었으나, 자신이 그곳에 이를 수 없자 "저 포도는 신 포도야. 너무 시어서 맛이 없을 거야"라고 생각을 해 버리는 것이다. 이렇게 되면 포도를 못 먹는 비참함과 아쉬움 등 부정적 감정은 상쇄할 수 있겠지만, 현실을 왜곡해 버리는 결과를 가지고 올 수 있다. 이외에도 억압, 투사, 퇴행, 동일시 등의 방어기제가 많이 사용이 된다. 이는 본인도 모르게 무의식적이고 자연스럽게 나타난다.

억압은 불쾌한 기억이나 갈등 등을 무의식에 담아둠으로써 마음을 보호하는 방어기제이다. 임원이 곧이어 닥치는 인사에서 누락될 것을 무척이나 두려워하지만 너무 두려운 나머지 그 감정과 생각을 무의식에 가두고 마치 아무 일도 일어나지 않을 것처럼 일에 매진하는 것이 예가 될 수 있다. 이런 억압은 현실감각을 떨어뜨려 임원 인사에 대처하는 방안을 세우고 준비하는 것이 아니라, 무조건적으로 두서없이 일을 벌이고 직원들에게 짜증을 부리는 현상 등으로 드러나게 된다. 하지만 이런 경우 본인이 그것이 억압이라는 것을 받아들이지 않을 가능성이 높다. 왜냐하면 무의식에서 일어나는 일이고, 혹은 그것이 억압이 아닌 다른 문제일 가능성도 있다. 본인도 모르는 무의식을 남이 알기란 더욱 쉽지 않으니 말이다.

투사는 스스로를 정당화하는 합리화와는 반대로 그 원인을 다른 사람의 탓으로 돌리는 것이다. 가령 어떤 남자가 상대방 여성에게 성적 충동을 느끼는 것에 죄책감이 들 때, 상대방이 나를 유혹하고 있다고 믿어버리는 것이다. 퇴행이란 편안했던 어린 시절로 돌아가고 싶어서 어린 시절의 행동양식을 보이는 것을 말한다. 둘째가 태어나자 첫째는 혼자서 부모의 사랑을 독차지 하던 시절로 돌아가고 싶어서 배변훈련을 마쳤음에도 불구하고 대소변을 못 가리거나, 말을 잘하다가도 아기처럼 말을 못하게 되기도 하는데 이는 의도적인 것이 아니라 무의식이 그 사람의 모든 기능을 통제하기 때문이다. 실제로 이때 키가 자라지 않는 등 신체적 증상이 나타나기도 한다. 동일시라는 방어기제도 있는데, 이는 존경하거나 호감을 갖고 있는 어떤 대상과 자기 자신을 일치시킴으로써 대리만족을 얻고자 하는 욕구이다. 사람들은 지도자나 주위에 멋진 사람을 추종하는 것으로 자신이 그 사람이 된 것 같은 환상을 갖게 된다. 이는 카리스마가 있는 리더와 그의 맹목적 추종자 사이에 자주 일어난다.

그렇다고 모든 방어기제가 부정적인 결과를 만들어 내는 것은 아니다. 승화, 이타주의, 유머, 긍정적 동일시 등 높은 수준의 방어기제는 자기를 기만하는 행위이긴 하지만 그 효과가 긍정적인 면들이 있다(Kets de Vries, Korotov, & Florent-Treacy, 2007; 프로이트, 2007). 자신이 가지고 있는 부적절한 감정을 예술작품으로 승화시킨 예는 얼마든지 있다. 사람들은 작가가 겪고 있는 고통을 표현한 작품을 보고 서로 무의식적으로 통하여 감동을 받고, 위로를 받을 수 있게 된다. 생전에 외로움, 가난, 정신적·신체적 질병 등과 싸워가며 힘든 예술 작업을 해온 빈센트 반 고흐의 작품은 그의 내면적 갈등과 삶의 고통을 예술작품으로 승화시킨 예이다. 다른 사람을 돕는 이타주의를 통해서 자신의 부적절함을 가리기도 한다. 자수성가한 김회장은 경제적 성공은 이루었지만, 초등학교밖에 졸업하지 못한 자신의 학력에 대해 열등감을 가지고 있고 집안이 좋은 집 자제들 앞에서는 작아지는 자신을 발견하였다. 그는 검정고시를 통해 대학진학을 하는 등 그의 학업과 학력에 대한 열등감을 극복하려고 노력하는 동시에 자신처럼 어려운 가정 형편 때문에 공부를 못하는 청소년들을 위한 장학재단을 세우고, 그들과의 정기적인 만남을 가지는 등 적극적인 자선사업을 전개하고 있다. 이는 사회적으로 바람직하게 발현된 방어기제이다. 이러한 자선 사업이 그가 가진 학력이나 출신에 관한 열등감을 직접적으로 해결해주지는 않지만, 이러한 이타주의를 통해서 자신의 부정적 감정을 덮고 갈 수 있기 때문이다. 유머 역시 자신의 부적절한 감정을 세련되게 유머를 통해서 드러냄으로써 그 강도를 덜어내는 것도 이에 해당이 된다. 우습지 않은 상황을 우습게 만들어서 비극적인 상황을 덜 비극적으로 느끼게 하거나, 실제로 우습다고 여기게 되는 것도 이에 해당된다. "모던 타임즈"와 같은 찰리 채플린의 영화는 현대 사회가 가진 비극적 상황을 유머를 섞어 풍자하였다. 이는 그러한 상황에 있는 수많은 사람들에게 위로를 주었다. 긍정적 동일시의 경우는 롤 모델을 동일시함으로써, 실제로 그 사람처럼 되려는 노력을 하게 되고, 떨어진 자존감을 높이는 효과를 가지고 오기도 한다. 그리고 그것을 결국 이루어 내는 많은 예가 있다. 높은 수준의 방어기제를 사용할 경우에도 본인이 방어기제를 사용하고 있음을 자각하는 것이 매우 도움이 된다.

이 모든 방어기제는 불안이나 부적절한 감정을 경감시키거나 없애지만, 결코 근본적 해결이 없는 자기 기만에 불과한 경우가 대부분이다. 따라서 현실감이 떨어지게 되는데, 코치는 클라이언트가 이러한 방어기제를 쓸 경우, 그것을 적절히 다룰 필요가 있다. 무의식적으로 자기 기만을 한다는 것은 그 사람이 나쁜 사람이라서 그런 것이 아니다. 본인이 감당이 안 된다는 뜻이다. 그런 사람에게 그것을 바로 직면시킬 경우 큰 충격을 받거나 마음의 상처를 남길 수 있다. 혹은 더 큰 방어기제를 작동시켜 절대로 그것을 받아들이지 않을 것이다. 따라서 수용적이면서 공감적인 태도를 유지하면서 매우 신중하게 접근하여 현실 감각을 깨우쳐 주는 것이 필요하다. 실제로 많은 리더들이 자신이 직면한 문제나 두려움 때문에 이러한 방어기제를 많이 사용하고 있으며, 이는 실질적인 사업 손실로 이어지기도 한다.

케츠 드 브리스(2007)는 코치가 이러한 방어기제를 다룸에 있어서 먼저 자신이 어떤 방어기제를 사용하고 있는지를 스스로 점검해 봐야 한다고 제시한다. 이 시대의 리더를 코칭하는 일은 여간 용기를 필요로 하는 일이 아니다. 코치는 리더에게 "괜찮은Good-enough"돌보미가 되어야만 한다. 완벽해질 필요도 없고, 그런 마음이 오히려 독이 되기도 한다. 다만 이들은 안전한 환경을 만들어 주고, 클라이언트의 불안을 흡수하는 동시에 그들이 앞으로 나아가는 도전을 해 나가도록 하는 것이다. 즉 완벽한 코치가 되고자 높은 수준의 행동변화를 요구하는 코치가 아니라, 그들이 불안해하며 심리적으로도 편하지 않다는 것을 수용하고 공감해 줄 수 있어야 한다. 그저 자신을 탐험할 수 있는 심리적 · 물리적으로 안전한 환경과 지지를 제공하는 것만으로도 자신을 알아가는 작업을 시작할 수 있다는 뜻이다.

정신역동을 이용한 코칭 사례

국제공인 정신분석가이자, INSEAD 글로벌 리더십 센터의 설립자인 케츠 드 브리스(Coutu, 2004; Kets de Vries, 2014; van de Loo, 2000)는 이 정신역동 접근을 코칭현장으로 끌어들여 잘 구현하였다. 그의 그룹코칭 프로그램은 앞에 서술한 조직개발의 한 방식으로 맥을 가지고 있지만, 그 안에서 사용하는 구체적인 접근법은 상당부분 정신분석으로부터 차용해 왔다. 그는 무의식이 리더에게 큰 영향을 미치는데, 의사결정에 80~90%에 해당할 정도로 많은 영향을 끼친다고 하였다. 따라서 우리는 우리의 무의식 탐험을 통해서 스스로에 대한 인식을 넓혀갈 수 있게 된다. 코칭의 목표를 많은 학자들은 자기 인식으로 보고 있다. 따라서 요하리의 창

Johari's Window에서 우리는 나도 알고 남도 아는 영역인 열린 창을 점점 넓혀가는 것이 코칭에 있어서 중요한 부분이 된다. 우리의 감추어진 영역에 대한 탐험은 우리가 자기 인식을 넓히게 되어 자기 자신을 이해하고 더욱 합리적인 행동과 의사결정을 할 수 있게 된다는 것이다. 이에 정신분석가들은 꿈을 분석하는 방식을 자신에 대한 이해를 높이는 데에 사용하였다. 1900년에 출간된 "꿈의 분석(프로이드, 2007)"은 프로이드의 대표 저서이면서, 그가 꿈을 통해서 환자의 무의식에 도달하여 그것을 인식함으로써 신체와 정신에 있는 병을 치유하는 방법과 예시를 제시하고 있다.

요하리의 창

	자신이 아는 부분	자신이 모르는 부분
다른 사람이 아는 부분	열린 창 Open area	보이지 않는 창 Blind area
다른 사람이 모르는 부분	숨겨진 창 Hidden area	미지의 창 Unknown area

케츠 드 브리스(Kets de Vries, 2014) 역시 꿈을 코칭에 이용하였다. 클라이언트들은 그들이 생각하는 방식과 감정을 이해하는 것을 매우 필요로 하는데, 많은 경우 그 뿌리를 알지 못하고 제대로 된 대처를 하지 못해서 조직 내에서 혹은 개인적으로나 사회적으로 적절하지 못한 행동과 의사결정을 하게 된다고 하였다. 따라서 자신이 꾸는 꿈을 분석함으로써 자신이 어떤 욕망을 가지고 있고, 두려움의 근본은 어떻게 되는 지 등을 탐색해 볼 수 있다고 보았다. 예를 들어 보자. 한 IT회사의 CEO는 어제 매우 당

혹스러운 꿈을 꾸었다. 그는 자신은 지금 별 문제가 없다고 말을 하지만 그의 꿈은 그렇지 않았다. 그는 꿈속에서 별장 앞 바닷가에서 벌거벗고 있었다. 그가 놀라 주위를 둘러보니 몸을 가릴 수 있는 것은 작은 수건 뿐이었다. 수건으로 겨우 몸을 가리고 별장 쪽으로 뛰어가는데 그 조차도 사라져 버렸다. 그러자 별장의 발코니에 있던 이웃 사람들이 그를 보며 웃으며 손가락질 하고 있었다. 그리고 가는 길에 그의 지갑을 발견하였다. 그러나 지갑도 비어 있었다. 그는 그렇게 창피하고도 당혹스러운 감정에 사로잡혀 있다가 잠에서 깨었다. 이 꿈은 무엇을 말해주는가? 코칭 과정에서 코치는 이 꿈이 클라이언트에게 어떤 것을 떠올리게 하는지 탐색하게 하였다. 그는 한참 고민한 끝에 곧 있을 주주총회에 생각이 미치게 되었다. 그는 사람들 앞에 서는 것을 두려워하지 않는 비즈니스맨이다. 하지만 지금 그는 무엇을 두려워하고 있는 건 아닌가? 본인이 전년에 약속했던 실적을 내지 못해서 주주들 앞에서 비난 받고, 추궁 당할 걱정을 하고 있는가? 그의 회사가 지금 재무적으로 건전하지 못한가? 꿈이 주는 상징들을 돌아보면서 CEO는 자신이 가지고 있는 두려움이 막연한 것인지, 아니면 실제로 존재하는 것인지에 대한 점검을 할 수 있게 되었다. 주주총회에서 실적에 대해 추궁을 당하고 망신을 당하게 될 것이 막연한 두려움이라면, 실제 숫자를 보고 안정을 찾을 수 있을 것이고, 현상에 대한 실질적 두려움이라면 그것을 어떻게 방어하고 주주들에게 설명하며 그들을 안심시킬지 구체적 방안을 강구하면 될 것이다. 그는 그가 가지고 있는 두려움을 무의식적으로 억압하고 있음을 꿈을 통해서 알게 되었다. 즉 무의식적으로 방어기제가 작동함을 알아차리게 되었다.

또한 그는 최근 저서(케츠 드 브리스, 2017)에서 우리는 전래동화를 통해 우리의 무의식 세계를 알 수 있다고 제시한다. 클라이언트들이 자신과 그들의 문화를 이해하는 것을 돕기 위해, 꽤 오랫동안 동화를 이용해 왔다. 그 사회에 수백 년, 수천 년에 걸쳐서 내려오는 이야기들은 사회가 가진 집단 무의식의 반영이며, 개인이 좋아하는 이야기들을 통해서 개인이 가진 욕망이나 두려움을 알 수 있다고 한다. 우리나라에는 도깨비 이야기가 많다. 도깨비 이야기 중에 산속에 혼자 살고 있는 한 노인에 관한 이야기를 예를 들어보자. 도깨비가 어느 날 노인을 찾아왔다. 그들은 꽤 잘 지냈고, 꽤 오랜 시간을 같이 보냈다. 그러다가 한 번은 노인이 산에서 내려가다가, 물에 비친 자신의 모습을 보게 되었다. 가까이서 자세히 보니 그의 얼굴이 도깨비와 비슷하게 변해 있었다. 도깨비가 장난친 것을 알고 노인은 화가 머리끝까지 올랐다. 이런 원치 않던 변화를 되돌리기 위해, 그는 도깨비에게 장난을 치기로 했다. 노인은 도깨비에게 제일 무서워하는 것이 무엇이냐고 물었다. 도깨비는 "나는 피가 제일 무서워. 너는 뭘 제일 무서워하는데?"라고 말했다. 그러자 도깨비 못지않은 익살꾼인 노인은 "나는 돈이 제일 무서워. 나는 돈을 피해서 여기 살고 있는 거야"라고 말했다. 이후 노인은 사슴을 잡아서 그의 움막에 온통 사슴피를 발라놓았다. 그러자 움막을 다시 찾은 도깨비는 피 범벅이 된 움막을 보고서는 완전히 겁에 질려 도망가며 외쳤다. "이 나쁜 놈! 너도 똑같이 당해봐라!" 다음날 도깨비는 움막에다가 돈을 산더미처럼 던져놓고 도망갔다. 결국 노인은 그 근방에서 최고의 부자가 되어 마을사람들에게도 나누어 주고 행복하게 살았다는 이야기이다.

우리 조상들에게는 이해하기 어려운 세상을 이해하는 방식으로 도깨비와 같은 미신적 존재들이 가장 큰 역할을 해왔다. 단순한 이 하나의 이야기에서 우리는 한국 문화의 한 부분을 읽을 수 있다. 우리가 가난과 외로움, 정체성과 죽음에 대해서 걱정을 하고 있었다는 것이다. 도깨비 이야기는 한국 사람들 마음에 무엇이 들어있는가를 이해하는 왕도가 될 수 있다. 무엇보다 중요한 것은 이러한 동화를 깊이 있게 이해하는 것이 코치들이 클라이언트의 니즈를 파악하는 데 도움을 줄 수 있다는 것이다(케츠 드 브리스, 2017).

인본주의적 접근

프로이드 등의 정신분석학자들은 근대 심리학을 발전시키면서 심리학에 큰 공을 세웠다. 이들이 바라보는 인간은 다소 부정적이다. 그러나 이후 심리학에서는 이렇듯 인간의 부정적인 욕구와 욕망들과는 다른 시선들이 등장하게 된다. 그 중 대표적인 것이 칼 로저스Carl Rogers의 인본주의적 상담과 아브라함 매슬로우Abraham Maslow의 욕구단계 이론이다. 로저스의 이론은 인간중심 상담Person Centered Counseling(초기에는 클라이언트 중심 상담 훗날 인간중심 상담으로 발달되었다)이라는 상담기법으로 통용된다. 이 인간중심 상담은 1940년대 인본주의에 뿌리를 두고 칼 로저스에 의해 창안되었고, 상담이나 교육 장면에서 오늘날까지 지대한 영향을 주면서 지속적으로 변화 발전하고 있다. 2002년에 행해진 연구에 의하면(Haggbloom et al., 2002) 20세기에 가장 큰 영향을 준 심리학자 중 프로이드에 이어 두 번째를 차지하고 있으며, 그의 이론은 프로이드처럼 정통파 로저리안Rogerian 상담가들 뿐만 아니라 심리학 전반에 큰 영향을 끼쳤다. 매슬로우는 정상, 비정상이 아닌 보통 사람들을 위한 심리학이 필요하다고 주장하였으며 이런 인본주의적 시각에서 바라본 그의 유명한 욕구단계 이론은 사회과학 분야에서 광범위하게 적용되고 있다. 인본주의적 인간관과 주요 개념을 알아보자.

▌칼 로저스의 인간중심 상담

인본주의적 접근은 정신분석과 행동치료가 우세하던 1960년대에 등장하여 큰 영향을 끼치게 된다. 행동주의 접근법과 정신분석 접근법으로 유명한 콜롬비아 대학에서 수학한 칼 로저스는 졸업 이후 상담가로서 활동을 시작하였다. 그러다 어느 날 어떤 여성 클라이언트에게 아무런 치료기법을 사용하지 않았음에도 증세에 극적 호전이 일어나는 것을 경험하고,

기존 상담기법과 다른 비지시적 치료법을 개발 시행하게 된다. 그의 인본주의적 상담은 기법 등에서도 정신분석과 행동주의 치료와 큰 차이를 가지고 있지만, 가장 큰 차이점은 상담기법이 긍정적인 인간관에 기초하고 있다는 점이다. 로저스는 기존 심리치료 접근법들이 클라이언트는 신뢰할 수 없는 존재이기 때문에 우월성을 가진 전문가가 제대로 된 방향성을 제시해 주어야 하고, 동기를 부여하고, 가르치고, 벌을 주고, 보상을 해주고, 통제하고 관리해야만 한다는 입장에 꽤 유감을 가지고 있었다. 그는 상담을 하면서 사람은 각 개인이 가진 핵심Core에 접근할 수 있고, 결국 긍정적인 중심을 잡게 된다고 주장하였다. 즉 사람은 믿을만한 존재로 지략적이고Resourceful, 자기 자신을 이해할 수 있으며, 스스로 방향성을 설정할 수 있어서 건설적인 변화를 만들 수 있고, 효율적이며 생산적인 인생을 살 수 있다는 것이다. 또한 치료자가 클라이언트를 진실하고 따뜻하게 판단 없이 이해해 줄 수 있다면 대부분의 클라이언트가 변화를 만들어 낼 수 있다고 보았다. 그리고 이 접근법은 실제로 많은 변화를 만들어 내었다.

그럼 이런 접근 방식을 통해 추구하는 변화의 방향성은 무엇인가? 결국 성격의 발달이다. 그러나 그는 성격이 어떤 단계를 밟아서 발전하기보다는 자기에 대한 자아 개념Self-concept를 발전시키는 것이 성격의 발달이라고 보았다. 즉 차별화되지 않은 자아에서 완전하게 차별화된 자기의 개념을 발전시키는 과정이 성격의 발달이라고 보았다. 외부에서 주입되거나 혼란스러운 자기에 대한 개념이 아니라 스스로가 주체가 되어 다른 사람과 다른 하나의 오롯한 인간으로서의 개념을 만들어 가는 과정을 말한다. 그가 말하는 자아 개념은 인간이 자기 자신에 대한 인식, 다른 사람들과의 관계와 다양한 인생 장면에서 가지게 되는 자신에 대한 인식, 그리고 그가 그 인식을 하는데 사용하는 가치를 통해 이루어진 하나의 정리되고 일관된 관념적 총체라고 정의하였다. 이것은 계속적으로 변형되고 변화하는 총체이고, 프로세스이다. 그러나 어떤 순간에는 특정한 존재가 되는 것이다(Rogers & Koch, 1959). 이러한 자아 개념의 발달에서는 조건적·무조건적 존중이 가장 중요하다고 보았다. 이런 것들은 각 개인에게 자신을 충분히 실현할 수 있는 기회를 주기 때문이다. 존중이 가득한 환경에서 그들은 이제껏 다른 사람들에 의해서 계속적으로 절하되어 왔던 자신이 사실은 의미 있는 사람이라는 인식을 하게 되고 자신이 자신이 되는 것에 대한 두려움을 잊게 된다.

그리하는 그는 자아 개념이 충분히 발달되면 온전히 기능하는 인간Fully Functioning Person이 된다고 하였다. 이는 인간이 다다를 수 있는 최상의 상태를 말한다. 이것은 유기체가 그가 가진 잠재력을 발휘하는 것을 목표로 삼는 좋은 인생Good Life이라고 말한다. 그는 온전히 기능하는 인간의 일곱 가지 특성을 다음과 같이 정리했다(Rogers, 1961).

1. 경험에 대한 개방성 증가: 그들은 자기 방어와 무의식에 들어있는 어두운 자극들이 의식의 수준으로 들어오는 것을 막지 않는다. 어두운 자기의 모습을 발견하는 것을 두려워하지 않는다.

2. 실존적 삶의 방식 추구: 그들은 모든 순간을 충분히 살아낸다. 현상을 그들의 성격이나 자아 개념에 맞도록 왜곡해서 해석하는 것이 아니라, 삶에서 그들의 성격과 자아 개념이 뿜어져 나오도록 한다. 이것은 흥분, 용기, 적응, 인내, 자발성, 경직된 사고의 감소로 드러나고, 신뢰의 기반을 제공한다. 지금 일어나고 있는 일에 그의 영혼을 담고 그 구조가 어떤 것인지를 드러내는 과정을 발견해 나간다.

3. 유기체적인 신뢰의 증가: 그들은 스스로 내린 결정과 그들이 순간순간 어떤 행동을 할 지 결정할 수 있는 능력을 신뢰한다. 이미 존재하는 어떤 코드나 사회적 규범에만 의존하는 것이 아니라 스스로 무엇이 옳고 그른지에 대해서 개방적으로 탐구하고 판단할 수 있다.

4. 선택의 자유: 그들은 통합을 이루지 못한 개인들에게 영향을 미치는 관습에 흔들리지 않으며, 더 넓은 선택의 범위에서 결정을 더 잘 내리게 된다. 그들은 행동을 스스로 결정하고, 자신의 행동에 온전히

책임을 지게 된다.

5. 창조성: 그들은 창조적이다. 환경에 순응해야 겠다고 눈치를 살피지 않고 창조적으로 자신의 방식으로 적응할 줄 안다.

6. 믿음과 건설적임: 그들은 건설적으로 행동할 것이라는 믿음을 준다. 그들의 니즈에 개방적인 개인은 그 안에서 균형을 유지할 수 있다. 공격적인 니즈라도 내재적인 선함과 잘 일치시킬 것이다.

7. 풍부한 삶: 그들은 온전히 기능하는 사람으로 풍부하고 온전하며 즐거운 삶을 산다. 기쁨과 고통, 사랑과 실연, 두려움과 용기를 모두 강렬하게 경험하게 된다.

그는 이러한 특성들이 좋은 인생Good Life을 만들어 줄 것이라고 하였다. 좋은 인생을 만드는 과정은 소심한 인생을 살아가는 것이 아니라 우리의 잠재력을 제대로 발휘하기 위해서 성장하는 과정이다. 이것은 그러한 사람이 되기 위한 용기이다. 자기 인생에 있어서 자신 스스로를 진수(進水)시키는 것이다. 일곱 가지 특성을 요약하자면, 온전히 기능하는 인간은 두려움 없이 경험에 자신을 노출시키고, 매 순간순간 자신의 자아 개념과 행동이 일치되는 삶을 살며, 자신의 살아있는 판단을 믿고 확신을 가지고 행동을 선택한다. 또한 외부의 관습에 흔들리지 않으며 자신의 행동을 결정하고 그에 대한 책임을 온전히 지며, 이러한 판단은 새로운 방식의 행동을 만들기도 한다. 그들의 행동은 건설적이고, 아무리 어두운 욕망이 올라오더라도 이것을 추구하는 선함과 일치시킬 줄 알고, 긍정적 감정과 함께 부정적 감정도 있는 그대로 충분히 느끼는 삶을 살아간다. 로저스는 이러한 삶의 방향성은 외부에서 주입하는 것이 아니라, 인간이 모두 내재적으로 바라고 있고 그러한 삶을 완성해나가는 잠재력을 가지고 있다고 전제하였다.

로저스는 인간은 긍정적 변화를 위한 내면적 동기와 잠재력을 가진 존재이므로 치료자가 클라이언트를 조정하여 변화시키는 것보다 수용적이고 공감적인 분위기를 제공하면 클라이언트 스스로 변화를 모색하며 문제를 해결한다고 보았다. 즉 인간은 자신의 모든 잠재력을 발현하고 성장하려는 성향인 실현 경향성을 지니고 있다고 보았다. 그러나 어떤 영향에 의해 실현하고자 하는 실현 경향성을 잃게 되면 일과 인간관계에서 적절치 못한 상황이 되는데, 이럴 때는 자아 개념과 자신이 하는 유기체적 경험에 괴리가 생길수록 더욱 높은 불안을 경험하고 상황에 잘 적응하지 못하게 된다.

그러나 조건만 주어지면 클라이언트는 스스로 문제를 해결하고 자신의 삶을 긍정적으로 변화시켜 성장할 수 있는 힘을 가질 수 있게 된다. 치료자는 클라이언트에게 조건적이고 가치평가적인 관계와 다른 새로운 관계를 제공해야 한다. 따라서 치료자와 클라이언트 사이의 관계의 질이 가장 중요하다고 하였다. 그리고 그런 관계를 만들어 가기 위해서는 무조건적인 긍정적 존중, 정확한 공감, 진정성Congruence을 가져야만 한다고 강조했다. 그러한 치료자가 협동적 태도, 수용과 공감을 제공하고 이것을 클라이언트가 충분히 느낄 수 있는 환경만 제공하면, 변화는 클라이언트가 스스로 만들어 낼 수 있게 된다(Elliott & Freire, 2007; Rogers, 2007). 그가 제시한 인간중심 상담의 속성은 다음과 같다.

1. 진정성: 상담가가 클라이언트를 대함에 있어서 기만과 거짓 없이 진실하고 솔직해야 한다. 이는 이 세 가지 속성 중 가장 중요한 요소이다. 상담을 하는 동안 상담가는 진실되고, 순수하고, 통합적이고, 진정성이 있어야 한다는 뜻이다. 상담가가 거짓된 모습을 가지지 않아야만, 그들이 느끼는 감정들이 자연스럽게 상담관계에서 드러날 수 있게 된다. 부정적이던 긍정적이던 진정성을 가진 솔직한 대화일 때, 이상적인 상담환경이 만들어 질 수 있다. 특히 상담가가 감정을 솔직하게 드러내고 이야기 하는 것은 클라이언트에게 하나의 본보기가 될 수 있다. 그러나 이것이 상담가가 느끼는 감정을 충동적으

로 다 이야기하라는 것은 아니다. 상담가는 표현하는 감정에 온전하게 책임져야만 하고, 지속적으로 느껴지는 감정은 클라이언트와 이야기 해서 그것을 함께 탐색하는 것도 필요하다. 따라서 만약 상담가가 클라이언트를 싫어하거나, 받아들일 수 없다는 감정을 가지고 있다면, 상담은 제대로 이루어 질 수가 없다.

2. **무조건적인 긍정적 존중**: 상담가는 하나의 인간으로서 클라이언트에게 진실한 관심을 가지고 평가나 판단을 하지 않고, 따듯한 마음으로 무조건적 긍정적 존중 및 수용을 해야 한다. 즉 상담가의 돌봄은 무조건적이어야 한다. 클라이언트의 느낌, 생각, 그리고 행동이 좋건 나쁘건 그것을 판단하지 않고 무조건적으로 긍정적으로 봐 주는 것이 필요하다. 이는 "당신이 이렇게 하면…" 혹은 "당신이 이런 사람이면…" 하는 것과 같은 조건이 붙지 않는 것이다. 그래야만 클라이언트는 자기가 가지고 있는 생각이나 느낌이 상담가에 의해서 평가되어 받아들여지지 않게 될 걱정을 하지 않고 무슨 이야기든 할 수 있게 된다. 로저스의 연구에 의하면 상담가의 돌봄, 칭찬, 클라이언트의 가치를 알아봐 주는 정도가 높을수록 상담은 성공적이었다 (Rogers, 1977).

3. **정확한 공감**: 상담을 진행하는 동안 순간순간 클라이언트와의 관계에서 클라이언트의 생각과 감정을 정확하게 공감하고 이해해야 한다. 상담가는 클라이언트의 주관적인 경험, 특히 지금 여기에서 느끼는 것을 느끼도록 노력해야만 한다. 이것은 클라이언트들이 그들 내면으로 더 다가가서 더 깊이, 그리고 집중적으로 느낄 수 있게 하기 위함이다. 공감이라는 것은 클라이언트와 함께 클라이언트를 깊고 주관적으로 이해하는 것이다. 공감적 이해란 클라이언트인 것처럼 그 느낌이나 생각을 이해하는 것인데, 중요한 것은 상담가가 그 사람이 되어 그 감정에 빠져버리는 것은 아니라는 것이다.

위에 제시한 세 가지 속성은 있거나 없거나 하는 요소들이 아니라, 각각 스펙트럼이 존재한다. 상담가도 사람으로서 이런 것들의 완전한 상태에 이를 수는 없다. 모든 클라이언트를 완전히 좋아할 수도, 늘 클라이언트가 하는 모든 말을 수용하거나 무조건적으로 돌보는 것도, 다른 사람의 감정을 정확하게 이해하는 것도 어쩌면 불가능한 일일지도 모른다. 그러나 상담가가 이런 것들을 최선을 다해서 추구할 때, 그리고 그 노력이 클라이언트에게 전달이 되었을 때, 건설적인 변화가 일어나게 된다. 그는 인간으로서 상담가가 갖는 한계와 어려움도 상담의 일부라고 보았다.

이는 기존에 지시적이고 분석적이던 심리치료 방식과는 확연히 대비된다. 우월적 위치에서 지시하고, 방향성을 제시하거나, 클라이언트의 심리를 분석해내던 방식이 아니라, 수평적이며 지지적인 관계만으로 치료를 할 수 있다는 것을 보여주었다. 그러나 로저스는 그의 이론이 온전한 이론이나 무조건 따라야 하는 완전한 접근법은 아니라고 하였다. 그의 이론이 도그마가 되는 것을 원치 않았다. 그는 사람들이 그의 이론을 그저 일련의 가설들이라고 여겨야 한다고 하였다.

로저스가 제시한 이러한 상담가의 태도는 로저스의 인간중심 치료를 전적으로 사용하지 않는 상담가에게도 중요한 지침을 제시하였다. 현대에는 인지적 치료나 행동주의적 치료 등 다른 기법들을 사용하고 있는 상담가도 로저스의 이론을 바닥에 깔고 치료를 시작하는 경우가 많다. 특히 공감은 모든 상담가에게 중요한 속성으로, 공감 상태를 클라이언트가 느끼도록 소통하는 기술은 상담에서 매우 기본적인 상담 기술로 자리 잡았다. 이는 코칭에서도 마찬가지이다. 대부분의 코칭 기술을 가르치는 프로그램에는 이러한 공감적 대화법이 언제나 포함되어 있다. 어떤 코칭을 하더라도, 이 세 가지 속성을 일정 수준으로 사용한다면 코칭의 효과는 높아질 것이다.

▌매슬로우의 욕구단계 이론

칼 로저스와 함께 아브라함 매슬로우Abraham Maslow는 욕구단계 이론으로 인본주의 심리학의 한 축이 되었다. 매슬로우는 그간의 심리학 연구가 "비정상Abnormal"을 정상Normal 상태로 돌리는 데에 초점을 맞췄던 것에 반기를 들었다. 그는 보통사람들의 심리학Psychology of Average에 대해서, 심리학자들이 쓰는 "정상"이라는 단어는 진정한 정상을 의미하지는 않는다고 지적하였다. 건강한 사람들은 정신질환이 있는 사람들과는 다른 성장 메커니즘을 갖는다고 보았다. 프로이드 학파들이 가지고 있는 병들고 제대로 기능하지 못하는 인간의 본성에 대한 집착을 강하게 비판한 것이다. 그는 정신질환을 가지고 있는 사람들에게 적용하는 심리학과 일반인들에게 적용하는 심리학은 다르다고 주장하였다. 그간 심리학이 공격성, 증오, 신경증, 미성숙과 같은 문제에 너무 많은 비중을 두는 반면, 인간이 가진 사랑, 창의성, 기쁨, 그리고 절정 경험과 같은 것은 거의 무시해 왔음을 지적하며, 그런 쪽에 초점을 맞춘 심리학이 필요하다고 주창하였다(Maslow, 1943). 이러한 매슬로우의 입장과 이론은 심리학이 비정상을 정상으로 만드는 것에서 한 발 더 나아가 보통사람을 더 행복하게 하는 긍정심리학의 효시가 되었다.

심리치료적 입장에서도 그는 각 개인은 부적응 상태에서 벗어나 심리적으로 건강한 상태로 나갈 수 있는 능력을 타고 나기 때문에 변화의 책임은 치료자가 아니라 클라이언트에게 있어야 한다고 보았다. 매슬로우에 의하면 인본주의적 접근은 치료자가 클라이언트를 "고쳐주는" 프로세스가 아니라, 클라이언트가 문제를 자각하고 스스로 변화를 주도해 나갈 수 있도록 도와주는 과정이다. 전체적으로 그는 사람의 본성에 있어서 건설적인 부분, 인간은 어떻게 살아야 하는가, 그리고 클라이언트가 치료 장면에 어떤 자산들을 가지고 올 것인가에 초점을 맞췄다. 이런 것들에 초점을 맞추다 보면, 클라이언트는 어떻게 하면 더 건설적으로 나아갈 수 있을까? 어떻게 다른 사람들과 잘 지낼 수 있을까? 그들이 장애를 어떻게 극복할 수 있을까?와 같은 긍정적인 것들을 만들어 가는 길을 더 집중적으로 모색하게 된다는 것이다. 이는 단순히 정상이 되는 것이나, 해당 문제를 해결하는 것에 그치는 것이 아니다. 그들이 인생을 충만하게 그리고 진실되게 만들 수 있는 변화에 도전하게 하는 것이다. 인생에는 수많은 장애와 어려움이 있기 때문에, 근본적으로 그것들을 극복해 나가는 건강한 심리적 기저를 만드는 것이 중요하다. 그는 욕구단계의 마지막 단계를 자아실현의 단계로 보았다. 그러나 자아실현이라는 것은 이루어지는 것이 아니라, 그것을 하기 위해서 우리가 끊임없이 자기 실현을 해 나가는 과정으로 정의하였다. 즉 정상의 상태로 들어가서 인간으로서의 과제가 끝나는 것이 아니라, 우리는 살면서 끊임없이 자아를 실현하기 위해 노력해야 함을 강조하고 있다(Corey, 1996).

그는 정신분석 등에서 본 인간의 욕구와는 다른 인간의 욕구 모델을 제시하였다. 이는 정신분석에서 성적 욕구나 열등감 등을 인간의 동인으로 본 인간에 대한 염세적이고 부정적이며 한정된 개념을 부정하며 등장하였다. 매슬로우는 인간행동은 각자의 필요와 욕구에 바탕을 둔 동기 Motive에 의해 유발되고, 이러한 인간의 동기에는 위계가 있어서 각 욕구는 하위 단계 욕구들이 어느 정도 충족되었을 때 비로소 지배적인 욕구로 등장하게 되며 점차 상위 욕구로 나아간다고 보았다. 매슬로우는 인간의 욕구를 생리적 욕구·안전 욕구·소속 및 애정 욕구·자존 욕구 등 5단계로 구분하였으며, 가장 고차원적인 상위 욕구를 자아실현 욕구로 보았다 (Maslow, Frager, Fadiman, McReynolds, & Cox, 1970). 사람들은 성적 충동이나 자신의 열등감을 극복하기 위해서 살아가기보다는 더 나은 삶에 대한 욕구를 가지고 상위 욕구를 점차적으로 추구한다는 것이다. 그리하여 충족이 되어야 할 최종적 욕구는 자아실현의 욕구로 보았다.

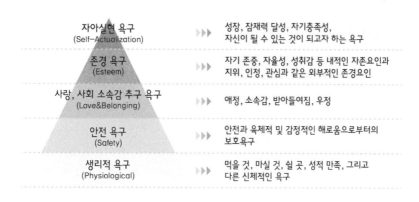

매슬로우의 욕구 5단계 (Hierarchy of Needs)

자아실현 욕구 (Self-Actualization)	▶▶▶	성장, 잠재력 달성, 자기충족성, 자신이 될 수 있는 것이 되고자 하는 욕구
존경 욕구 (Esteem)	▶▶▶	자기 존중, 자율성, 성취감 등 내적인 자존요인과 지위, 인정, 관심과 같은 외부적인 존경요인
사랑, 사회 소속감 추구 욕구 (Love&Belonging)	▶▶▶	애정, 소속감, 받아들여짐, 우정
안전 욕구 (Safety)	▶▶▶	안전과 육체적 및 감정적인 해로움으로부터의 보호욕구
생리적 욕구 (Physiological)	▶▶▶	먹을 것, 마실 것, 쉴 곳, 성적 만족, 그리고 다른 신체적인 욕구

이러한 욕구단계는 조직상황에서도 매우 잘 적용될 수 있다. 보통 사람들은 생계를 해결할 목적으로 일터에 들어오는 경우가 많다. 이는 생리적 욕구를 추구하는 것이다. 하지만 일을 하다 보면 안전한 환경과 안정된 고용환경을 추구하게 된다. 이것이 어느 정도 만족이 되게 되면, 특정 사회에 소속감을 느끼고 싶어지고, 사람들과 친하게 지내고 싶은 마음을 갖게 된다. 많은 동아리와 동문 모임 등에 끼고 싶은 것이 여기에 해당한다. 그 다음은 사람들에게 존경받고 싶어진다. 단순히 상사로서의 지위가 아니라 부하직원들에게 존경받는 상사가 되고 싶고, 스스로 존경받을 만한 사람이라는 것을 느끼고 싶어 한다. 그 이후에는 성장하고 자신이 진정으로 인생에 있어서 추구해야 할 것, 자신이 원하는 것, 할 수 있는 것을 달성하고자 하는 욕구를 갖게 된다. 이는 코칭에 매우 중요한 시사점을 제공한다. 리더들이 부하직원들이 그저 월급이나 보너스 때문에 일을 한다고 생각하는 경우가 많다. 따라서 열심히 하지 않는 직원들은 그저 헝그리 정신이 없어서라고 치부한다. 이는 부하직원들이 생리적 욕구(기본 급여)가 충족이 된 상태에서 그 상위 욕구를 추구하지 못하는 데에서 오는 좌절이라는 생각을 하지 못하기 때문이다. 더욱 안정된 일터와 안전한 일

터를 제공하고, 더 나아가 소속감을 느낄 수 있는 조직문화를 만들며, 상사와 부하직원들에게 존경 받을 수 있는 일터가 되어야 그들이 가진 최선을 이끌어 내어 자아실현의 욕구를 추구하고, 그것이 회사에 실적과 업적이 되어 돌아오는 것이다. 따라서 리더가 자신뿐만 아니라, 조직을 운영하는데 있어서 반드시 고려해야만 하는 사항이다.

그러나 매슬로우의 욕구단계는 몇 가지 치명적인 비판점을 내포하고 있다. 이 욕구단계는 인간의 욕구를 지나치게 단순화 시켰다. 인간이 가진 욕구는 이렇게 단순하지 않으며 다른 사람들을 성장시키고 돕는 등의 욕구는 포함되어 있지 않다. 또한 두 가지 이상의 욕구를 동시에 추구하거나, 충족시킬 수 있다. 예를 들어, 전 직원을 정규직으로 채용하는 방식은 1단계와 2단계의 욕구를 동시에 충족시킬 수 있게 된다. 또한 하위 욕구의 만족 없이 상위 욕구를 추구하는 사람들이 있다. 위대한 창업가들은 보통 창업 초기에 매우 열악한 근무환경과 저조한 성과에 신음을 한 경험을 이야기 한다. 그들은 월급쟁이가 될 수 있었지만, 경제적 안정성 보다는 자신들의 비전을 실현하고자 하는 최상위 욕구를 추구한 경우이다. 그들의 최상위 욕구 추구의 성공은 결국 하위 욕구도 만족시키게 되기도 한다. 따라서 너무 경직되게 현실에 적용할 필요는 없다.

매슬로우의 욕구단계를 이용한 비즈니스 설계 사례
[한경 Biz School] 사회 · 거래선 · 투자자 · 고객 · 종업원 … '5박자 만족경영' 길은 있다
출처: http://www.hankyung.com/news/app/newsview.php?aid =2011030393391

이러한 인본주의적 시각은 성공한 사람을 더욱 성공하게 만든다는 코칭의 기본 전제와 통한다. 이그제큐티브 코칭의 대상이 되는 클라이언트

들은 보통 상당한 사회적 성공을 이룬 사람들이기 때문에, 정신질환을 벗어나게 하는 사람들을 위한 심리학 보다 이러한 긍정적 시각을 가진 심리학이 더 적합할지도 모른다. 이러한 인본주의적 접근은 이후 긍정심리학이라는 분야로 발전하여 코칭에 이론적·철학적 배경을 제시하고 있다.

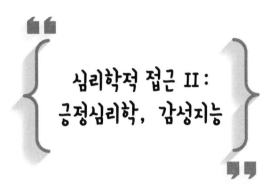

심리학적 접근 II : 긍정심리학, 감성지능

앞에서 제시한 전통적인 심리학적 접근 외에 2000년대에 들어와서 코칭계가 주목하는 코칭의 심리학적 근거는 긍정심리학이다. 이는 매슬로우가 주장한 보통사람들을 더 행복하게 하기 위한 심리학이다. 그간 정신질환을 치료하고, 매우 큰 심리적 어려움을 겪는 사람을 덜 불행하게 하는 심리학이 아니라, 행복한 사람을 더 행복하게, 성공적인 사람을 더 성공적으로 만드는 데에 초점을 맞췄다. 이에 하버드 의과 대학 내의 코칭 연구 기관인 코칭 연구원Institute of Coaching은 코칭을 이러한 긍정심리학에 기반하는 개입 방식으로 아예 못을 박았다. 기존의 치료중심의 심리학적 요소 위에 행복한 사람을 더 행복하게 만드는 긍정심리학적 접근을 접목함으로써 코칭이 기존의 상담과 차별점을 갖게 되고, 더 많은 사람들이 이론적 배경으로 이를 쓸 수 있게 되었다. 본 서에서는 다니엘 골먼 등의 감성지능과 마틴 셀리그만의 긍정심리학을 다루도록 하겠다. 이와 같은 분야는 기존 심리학 분야에서 연구를 해오던 학자들이 기업 등 일반적인 생활의 장면에서 기존의 상담 클라이언트가 아닌 보통 사람들에게 변화를 불러오기 위한 노력 끝에 나온 이론들이다. 이들은 심리학계의 주류에서 자라났을 뿐만 아니라 이 시대 대표 심리학자들이며, 이 분야는 매우 실증적으로 연구가 많이 되고, 현재도 뇌 과학 등을 기반으로 계속적으로 연구가 일어나고 있는 분야이다.

이 분야가 일반 상담이나 임상심리 분야와 다른 점 중 하나는 이런 긍정심리학 기반의 이론이나 기법이 일반인들에게 오픈소스로 제공된다는 것이다. 심리치료가 혹독한 훈련을 거친 전문가들이 실행하는 폐쇄적인 접근법인 반면에 긍정심리학 기반의 기법들은 심리학 분야에서 훈련받지 않은 사람들도 그들의 세팅에 맞게 얼마든지 적용시킬 수 있으며, 자격증이나 훈련에 전혀 폐쇄성이 없다. 이들은 그런 폐쇄성을 유지하는 대신, 그들의 코칭 방법을 다양화하고, 연구를 통해 더욱 실증적으로 탄탄한 코칭 방법이 되기 위해 노력을 하고 있다. 이에 상담심리를 공부하지 않고 조직개발이나 교육학 등에 관심이 있는 코치가 클라이언트와 그를 둘러싼 사람들의 역동 등을 이해하고 해법을 제시하는 면에서 큰 도움을 받을 수 있을 것이다.

이 장에서는 마틴 셀리그만의 긍정심리학과 감성지능을 조명해 보고자 한다.

긍정심리학

긍정심리학은 심리학의 한 분야로 인간의 행복과 긍정성, 그리고 행복 등에 관해서 과학적으로 연구하는 분야이다. 이 분야는 기존에 정신질환을 연구하고, 치료하는 심리학 분야를 무시하거나 혹은 대체하는 분야가 아니며, 앞서 소개한 로저스나 매슬로우 등의 인본주의적 접근에 이어 인간의 행복과 번영에 대한 이론을 발전시키고 실행 방법을 개발하며, 인간의 긍정적 성향에 대해 연구하는 가장 새로운 심리학 분야이다. 특히 이전에 철학적인 접근에서 한 발 더 나아가 실증적인 연구를 진행하며 더욱 새로운 분야로의 전진을 진행하고 있다. 이미 1954년 매슬로우(Maslow et al., 1970)에 의해서 세상에 나온 긍정심리학은 1998년 미국 심리학회American Psychological Association의 회장을 지내던 마틴 셀리그만Martin Saligman에 의해 본격적으로 시작되었다. 1900년대 중반 학문 전반에 풍미했던 인본주의적 영향은 많은 심리학자들이 병을 치료하는 데서 한 발 더 나아가 행복한 삶에 대한 연구와 실행을 하도록 하였다. 셀리그만은 그의 저서《진정한 행복 Authentic Happiness》(우리나라에서는 '마틴 샐리그만의 긍정심리학')에서 지난 반세기 동안 심리학은 정신질환이라는 하나의 토픽에만 너무 집중하였음을 주지하고, 매슬로우의 말을 빌려 심리학자들이 인간의 보다 나은 삶을 추구할 수 있는 능력을 기르고 정상적인 사람도 더 좋은 방향으로 성장시켜야 한다고 주장하였다. 대표적인 학자로는 마틴 셀리그만과 미하이 칙센트미하이Mihaly Csikszentmihályi가 있다. 그들은 긍정심리학을 "긍정적인 인간의 기능과 인간의 생리학적, 개인적, 관계적, 제도적, 문화적, 그리고 세계적으로 다양한 인생의 차원에의 번영에 관한 과학적 연구 분야"라고 정의하고 (Seligman & Csikszentmihalyi, 2014), 각각 플로리시와 몰입이라는 개념을 발전시켰다. 플로리시Florish는 번영이라는 뜻이다. 그러나 이는 일반적으로 우리가 생각하는 번영 그 이상의 의미를 갖고 있기에 국내에서는 '플로리시'인 원어로 사용하고 있다. 칙센트미하이의 몰입Flow 역시 개념적 오해가 있다. 보통 경영이나 심리학에서 commitment, engagement 등을 모두 몰입으로 번역하고 있기 때문이다. 하지만 칙센트미하이의 몰입은 영어 단어 flow이다. 이 역시 영어로는 흐름이라는 뜻을 가진 단어인데, 칙센트미하이는 이를 새로이 정의하여 새로운 용어로 만들었으며, 한국에서는 '몰입'으로 번역되어 널리 알려졌다. 이는 그들이 기존 단어를 재탄생시킴으로써 생긴 현상이다. 본 서에서는 각각 플로리시와 몰입으로 표기하겠다. 먼저 이 두 유명한 긍정심리학자들의 행복에 관한 연구의 탄생 배경, 주요 개념 등을 알아보자.

▌배경: 마틴 셀리그만과 미하이 칙센트미하이

마틴 셀리그만은 긍정심리학에 앞서 학습된 무기력Learned Helpless이라는 개념으로 유명한 심리학자였다. 그는 1970년대 통제가능성이 없는 삶이 어떤 결과를 가져오는지 개를 대상으로 실험하였다. 24마리의 개를 세 집단으로 나누어 상자에 넣고 바닥에 전기충격을 주었다. 집단 1의 개에게는 코로 조작기를 누르면 전기충격을 스스로 멈출 수 있도록 설계하였다. 집단 2는 코로 조작기를 눌러도 전기충격을 피할 수 없고, 몸이 묶여 있어 어떠한 대처도 할 수 없었다. 집단 3은 비교 집단으로 상자 안에 있었으나 전기충격을 주지 않았다. 24시간 이후 이들 세 집단 모두를 다른 상자에 옮겨 놓고 바닥에 전기충격을 가했다. 세 집단 모두 상자 중앙에 있는 담을 넘으면 전기충격을 피할 수 있게 되어 있었지만 집단 1과 집단 3은 중앙의 담을 넘어 전기충격을 피했으나, 집단 2는 전기충격이 주어지자 피하려 하지 않고 구석에 웅크리고 앉아 전기충격을 받아들이고 있었다. 즉 집단 2는 자신이 어떤 일을 해도 그 상황을 극복할 수 없을 것이라는 무기력이 학습된 것이다. 셀리그만은 혐오자극으로 회피 불가능한 전기충격을 경험한 개들은 회피 가능한 전기충격이 주어진 경우에도 회피 반응을 하지 못하는 사실을 보고 이를 학습된 무기력이라 하였다(Maier & Seligman, 1976; Seligman, 1975).

그러나 셀리그만은 이 실험에서 긍정심리학의 단초를 발견하게 된다. 학습된 무기력이 생기는 상황에서 6마리는 대피를 포기하였으나, 그 중 2마리는 포기하지 않고 혐오자극으로부터 회피하기 위한 시도를 했다는 점이다. 그는 이렇게 아무리 안 좋은 상황에 있더라도 그 상황에 영향을 받지 않고 더 나은 상황으로 가려는 사람들이 있음을 깨닫고, 어떤 상황에서도 행복을 추구하는 사람들이 있고, 그들이 더 건강하고 행복한 삶을 살 수 있는 심리학을 생각해 내게 되었다.

학습된 무기력 실험 (개 24마리 대상)

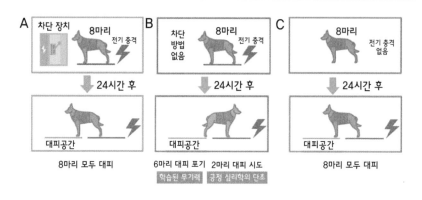

그는 기존의 과학적 심리학이 인간의 모호한 정신질환을 분명하게 이해하고 치료하고 예방해 왔듯이 과학적 심리학이 인간에게 올바르고 긍정적인 삶을 제시해야 한다고 여겼다. 이에 이전에 대두되었던 인본주의적 심리학에 과학적 실험 등을 도입하여 인간의 행복과 행복에 이르는 요소들을 정의하고 검증하기 시작하였다. 긍정심리학은 개인과 조직, 사회에 일어나는 기쁘고 좋은 일을 더 오랫동안 유지할 수 있는 방법과 힘들고 나쁜 일을 극복하고 해결할 수 있는 과학적인 방법을 알려준다. 이러한 긍정심리학은 좋은 인생The Good Life을 추구한다. 좋은 인생은 가장 큰 가치를 가지고 있는 것이 무엇인지에 대한 추측으로부터 나온다. 그것은 잘 살고, 충만한 인생을 사는 데 가장 중요한 요소들이다. 좋은 인생에 대한 정확한 정의는 없다. 그러나 긍정심리학자들은 사람이 행복하고, 무언가에 몰입하며 의미 있는 인생을 사는 것이 좋은 인생을 사는 것이라는데 동의한다. 셀리그만은 좋은 인생이란 "진정한 행복과 만족감을 얻기 위해서 자신이 가진 주요 강점들을 매일 사용하는 것"이라고 정의하였다(Seligman, 2009).

셀리그만과 함께 긍정심리학에 지대한 영향을 미친 학자는 미하이 칙센트미하이다. 그는 인간이 가장 행복한 순간을 규명하기 위해서 수십 년간 연구에 매진하였으며, 연구 업적으로 근대 심리학과 교육학에 미친 영향은 그 누구에게도 뒤지지 않을 것이다. 헝가리 귀족 출신으로 이탈리아 주재 헝가리 대사의 아들이었던 그는 1948년 스탈린의 구소련이 헝가리를 점령하면서 이탈리아에서 여느 외국인과 다름없는 생활을 하게 된다. 이곳에서 어린 칙센트미하이는 두 번에 걸친 세계대전 이후 많은 사람들이 무기력과 절망감에 빠져 헤어 나오지 못하는 것을 목격한다. 그러나 한편 똑같이 전쟁의 시련을 겪었으면서도 예전과 다름없이 쾌활하게 열심히 살고, 목적의식을 잃지 않는 사람들도 있었다. 그들은 그저 평범한 사람들이다. 사람들의 이런 모습에 호기심을 느낀 그는 이탈리아와 미국에서 심리학을 공부하고 연구하며 박사학위를 딴 후 잠재력을 최대한 발휘하게 하는 본질적 요소를 발견하는 데에 매진하기 시작했다(Seligman, 2009).

그는 이 연구를 하기 위하여 연구 방법까지 개발하였고, 사람들이 가장 삶의 만족감을 느끼는 시간을 규명했다. 연구 초기 그와 연구자들은 예술가들이 일에 빠져버리는 현상에 매료되었다. 특히 화가들은 작품 활동에 빠지면 배고픈 것도, 목마른 것도 심지어는 졸린 것도 모르고 일에 빠져 있었다. 그의 연구는 이러한 예술가들에게 나타나는 현상을 이해하기 위해서 시작되었다. 그 이후로 최상의 경험과 학교와 기업에 존재하는 긍정적인 경험을 강조하는 연구를 시작하였다. 그는 설문지 연구부터 새로운 연구 방법까지 동원하였다. 사람들에게 무선 호출기를 주고, 그것이 울릴 때 자신의 정서 상태와 무엇을 하고 있었는지를 적도록 하였고 전 세계 각계각층의 남녀노소를 인터뷰하며 그들이 가장 큰 만족을 얻었을 때의 기분에 대해서도 물었다. 이 방대한 연구 데이터를 통해 사람들은 몰입Flow 상태일 때 가장 행복감을 느낀다는 것을 발견하였다(Csikszentmihalyi, 1999). 이 연구는 칼 로저스나 아브라함 매슬로우의 이론을 임상적으로 뒷받침하는 역할도 했다.

▌긍정심리학 주요 요소

그럼 긍정심리학자들이 관심을 가진 행복이란 무엇인가? 보통 심리학
자들이 이야기 하는 행복이라 함은 유쾌한 기분과 밀접하게 연결되어 있
다. 그러나 행복은 맛있는 음식을 먹을 때나 연인과의 신체적 접촉이 주는
감각적 즐거움이 유발하는 일시적 감정 이상의 매우 폭넓은 개념이다. 그
래서 심리학자들은 삶의 만족도를 행복의 측정 기준으로 삼았다. 하지만
이 역시 정확도가 떨어질 수밖에 없다. 우리가 흔히 신문기사에서 보는
각 국가별 행복지수가 다 다르고 순위가 정확하지 않다는 것이 행복을 측
정하는 기준이 아직은 모호하고, 해석하는 방식도 다르다는 것을 보여준
다. 셀리그만도 그 한계를 인정하였다. 기존에 존재하는 수많은 행복에 대
한 정의와 견해와 씨름하는 대신, 새로운 개념인 플로리시를 긍정심리학
의 목표로 삼았다. 긍정심리학의 주제는 웰빙이고 목표는 플로리시가 되
었다. 플로리시를 위한 웰빙 이론은 다섯 가지 핵심 요소 PERMA로 정리
되었다. 긍정적 감정Positive Emotion, 몰입Engagement, 긍정관계Relationship, 의미
Meaning, 성취Achievement, 그리고 이 다섯 요소의 전체적 기반은 강점Strength이
다(Seligman, 2009).

우선 긍정적 감정은 기쁨, 만족감, 따뜻함, 자신감, 낙관성 등 우리가
느끼는 것을 말한다. 지속적으로 이런 정서들이 느껴지는 삶을 '즐거운
삶'이라고 부른다. 이 정서는 심리학자들이 가장 많이 연구한 분야이다.
보통 심리학자들은 7개에서 15개 정도의 기본 정서를 구분해 놓았는데,
이외에도 여러 조합을 통해 다양한 정서를 경험하게 된다. 따라서 우리가
인생에서 부정적 정서를 없애버리려고 하는 노력은 우리의 정서를 깊이
있게 또는 미묘하게 느끼는 경험 또한 없애는 결과를 가지고 온다. 긍정적
감정을 증가시키는 것이 부정적 감정을 줄이거나, 부정적 감정이 증가된
다고 해서 긍정적 감정이 줄어드는 것은 아니다(Schimmack, 2008). 즐거운
삶은 부정적인 감정이 사라지는 삶이 아니라 긍정적 정서를 많이 느끼는
삶이다. 사람들은 긍정적인 감정을 느낄 때는 자신에 대해서 객관적이기

보다 좋은 면을 더 부각해서 보는 면이 있다. 그리고 이것은 자신감으로 이어져 긍정적인 결과를 낸다. 반면 우울할 때는 자신의 잘잘못과 장·단점을 정확히 파악하여 잘못된 것, 부족한 것을 다루는 데에만 초점을 맞추게 된다. 그러니 더 우울해 질 수밖에 없다. 긍정적 감정을 가지고 있을 때는 창의적이고, 인내를 갖고, 건설적이며, 남을 배려하고, 융통성을 발휘하게 된다. 이러한 사고방식은 잘못된 것을 찾기보다 올바른 것을 발견하는 데 초점을 맞춘다. 그리고 많은 연구가 긍정적 감정을 자주 표현하는 사람이 더 건강하고 장수한다는 것을 밝혀냈다. 하지만 이러한 낙관성과 긍정적 정서는 타고나는 경우가 많다. 그러나 이러한 긍정적 감정 역시 훈련되어 질 수 있다. 이는 뒷부분에서 설명하도록 하겠다.

둘째, 몰입은 특정 활동에 깊이 빠져든 동안 자각하지 못하는 상태, 시간가는 줄 모르는 것, 자발적으로 업무에 헌신하는 것을 의미한다. 긍정적 감정은 우리에게 매우 중요한 부분이다. 하지만 이는 감각적 쾌락에의 몰두로 빠지게 될 가능성이 높다. 게임 중독 등 감각적 즐거움만 찾는 사람들은 그것에 금방 질리기 때문에, 그것이 사라진 상태에서 더 쉽게 우울증을 경험하게 된다. 따라서 이것만으로 삶에 대한 만족도를 올릴 수는 없다. 그렇다면 무엇이 삶의 만족도를 높이는가? 미하이 칙센트미하이는 몰입Flow이라는 개념을 정립하였다. 사람들은 자신이 자발적으로 선택한 일에 온전히 몰입할 때 자신도 잊고, 시간도 잊는다. 사람들이 이 순간 가장 큰 만족감을 얻는다는 것을 수십 년의 연구를 통해서 밝혀냈다. 그리하여 몰입은 인간의 삶의 만족도에 있어서 가장 중요한 개념이 되었다. 쾌락은 감정하고만 관계가 있지만, 몰입은 만족된 삶을 준다. 그는 다양한 분야의 사람들의 다양한 활동을 연구한 결과 몰입에 있어서 몇 가지 공통적인 심리적 요소를 밝혀내었다. 그것은 전문기술을 필요로 하는 도전적인 일이다, 집중한다, 뚜렷한 목적이 있다, 즉각적인 피드백을 얻는다, 쉽사리 몰입한다, 주체적으로 행한다, 자의식이 사라진다, 시간가는 줄을 모른다, 우리가 감각적 쾌락을 추구하는 것이 소비라면 몰입은 우리의 심리적 자산을 형성한다, 심리적으로 성장한다. 전념·무의식·시간 왜곡 상태는 우리가 성장함을 알려주는 신호이다. 이런 맥락에서 쾌락은 생리적 포만감을, 만족은 심리적 성장을 나타내는 특징이라 할 수 있겠다. 또한 이는 현재의 만족과 더불어 미래의 자산을 형성하는 의미 있는 시간이 된다.

셋째, 관계는 타인과 함께하는 것을 말한다. 마지막으로 큰 소리로 웃었을 때, 말로 표현하기 어려울 만큼 기뻤던 순간, 자신의 성취에 엄청난 자긍심을 느꼈던 때를 돌이켜 보면 아마 대부분 타인과 함께 있었을 것이다. 사람들은 그럴 때 긍정적 정서를 많이 경험한다. 디너와 셀리그만은 매우 행복한 사람들에 대한 연구를 진행하였다(Diener & Seligman, 2002). 222명의 대학생들을 선정하여 여섯 가지 검사를 실시하고 그들이 느끼는 행복을 측정한 후, 행복도에 있어서 상위 10%인 학생 22명을 집중 연구하였다. 그리고 그들이 나머지 90%의 사람들과 현저히 다른 한 가지를 밝혀내었다. 그것은 바로 폭넓은 대인관계와 보람 있는 사회생활이다. 그들은 사회활동을 하는 시간이 가장 많았고, 자타가 공인할 만큼 대인관계가 좋았다. 또한 그들 중 21명은 현재 사귀는 사람이 있다고 하였다. 그들은 경제적으로 조금 여유가 있을 뿐, 수면시간, TV 시청시간, 운동, 흡연, 음주, 종교생활 등의 면에서 나머지 그룹과 별 차이가 없었다. 연구자들은 매우 행복한 사람들은 극단적으로 사회성이 높은 사람들이라고 결론지었다.

넷째, 의미는 자기보다 더 중요하다고 믿는 어떤 것에 소속되고 그곳에 기여하는 것을 기반으로 한다. 위에서 언급한 가장 행복한 사람들에 관한 연구에서 보면, 그들이 사람들과 매우 잘 지낸다는 특성은 자연스럽게 이타주의로 이어지는 것을 알아낼 수 있다. 동병상련이라는 말처럼 고통도 겪어 본 사람이 고통에 있는 사람에게 더 도움이 될 것이라고 생각하지만 연구에 의하면 행복한 사람이 이타심을 발휘할 확률이 훨씬 높다. 아이나 어른이나 행복한 사람이 더 많은 동정심을 베풀고, 어려운 이웃을 돕는 데 더 많이 기부한다는 것도 밝혀졌다. 사람은 행복할수록 자기중심적 사고에서 벗어나며, 다른 사람을 더 많이 좋아하고, 낯선 사람과도 자신의 행운을 나누고 싶어 한다. 반면 불행한 사람은 불신감이 깊어지고, 오직 자기만을 생각하며, 자신만의 욕구에만 몰두하게 된다.

마지막으로 성취도 사람에게 매우 중요한 요소다. 사람은 굳이 누구를 이기거나 물질만을 추구하는 것이 아니라, 성공, 성취, 승리, 정복 그 자체가 좋아서 그것을 추구한다. 그것은 업적으로 드러나지만, 내면적으로는 성취가 된다. 긍정적 정서는 타고나는 부분이고, 사람들과의 관계를 맺는 것 역시 타고난 성격이 많이 좌우를 한다. 그렇다면 그렇게 태어나지 않은 사람은 행복할 수가 없는가? 그렇지 않다. 셀리그만은 그의 친구 렌의 예를 든다. 렌은 성격이 워낙 건조한 사람이라서 웬만해서 즐거워하는 모습을 보기 어렵다. 그러다 보니 여성들과의 교제에도 재주가 없었다. 그러나 젊은 시절 펀드매니저로 매우 높은 성취를 얻었고, 좋아하는 브릿지 게임에 몰두할 때면 일주일이든 열흘이든 시간이 어떻게 가는지 모르게 몰입하여 승리하는 사람이었다. 결국 아기자기한 로맨스를 꿈꾸는 미국 여성이 아닌 이성적인 유럽여성과 결혼하였다. 사람은 몰입하고, 무언가를 성취할 때 크나큰 만족감을 느낀다. 이는 인간관계와 긍정적 정서와는 다른 차원이지만 삶에 주는 만족도에 대한 기여도가 전혀 낮지 않다. 이러한 성취하는 삶도 행복한 삶의 한 모습이다.

인간이 행복하고 평안한 웰빙이 무엇인지 이해하려면 자신이 가진 강점과 미덕이 어떤 것인지를 파악해야만 한다. 이것은 PERMA를 추구하기 위해서 반드시 필요한 자산인 셈이다.

강점은 잘하는 것이다. 우리는 지난 세월 자기 계발을 위해, 리더십 개발을 위해 부족한 것이 어떤 것인지 진단하여 그것을 평균 이상으로 올리려는 시도를 해왔다. 이는 감염치료나 카센터에 가서 자동차를 수리하는 원리이다. 독감이 걸리면 독감 바이러스를 죽이는 약을 먹고, 엔진에 문제가 있으면 엔진을 수리하는 식이다. 사람을 계발하는 것도 그런 식이었다. 수학을 못하면 수학을 나머지 공부를 시키고, 조직장악력이 부족한 리더는 조직장악력을 높이기 위한 도서를 읽고 교육 훈련에 참가했다. 하지만 이러한 접근법은 들어가는 시간과 노력에 비해 효과가 미미하다. 필자 역시 교육현장에서 많은 사람들이 이렇게 하는 것을 당연시 하는 것과 그런데 효과를 보지 못했다는 이야기를 동시에 보았다. 사람은 타고나기를 잘하는 것이 있고, 못하는 것이 있다. 부족한 것을 개발하는 것이 무엇이 문제인가? 문제가 아닐 것이다. 우리가 시간과 에너지가 무한하다면 말이다. 하지만 제한된 시간과 에너지를 부족한 것을 개발하는 데 쏟는 것은 비효율적이다. 왜냐하면 우선 강점도 연마를 해야 하기 때문이다. 김연아 선수가 타고난 피겨스케이터라도 절제하며 피나는 훈련을 하고, 용기를 가지고 다음 단계에 도전하지 않았다면 세계 최고가 될 수 없었을 것이다. 또한 부족한 것이 평균으로 가는데 드는 에너지를 강점 개발에 쓴다면 그 향상도가 훨씬 높다. 그녀에게 수학점수가 낮으니 수학공부를 하라고 했다면, 금메달이 가능했을까?

따라서 우리는 직업에 있어서도 이러한 강점을 잘 살리는 일을 하는 것이 매우 중요하다. 이러한 자신의 강점을 가장 잘 사용하는 일을 천직 Calling이라고 정의한다. 자신의 강점을 많이 사용하게 되면 몰입을 더 잘 할 수 있게 되고, 성취할 가능성이 높아진다. 생계를 유지하기 위한 생업과 투자와 사회적 성취가 필요한 전문직이 있을 때, 천직을 직업으로 삼은 사람들이 더 행복하게 된다. 물론 천직으로 생계도 이어갈 수 있고, 사회적 성취도 얻을 수 있다. 그럼 강점이란 그저 잘하는 것일까? 이것은 타고난 재능인가? 이것은 재능과 비슷한 듯 다르다. 정직, 용감성, 창의성, 친절 등은 강점이고, 절대음감, 미모, 운동 능력 등은 재능이다. 강점은 도덕적 특성이지만, 재능은 도덕적 개념이 없다. 즉 우리의 삶을 풍요롭게 해주는 것은 재능이기보다는 강점이다. 그리하여 셀리그만과 그의 연구팀은 인간의 강점에는 어떤 것이 있는지 규명하였다. 그는 '세계 도처에 퍼져있는' 미덕을 찾기 위한 연구를 시작하였다. 동서양의 철학, 신학 등을 두루 연구한 끝에 3,000년에 역사에 여섯 가지 미덕이 존재하고 있음을 정리하였다. 그것은 지혜와 지식, 용기, 사랑과 인간애, 정의감, 절제력, 영성과 초월성이다. 그리고 연구진은 막대한 연구비를 지원받아 6개 미덕의 하위 강점들을 찾아내어 인류가 가진 강점을 24개로 정리하였다. ① 지혜와 지식: 호기심, 학구열, 판단력, 창의성, 예견력 ② 용기: 용감성, 끈기, 정직, 열정, ③ 사랑과 인간애: 사랑, 친절, 사회성 지능 ④ 정의감: 팀워크 (시민정신), 공정성, 리더십 ⑤ 절제력: 용서, 겸손, 신중함, 자기통제력 ⑥ 영성과 초월성: 감상력, 감사, 희망(낙관성), 유머감각, 영성이다. 이는 www.authetichappiness.com에서 행동가치Values in Action: VIA 강점검사를 받아볼 수 있다. 기본 검사는 무료로 가능하다.

다른 사람보다 더 많은 강점을 가진 사람들이 있다. 하지만 강점이 없는 사람은 없다. 자신이 가진 강점을 자신의 일과 일상에서 연마하고, 잘 사용하는 것이 만족스러운 삶, 그리고 행복한 삶을 만든다.

행복을 증진시키는 방법

이렇듯 다섯 가지를 제시하였으나, 이는 세 가지로 다시 정리될 수 있다. 이 행복의 세 요소는 긍정적 감정, 몰입, 의미 있는 삶인데, 이들은 모두 노력에 의해서 발달시킬 수 있다. 몇 가지 방법을 소개하겠다.

▌ 긍정적 감정

긍정적 감정을 느끼는 것은 우리가 좋은 기분을 자주 느끼는 것이다. 그러나 이는 중독의 위험이 있다. 예를 들어 맛있는 케익 한 조각을 먹게 되면 달콤함에 빠져들어 행복감을 느낄 수 있다. 너무 맛있어서 다음 식사 후에 또 디저트로 먹으면 어떤가? 처음의 놀라웠던 행복감이 덜 해질 것이다. 그리고 그 다음날도 그 케익을 먹으면 어떨까? 이제는 행복감을 주기보다는 칼로리 걱정만 하게 하는 설탕덩어리에 불과하다는 생각을 하게 될 것이다. 혹은 그 달콤함이 너무 강렬하게 되면, 그 행복감이 사라지기 전에 그것을 찾게 된다. 달달한 디저트에 중독되면, 식사 후에 늘 설탕과 탄수화물을 찾게 된다. 그러다 보면 건강한 식사 대신에 디저트를 더 좋아하게 된다. 이것이 중독인데, 중독의 문제는 점점 더 센 자극을 찾게 되고, 내성이 생겨 더 짧은 시간에 그것을 갈망한다는 것이다. 그리고 그 자극이 사라지면 금단현상 등의 문제로 우울감을 느끼고, 결과적으로 덜 행복해진다. 우리가 할 수 있는 것은 그 간격을 늘이는 것이다. 맛있는 케익이 있다면 기억해 두고, 나중에 어느 정도 시간이 흐른 후 먹으면 행복감을 유지할 수 있다. 감동적인 공연을 보았다면 6개월이나 1년 정도 후에 공연을 보면 처음만큼은 아니더라도 꽤 강한 긍정적 감정을 느낄 수 있다.

이런 자극만큼 기쁨을 주는 자극이 있다. 주변에 있는 가족과 동료들에게 고맙다는 인사를 하거나, 따뜻한 말이 적힌 카드를 주어 놀라게 하는 이벤트를 기획해 봐도 좋다. 꽃을 몇 송이 선물하거나, 집에 돌아오는 아이를 위해 아이가 좋아하는 음악을 틀고 맛있는 간식을 마련하는 정성만으로도 사람을 기쁘게 해줄 수 있다. 물론 이런 기쁨도 습관화 되어 기쁨이 점차 작아지거나, 아니면 중독이 되기도 한다.

음미하기도 하나의 방법이다. 우리는 행복감을 오감으로 의식하여 느낀다. 머릿속에 고민이 꽉 차 있을 때, 식사를 하면 맛을 음미하고, 시각적인 즐거움을 느끼는 과정이 아니라, 그저 주린 배를 채우는 시간이 될 수 있다. 퇴근길에 길가에 흐드러지게 핀 꽃과 초록의 빛깔도 모른 채 지나간다. 하지만 이런 것들을 음미하는 것 자체가 긍정적 감정을 많이 느끼게 해 준다. 맑은 하늘을 보며 맑은 공기를 들이마시면서 청명한 느낌을 만끽하는 것, 눈앞에 펼쳐진 초록의 향연과 강한 햇빛 속에서 시들지 않고 색을 발하는 꽃을 바라보며 아름다움에 감탄해보는 것, 커피 한 잔에도 향과 온도를 감지하며 행복감에 젖어보는 것이다. 다음으로는 마음챙김인데, 이는 명상 등의 수련을 통하여 평정심을 찾고, 삶을 바라보는 관점을 정리하는 것이다. 몇 년 전 《생각 비우기 연습》,《멈추면 비로소 보이는 것들》

과 같이 승려들이 쓴 책에서 많이 소개하였다. 이러한 마음을 챙김으로써 평온하고 긍정적인 정서를 찾을 수 있다.

이런 것을 일상에서 틈틈이 실천하며 일상을 즐기는 것이 긍정적 정서를 갖는 가장 좋은 방법이다. 주말에 몰아서 하는 것이 아니라, 동료와 커피 한 잔을 마시면서 커피의 향에 대해서 서로 이야기 나누고, 그간 자신이 동료에게서 발견한 멋있는 점을 칭찬해주며, 그들이 경험한 즐거움을 나눌 수 있는 5분이면 충분하다. 또한 한 달에 한 번 정도 하루를 자신이 좋아하는 일에 온전히 바쳐서 흠뻑 빠져보는 것도 좋다. 그날만큼은 자신의 즐거움이 가장 우선 과제가 되어야 한다.

▌몰입

미하이 칙센트미하이는 몰입하는 사람의 특성을 밝혀내 몰입을 높이는 조건으로 다시 정리하였다. 몰입을 높이는 세 가지 조건은 명확한 목표, 즉각적 피드백, 과제와 능력 사이의 균형이다. 현재 하고 있는 일이 명확하고 짧은 시간 안에 결과를 만들어 낼 수 있는 일이라면 몰입이 잘된다는 것이다. 즉각적 피드백도 중요하다. 내가 하고 있는 일을 왜 하는지, 어떠한 결과를 창출할 것인지 분명한 목표가 있고 그 일에 대한 즉각적이고 적절한 피드백이 있어야 몰입이 잘된다. 또한 어떤 과제가 주어졌을 때 너무 어렵거나 쉬우면 몰입 경험이 잘 일어나지 않는다. 도전도가 높은 과제와 높은 능력이 주어졌을 때 최고의 몰입을 경험할 수 있다. 이는 리더십과 코칭에서 바로 적용이 가능하다.

조직에 적용

긍정심리학자들은 긍정적 정서를 올리고, 몰입을 증가시키며, 의미 있는 삶을 추구하는 것으로 만족한 삶을 살 수 있다고 하였다. 이는 조직상황에서 코칭, 긍정 탐행Appreciative Inquiry, 목표 설정 이론, 긍정 조직학 등으로 사용되고 있다. 왜냐하면 긍정적 정서는 조직의 성과와 직접적으로 연관이 있기 때문이다. 로사다Losada와 프레드릭슨Fredrickson은 주로 로사다 라인이라고 알려진 긍정성 비율Critical Positivity Ration에 관한 연구 결과를 발표했다. 성공적인 기업의 긍정적 정서와 부정적 정서의 비율은 2.9013 : 1로, 부정적 정서 반응이 1회 나왔을 때, 긍정적 반응이 2.9회 나온다고 설명했다(Fredrickson & Losada, 2005). 일반적인 기업에서는 거의 1.15 : 1이다. 조직의 플로리시를 위해서는 조직 내의 긍정적 정서 반응이 많아야 한다고 하고, 최종적으로 가장 이상적인 비율은 6 : 1 정도로 보았다. 단순히 일하기 좋은 환경이 아니라 조직의 긍정적 정서는 성과와도 직접적 연관이 있다. 또한 위에 제시한 플로리시를 증진시키는 긍정 교육이 이루어진 후 조직 내에서 긍정적 정서 비율이 크게 증가하고, 조직문화와 성과가 증진되는 결과를 보았다. 이는 학교와 군대 등 다양한 곳에서 시행되고, 사람들에게 변화를 일으키고 있다. 코칭에서도 이 강점 중심의 접근은 매우 많이 사용되고 있고, 그 효과성도 과학적으로 속속 입증되고 있다. 따라서 이그제큐티브 코치들이 성공적인 사람을 더욱 성공적으로 만들기 위해서는 부족한 부분을 채우는 것이 아니라 잘하는 것을 더 잘하도록 해주는 역할이 매우 중요하다. 나아가서 리더가 부하직원의 강점을 잘 관리할 수 있는 혜안과 방법론을 제시하는 것 역시 필수적이라 할 수 있겠다.

감성지능

긍정적 정서의 유익성이 대두되면서 주목 받는 연구 분야 중 하나가 감성지능이다. 긍정심리학에서도 긍정적 정서를 강조하면서 인간이 가진 감정에 대해 깊은 연구를 진행하였다. 감성지능 역시 많은 실증적 연구가 진행되는 분야로, 코치에게는 매우 중요한 개념으로 자리 잡고 있다. 21세기 들어서며 경영학자들은 효과적 리더십에 몇 가지 중요한 요인을 꼽고 있다. 그 중 하나가 감성지능이다. 케츠 드 브리스 교수는 리더에게 필요한 것은 소프트 스킬이며, 그것의 중심에는 감성지능이 있다고 하였다 (2012). 이는 긍정적·부정적 정서뿐만 아니라 정서가 영향을 미치는 모든 영역을 각 개인이 지각하고, 이것을 사회에서 제대로 관리하는 능력을 말한다. 긍정심리학의 한 부류로 보이기도 하고, 그 자체로도 무궁무진한 연구 거리와 실행에 도움이 되는 이론과 연구 결과들을 만들어 내는 분야로 보고 있다.

감성지능이라는 개념을 처음으로 소개한 메이요Mayer와 살로베이Salovey 에 의하면 감성지능이란 자신의 감정(또는 기분)과 다른 사람의 감정을 점검하는 능력, 그 감정을 구별하는 능력, 그리고 이러한 정보를 이용하여 자신의 사고와 행동을 이끄는 능력을 의미한다(1990). 이 두 학자에 이어 감성지능은 1990년대 말 다니엘 골먼(Goleman, 1995)에 의해 타임지에 소개되면서 엄청난 인기를 구가하였다. 특히 감성지능에 관한 그의 하버드 비즈니스 리뷰에 게재된 논문 "무엇이 리더를 만드는가What makes a leader?" 는 1998년에 게재된 이후, 현재까지도 리더들에게 큰 공감을 얻고, 영향력을 오랫동안 유지하고 있다. 그들은 리더에게 가장 중요한 덕목은 높은 감성지능이며, 감성지능을 높일 수 있는 가장 유효한 수단을 이그제큐티브 코칭으로 보았다. 따라서 코칭과 감성지능은 매우 밀접한 개념이다. 심지어 이들은 코칭의 궁극적 목표는 감성지능을 올리는 것이라고 주장한다. 그럼 감성지능이 어떤 것인지 알아보자.

감성지능은 자신의 감정을 알고 조절하며, 다른 사람의 감정을 알아채고, 공감하고, 사회적으로 적절히 관계를 형성하고 유지하는 능력을 말한다. 사람들은 흔히 감성지능이라고 하면, 화를 내지 않고, 그저 사람 좋은 늘 웃는 사람이라고 오해하지만 오히려 이런 사람은 감성지능이 낮은 경우가 많다. 자신의 부정적인 감정과 욕구를 알아채지 못하거나, 그것을 사회적으로 적절히 표현하지 못함으로써 자신과 다른 사람의 감정을 낭비시키는 경우가 많기 때문이다. 감성지능은 자신과 다른 사람의 부정적인 감정을 알아채고, 그를 사회적으로 적절히, 그리고 세련되게 표현하는 것이다. 그러나 많은 리더들은 자신의 감정을 알아차리지 못하고, 다른 사람들을 계산적이고 합리적으로 대하려고 한다. 한 기자는 한국의 40대 이상의 남성을 다음과 같이 묘사하였다.

한국 사회에서 40년 넘게 살아남은 40대 남자는 대부분 프란시스 언더우드다. 40대 남자는 살아남기 위해 자신의 공감능력을 거세해 왔다. 세상을 느끼면 안 되기 때문이다. 세상은 이해하고 분석하고 이용해야 할 대상이다. 세상을 공감하고 감동하고 느껴버리면 이용당할 수 있다. 한국의 자본주의에 적응하기 위해 40대 남자는 가장 이기적으로 진화해 왔다. 가장 이기적으로 행동할 때 모두가 가장 효율적이고 가장 경쟁력 있는 균형 상태를 이룬다고 배워왔다.

공감하지 않으려면 인간을 버려야 한다. 인간은 못 믿을 존재이다. 믿지 못할 존재를 마주하려면 가슴이 아니라 두뇌에 의지해야 한다. 이성의 본질은 의심이다. 의심을 많이 할수록 인간과 세상을 똑바로 볼 수 있다. 상대를 이길 가능성이 커진다. 자신의 욕망에 세세히 충실할 수도 있다. 계산하기 때문이다. 안심도 된다. 세상을 통제하고 장악하고 있다고 느끼기 때문이다.

이기적인 인간은 상대방을 착취하기 마련이다. 상대를 의심하면 상대를 착취하기도 쉽다. 가책이 없기 때문이다. 그렇게 호모이코노미쿠스가 되는 데 성공한다. 살아남는다.

— http://storyball.daum.net/episode/3519

정도의 차이는 있지만, 우리 사회는 이런 인간상을 어느 정도 수긍해 왔다. 책의 앞부분에 소개한 양상무의 사례 역시 부하직원을 사람이라기보다는 "종업원" 혹은 "조직원" 정도로 인식했다. 따라서 성과를 내지 못하는 사람의 심경을 헤아린다거나, 조직의 장에게 외면되어 가는 부하직원을 바라보는 다른 직원들의 시선을 공감하지 않았고, 그 결과는 리더인 자신이 정의하였다. 즉 조직 생리에 적응하기 위해서 다들 더 열심히 할 것이라는 것이다. 그는 공감대신 조직의 생리와 성공논리로 그의 행동을 정당화 하였다. 하지만 그 결과는 그가 원하는 조직통합이나 성과가 나는 조직문화 성립에 별 도움이 되지 않는 것을 스스로 깨닫게 되었다. 조직원들의 감정을 무시하는 것이 결국 조직운영의 실패로 돌아간다는 것을 말이다. 조직원들의 감정을 살피는 것이 조직통합에 가장 중요한 요소라는 것을 코칭을 통해서 배우게 되었다.

그럼 감정이란 무엇인가? 감정은 영어로는 e + motion이다. 이것은 우리가 통제할 수 있는 그 무엇이 아니라, 우리의 행동Motion을 바깥으로e 내보내는 주체이다. 알고 보면, 우리는 부지불식 간에 우리의 감정에 휘말리고는 한다. 예를 들어, 내가 부하직원, 서비스 제공자, 혹은 자녀 등 약자에게 짜증을 내거나, 화를 낼 때를 생각해보자. 대부분은 어떤 행위가 짜증을 촉발했다기보다, 내가 기분이 안 좋을 때 외부의 자극에 폭발적으로 반응하는 경우가 많다. 감성지능이 높은 사람의 경우는, 자신이 지금 감정 상태가 좋지 않다는 것을 알고, 민감한 사안을 마주하려 하지 않거나, 과도하게 다른 곳으로 불똥이 튀지 않도록 조심하게 된다. 혹은 자신의 감정 상태를 솔직히 상대에게 알림으로써 부정적 감정을 해소하는 방안을 함께 찾아나가기도 한다. 리더에게는 특히 이런 것이 중요하다. 부정적 감정을 표출할 수 있는 기회가 사회적으로 더 많이 용인되기 때문이다. 늘 버럭 화를 내고, 짜증을 부리는 리더는 감성지능이 높다고 할 수 없다. 그리고 이런 리더는 훌륭한 리더로 평가 받기도 어려울뿐더러, 실질적으로 성과도 좋지 않다. 단순 노동이 필요했던 시대에는 이런 리더가 효과적이었을지도 모르지만, 창의성이 중시되는 현 시대에는 더욱 그렇지 않다. 또한 다양한 매체와 소셜 네트워크의 발전으로 말미암아 리더가 감정을 주체하지 못해서 일어나는 사건과 사고는 대중들에게 금방 알려지게 되고, 이는 주가 하락, 이미지 손실, 소비자들의 불매운동 등 사업에 실질적 위기를 초래하기도 한다. 보통 이런 기사의 주인공들은 어쩌다 한 번 우발적인 돌발행동으로 그런 경우는 매우 드물다. 대부분은 크고 작게 비슷한 행동을 계속하다가 외부에 크게 알려진 사례들이다. 따라서 평소에 리더가 자신의 감정을 살피고, 그것을 잘 다루는 법을 익혀 실천하는 것이 너무나도 중요한 문제이다.

[한국경제] 지금 봐도 화난다 ···
국민이 꼽은 7대 갑질

출처: http://www.hankyung.com/news/app/newsview·
php?aid=2016100998031

감성지능은 코치에게도 매우 중요한 부분이며, 이그제큐티브 코칭의 목적이 되는 경우도 많다. 그간 수많은 연구가 감성지능이 높은 사람이 업무성과, 리더십 효과성, 협상능력, 연봉 등과 정적관계가 있음을 밝혀왔다(O'Boyle, Humphrey, Pollack, Hawver, & Story, 2011). 따라서 업무 성과나 효과성 등을 높이기 위해서, 감성지능을 높이는 코칭이 필요하다. 또한 코칭의 한 영역으로써 뿐만 아니라 사람을 개인적으로 상대하는 코치에게도 높은 감성지능이 요구될 수밖에 없다.

감성지능의 학문적 논의를 감성지능의 다섯 가지 영역과 조직 내의 효과성의 측면에서 제시하고자 한다.

▌감성지능의 다섯 가지 영역

감성지능은 기존 지적 기능인 지능지수와는 대조되는 개념으로 소개된 이후 조직 내 팀워크, 상사나 동료, 부하직원들과의 관계가 더욱 중요해지는 경영환경에서 많은 주목을 받아왔으며, 다양한 연구 방법론을 통하여 효과성을 입증하려는 노력 역시 학계에서 계속 되어 왔다(O'Boyle et al. 2011). 특히 다니엘 골먼이 제시한 다섯 가지 영역은 각 영역별 연관성, 5요인 모델Five Factor Model 등 다른 성격 요인들과의 연관성 연구의 대상이 되기도 했다(Goleman, 2004). 이 다섯 가지 영역은 ① 자기 인식 능력: 자신의 진정한 기분을 자각하여 이를 존중하고 진심으로 납득할 수 있는 결단을 내리는 능력, ② 자기 조절 능력: 충동을 자제하고 불안이나 분노와 같은 스트레스의 원인이 되는 감정을 제어할 수 있는 능력, ③ 동기부여 능력: 돈이나 지위보다 더 큰 이유로 일을 하는 능력, ④ 공감대 형성 능력: 다른 사람들의 감성적 구성요소를 이해하는 능력, ⑤ 사회적 기술: 관계를 관리하고 네트워크를 구축하는 능숙한 기술로 제시되고 있다(Goleman, 2004). 다니엘 골먼 등은 이것을 《감성의 리더십》(2003)에서 자기 인식 능력, 자기 관리 능력, 사회적 인식 능력, 관계관리 능력 네 가지영역으로 정리하여 다음과 같이 제시하고 있다.

첫째, 자기 인식 능력은 자기의 감정을 인식하고, 정확하게 자기를 평가하는 능력, 평가를 바탕으로 자신을 확신하는 능력으로 구성된다. 이는 후속하는 능력에 가장 선행이 되어야 하는 것으로 자신의 감정, 강점, 한계를 파악하고, 잘 할 수 있는 일에 확신을 가지고 추진할 수 있는 능력이다.

• 감성적 자기 인식 능력: 감성적 자기 인식에 깊이가 있는 리더는 자신의 감정이 어떤 식으로 사람들과 자신의 일에 영향을 미치는지 파악하고 있으며 자기 내면의 신호에 귀를 기울일 줄 아는 사람이다. 이런 리더는 자신이 지침으로 삼는 가치관에 충실하며 복잡한 상황 속에서도 자신이 취해야 할 최선의 행동을 직관적으로 알 수 있다. 감성적 자기 인식 능력을 갖춘 리더는 숨김이 없으며 믿을 수 있고 자신의 감정을 솔직히 털어놓을 줄 알며 리더로서 앞을 내다보는 확신

을 갖고 이야기한다.

- **정확한 자기 평가 능력**: 자기 평가 능력이 있는 리더는 자신의 한계와 장점을 알고 있으며 자신을 희화할 줄도 안다. 그는 자신에게 부족한 것을 배움에 있어 겸허하며 건설적인 비판과 의견도 기꺼이 받아들인다. 정확한 자기 평가를 통해 도움을 구해야 할 때와 새로운 리더십 능력을 키우는 데 온 힘을 기울여야 할 때를 안다.

- **자기 확신 능력**: 자신의 능력을 정확히 알고 있는 리더는 자신의 장점을 발휘할 수 있다. 리더는 자신감이 넘치면 어려운 과업도 기꺼이 받아들인다. 이런 리더는 다른 사람들 가운데서 자신을 유독 두드러져 보이게 하는 존재감과 자기 확신을 갖추고 있다.

둘째, 자기 관리 능력은 자기의 감정을 제어하고, 솔직하게 표현하며, 일에 잘 적응하고 성취해 내는 능력을 말한다. 진취적이고 낙천적인 태도를 유지하는 것도 이에 해당된다. 이는 스스로의 감정을 관리하고, 어려운 상황에서도 스스로를 동기부여 하여 일을 성취할 수 있게 하는 능력이다.

- **감정적 자기 제어 능력**: 감성적인 차원에서 자기 제어 능력이 있는 리더는 자신을 혼란하게 만드는 감정이나 충동을 다스릴 줄 알고 그것을 유용한 형태로 바꿀 줄도 안다. 자기 제어 능력을 제대로 발휘하는 예는 리더가 과도한 압박을 받는 위기의 상황에서도 차분하게 정신을 바짝 차리고 있거나 힘든 상황에 직면해도 일체의 동요가 없는 경우다.

- **솔직할 수 있는 능력**: 솔직한 리더는 자신의 가치관에 따라 살 수 있다. 솔직함 —자신의 감정과 믿음과 행동에 대해 다른 사람에게 숨기지 않는 것 — 은 성실함을 낳는다. 이런 리더는 자신의 실수와 오류를 솔직히 인정하며 다른 사람의 비도덕적 행위를 외면하지 않고 정면에서 따지고 든다.

- 적응력: 적응력이 있는 리더는 사방에서 밀어닥치는 요구들을 힘과 집중력을 흐트러뜨리지 않고서도 처리할 줄 안다. 그리고 조직의 생리상 불가피하게 생겨나는 여러 가지 애매한 상황들에 대해서도 조바심을 내지 않는다. 이런 리더는 새로운 도전에 매우 유연하게 적응하며 유동적 변화에도 순발력 있게 대처한다. 그리고 새로운 자료 혹은 사실을 접할 때도 사고가 경직되지 않는다.
- 성취력: 성취력이 뛰어난 리더는 ─자신과 자신이 이끄는 사람들에게 ─ 업무 수행 능력을 끊임없이 배가시키는 데 있어서 개인적 기준이 높은 사람이다. 이런 리더는 허황하지 않으며 사람들의 능력에 맞추되 그보다 좀 더 높은 목표를 잡는다. 그리고 위험에도 불구하고 그것이 충분히 도전해볼 만한 가치가 있는 목표인지를 따져볼 수 있는 사람이다. 성취력이 있는 리더는 일을 좀 더 잘 해내기 위한 방법을 꾸준히 배우고 가르친다.
- 진취성: 자신의 운명을 이끌고 나가는 데 필요한 것을 갖출 줄 아는 리더는 진취적인 태도를 가지고 있다. 이런 리더는 가만히 앉아 기회를 기다리지 않고 적극적으로 그것을 쟁취하거나 아예 새로운 기회를 창출한다. 또한 미래를 위한 더 나은 가능성을 찾을 수만 있다면 과감히 형식을 타파하거나 규칙을 바꾸기도 한다.
- 낙천성: 낙천적인 리더는 힘든 상황에서도 절망하지 않고 오히려 기회를 엿보면서 유연하게 대처할 줄 안다. 이런 리더는 다른 사람들을 긍정적인 시각으로 바라봄으로써 그들에게서 최선의 것을 유도해낸다. 그들은 "아직도 물이 반이나 남았네"라는 식의 시각을 갖고 있기 때문에 앞으로 더 나아질 것이라는 기대를 하게 된다.

셋째, 사회적 인식 능력은 다른 사람의 감정을 감지하는 능력, 정치적 지평을 파악하는 능력, 다른 사람들을 만족시키는 능력 등이 해당된다. 다른 사람들과의 관계를 발전적으로 만들어 나가기 위한 인식 능력과 실행

능력을 포함한다.

- **감정이입의 능력**: 감정이입을 하는 리더는 다양한 감정의 신호에 자신의 주파수를 맞출 줄 알며 말을 하지 않아도 다른 사람이나 집단의 감정을 감지할 수 있다. 이런 리더는 다른 사람의 말에 귀를 기울일 줄 알며 다른 사람의 견해를 받아들일 줄 안다. 감정이입은 다양한 환경 혹은 다른 문화권의 사람들과 잘 지낼 수 있도록 만들어준다.
- **조직적 인식 능력**: 예리한 사회적 인식 능력을 갖고 있는 리더는 정치적으로 기민하며 중요한 사회적 연결망을 잘 간파하는 한편 핵심적인 권력관계를 제대로 읽어낼 줄 안다. 이런 리더는 조직 내에서 돌아가는 정치적 역학관계뿐 아니라 그 안의 구성원들을 움직이는 지도적 가치관과 무언의 원칙들을 제대로 이해한다.
- **서비스 능력**: 서비스 능력이 뛰어난 리더는 부하직원이 고객 혹은 손님들과의 관계를 제대로 끌고 나갈 수 있는 정서적인 분위기를 만들어낸다. 이런 리더는 고객 혹은 손님들이 원하는 것을 얻었는지 확인하기 위해 그들의 만족도를 주의 깊게 살핀다.

넷째, 관계관리 능력은 다른 사람들에게 영감을 불어넣고, 영향력을 행사하며, 다른 사람들을 도와주고 성장시키는 능력, 변화를 촉진시키는 능력, 사람들 간의 갈등을 제대로 관리해나가는 능력, 사람들로부터 팀워크를 이끌어 내는 능력으로 리더에게 특히나 더 필요한 능력이다.

- **영감을 불어넣는 능력**: 이것은 공감대를 형성하고 확고한 전망이나 공동의 목표를 향해 사람들을 이끄는 능력이다. 이런 리더는 자신이 다른 사람에게 요구하는 바를 스스로 직접 보여주며 다른 사람들이 기꺼이 따르는 공동의 사명을 제시할 줄 안다.
- **영향력**: 영향력 있는 리더는 듣는 이에게 즉각적인 호소를 할 줄 알며 일을 꾀하는 데 도움을 줄 수 있는 중요한 사람과 조직으로부터 적극적인 참여를 이끌어낼 줄도 안다. 영향력을 미치는 데 능숙한

리더는 집단을 대상으로 이야기를 할 때 설득력 있게 사람의 마음을 잡아끄는 힘이 있다.

• 다른 사람들을 이끌어주는 능력: 사람들의 능력을 잘 길러주는 리더는 진정한 관심을 갖고 그들을 도와주려고 하고 그들이 하고자 하는 것과 그 장·단점을 잘 이해한다. 이런 리더는 적절하고도 건설적인 피드백을 해주고 자연스럽게 삶의 조언자나 코치의 역할을 한다.

• 변화를 촉진하는 능력: 변화를 촉진할 수 있는 리더는 변화의 필요성을 간파하고 현 상태를 타파하고자 하며 새로운 질서에 긍정적이다. 그들은 반대가 있더라도 변화를 옹호하면서 꿋꿋하게 자신의 주장을 펼친다. 또한 그들은 변화에 장애가 되는 것들을 극복하기 위한 실천적인 방법도 찾아낼 수 있다.

• 갈등관리 능력: 갈등을 제대로 관리할 줄 아는 능력을 가진 리더는 이해관계의 모든 당사자들이 허심탄회하게 이야기할 수 있도록 분위기를 조성하며 서로 다른 입장들을 잘 헤아린다. 그러고 나서 모든 이들이 인정하는 공통의 목표를 찾아낸다. 숨겨져 있는 갈등을 표면에 드러낸 뒤 모든 사람들의 느낌과 입장을 파악하고 그 에너지가 공동의 목표를 위해 쓰일 수 있도록 만든다.

• 팀워크와 협동을 이끌어내는 능력: 사람들과 함께 일을 할 수 있는 리더는 동등한 동지애의 분위기를 이끌어낸다. 그리고 솔선수범해서 다른 사람을 존중하고 도와주고 협조한다. 힘을 합해야 할 일이 있을 때 사람들의 열정적 참여를 이끌어낸다. 그러면서 공동체 의식과 사기를 북돋운다. 일에 대한 의무감을 넘어서 친밀한 인간관계를 만들고 유지하기 위해 많은 노력을 기울인다.

이러한 감성지능에 대한 정의와 특성은 단순히 모든 인간에게 필요한 인본주의적 가치가 있는 태도라기보다 리더로서 갖추어야 할 덕목으로 해석되었다. 초기 감성지능은 모든 사람이 갖추어야 할 유익한 덕목으로 이해되었으나, 기업에서 코치로 활약하는 심리학 박사이면서 경영 분야에서 명성을 얻고 있는 다니엘 골먼과 리차드 보이야치스 등에 의해 기업 장면에서 적용 가능한 형태로 발전되고 있다. 그들의 저서마다 감성지능을 높이는 데 가장 효과적인 방법이 이그제큐티브 코칭임을 밝히고 있다. 따라서 감성지능은 코칭과 하나의 개념이라고 해도 무리가 없을 정도이다.

▌ 감성지능의 조직 내 효과성

감성지능는 사실 오래 전부터 기업 장면에서 매우 중요하게 여겨져 왔다. 다니엘 골먼의 감성지능에 대한 글이 인기를 끌자 가장 크게 열광한 분야가 기업 분야이다. 조직 역동에 있어서 리더에게 중요한 요소가 수없이 제시되었지만, 그들이 그동안 무언가 빠진 것 같다고 느낀 그것을 발견한 이유일거다. 이후로 10여년간 수많은 연구가 이루어지면서, 그 유효성과 중요성이 점점 더 각광을 받고 있다. 개념의 등장과 함께 일었던 효과성에 대한 의문은 10여년간 설문지부터 fMRI 뇌 스캔 연구 등 다양한 연구 방법론을 통하여 실증적으로 증명되어 왔다. 최근에 이루어진 메타 분석(O'Boyle et al. 2011)에 의하면 감성지능은 학업성과, 업무성과, 리더십, 협상, 신뢰, 업무 등 인생 갈등 분야에서 정적으로 연관되어 있다. 하지만 미국 등 서구사회에서 감성지능 개념이 제시된 이후, 다양한 방법론으로 그에 대한 유효성을 검증해 온 데에 반해, 국내에서는 아직 그 논의가 시작단계에 머무르고 있다. 기존 합리성을 중시해온 기업 문화와 가부장적이며 군대식의 문화에 있어서 감성Emotion은 지극히 부정적인 뉘앙스를 가지고 있어 입에 담기 어려운 말로 여겨지기까지 했다. 하지만 감성 마케팅과 감성 리더십 등 최근 급격하게 불고 있는 감성 바람은 조직의 변화를 예고한다. 미국 등 서구 문화권에서는 2002년 노벨 경제학상 수상자인 다니엘 카너먼Daniel Kahneman(2011)의 인간의 비합리성에 대한 논의와 더불어, 이성과 합리성 이외의 요인들에 관한 연구인 감성지능에 대한 연구가 활발히 진행되고 있다. 또한 많은 기업들은 합리적 소비를 설득하는 대신 소비자의 감성을 자극하는 혁신적인 제품을 개발할 수 있도록 조직원들의 창의성을 극대화 할 수 있는 감성적 환경을 제공하는 쪽으로 변화를 도모하고 있다.

▌ 감성지능과 코칭

이렇듯 감성지능은 리더십 효과성에 직접적 영향을 미치는 중요한 요소이지만, 이것이 개발 가능한 부분인가에 대한 의문이 있을 수 있다. 감성지능은 성격의 한 부분으로 타고 나기도 하지만 개발이 될 수 있는 부분이기도 하다. 하지만 감성지능의 개발은 인지적 개발과는 거리가 멀다. 필자는 이를 근육을 키우는 것과 비교를 한다. 우리가 복근을 키우는 방법을 철저하게 알고, 원리와 중요성 등을 인지적으로 아무리 이해해 봤자, 복근은 생기지 않는다. 복근은 복근 운동을 해야 생긴다. 감성지능도 마찬가지이다. 지속적인 행동수정과 피드백을 통해서 감성지능에 연관된 뇌를 발달시켜야만 한다. 여기에 코칭은 맞춤형 접근법이 아닐 수 없다. 필요성에 대한 인지적 이해는 집합 교육이나 서적을 통해서 가능하지만 본인의 감정과 이를 사회적으로 다루는 데 대한 부분은 상당부분의 성찰, 관찰, 그리고 피드백이 필요하다(Goleman, 1999). 자신이 한 행동을 돌아보고, 그 행동이 다른 사람에게 미친 감정적 영향을 감정이입을 통하여 느껴보는 것이 필요하다. 그리고 수정된 행동 전략을 세우고, 그 변화가 자신과 다른 사람의 감정에 어떻게 영향을 미치는 지에 대한 비교를 해봄으로써 점차 자신만의 방식을 찾아갈 수 있게 되는 것이다. 필요하면 요즘 관찰 예능이나 EBS의 "달라졌어요" 시리즈에서 하는 것과 마찬가지로 비디오 관찰법 등을 사용하는 것도 좋다. 수많은 관찰 예능과 다큐멘터리에서 사람들은 상황 안에서 한 행동을 촬영분을 통해서 바라보고, 그것을 후회하고 행동 수정을 다짐하는 모습을 쉽게 볼 수 있다. 사람들은 자신이 행동을 하지만 자신이 한 행동이 어떤지 실제로 모르는 경우가 많다. 이런 성찰과 피드백, 그리고 수정된 행동 전략과 실행의 사이클이 반복되어 질 때, 시행착오를 넘어 점점 감성지능이 높은 리더가 되어 가는 것이다. 이는 콜브 Kolb의 경험학습의 사이클이라고 하는데 결국 경험, 성찰, 개념화, 행동계획 수립이라는 과정을 통해서 학습되어진다는 뜻이다(Kolb & Kolb, 2005). 이 과정에서 코치는 적절한 지지와 피드백, 가이드라인 제시를 통해 세련되게 도와줄 수 있어야 한다. 또한 이런 과정을 통해 리더는 코치의 코칭 활동을 실제로 경험하고 모델링을 하여 학습하는 계기를 갖게 된다. 이는 결국 코치형 리더로의 성장으로 이루어진다.

🚶 콜브의 경험학습 사이클

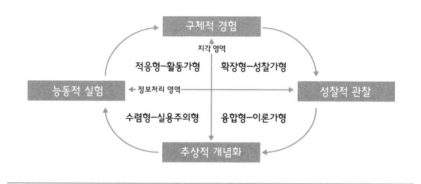

세계적인 심리학자로 경영계에서 활발한 활동을 하고 있는 다니엘 골먼과 리차드 보애치스, 에니 맥킨은 이그제큐티브 코칭을 다음과 같이 스케치 하였다(2003, pp. 365-368). 현 시대에서 코칭은 긍정심리학, 감성지능과 하나의 개념으로 발전되어 왔다 해도 과언이 아닐 것이다. 이 분야는 매우 활발히 임상과 연구가 진행되는 분야로 앞으로 계속적인 발전이 이루어져 코칭의 훌륭한 이론적·실증적 근거가 되어줄 것이다.

　　리더는 무언가를 배울 때 -배운다는 것은 곧 뭔가 부족한 상태에 있다는 뜻이다- 학습과 리더로서의 자신의 이미지 관리사에서 균형을 잡을 필요가 있다. 따라서 최고의 경영자가 뭔가를 배우는 데 있어 가장 좋은 방법은 컨설턴트로부터 이그제큐티브 코칭을 받는 것이다. 컨설턴트의 도움을 받아 최고경영자는 자신의 꿈과 사업 계획을 마음 놓고 검토해볼 수 있으며 컨설턴트와 함께 다른 누구와도 나눌 수 없었던 편안한 대화를 나눌 수 있다. 컨설턴트와의 대화를 통해 리더는 자신이 힘들어하는 부분과 열정을 느끼는 부분에 대해 터놓고 이야기할 수 있다. 그리고 자신과 자신의 팀 및 조직체가 안고 있는 핵심적 문제는 제대로 파악할 수도 있다. 이런 대화에서 나타나는 리더의 솔직한 감정표현은 일반적인 사업 행위에서 드러나는 감정의 양상과는 전혀 다른 모습을 띤다. 따라서 리더와 컨설턴트의 관계는 신뢰를 바탕으로 해야 함은 물론이고 철저히 비밀에 부쳐져야 하며 그 누구도 방해할 수 없는 것이어야 한다.

　　이그제큐티브 코칭에는 일반적으로 리더십에 대한 평가와 함께 리더십계발에 대한 지속적인 관심이 포함된다. 그리고 리더가 이끌고 있는 조직의 문제를 해결하기 위한 과정 역시 포함되어 있다. 그것은 특히 일반 직원들 사이에 존재하는 문제로서 가령 리더가 자신의 팀과 조직의 분위기 문화를 제대로 파악하고 모든 것을 사업적 전략에 맞추기 위한 방법을 찾고자 할 때 유용하다.

　　리더십에 대한 평가와 그 피드백에는 여러 가지 방식이 있다. 하지만 가장 좋은 방법은 이그제큐티브 코칭을 전문으로 하는 사람으로부터 상담과 관찰을 받으면서 시작하는 것이다. 상담은 리더와 컨설턴트 사이에 강한 신뢰관계가 형성될 수 있도록 화기애애한 대화의 형식으로 진행되거나 혹은 그렇게 느껴져야 한다. 보통 리더의 직업 이력과 생활 내력에 대한 대화 및 현재 드러나 있는 경영과 리더십 문제에 대한 논의, 그리고 조직의 분위기와 체계 등을 다루는 조직 차원의 문제에 대한 논의가 이루어진다. 그 밖에도 상담 과정에는 회의석상에서 연설을 하고 업무 결과를 평가하는 등의 활동을 할 때 보여지는 리더의 행동에 대한 관찰과 그에 대한 평가도 포함되어 있다. '인생의 어느 하루'라고 불리는 이 방법은 클리블랜드 게슈탈트 연구소의 플랜 존스턴(Fran Johnston)이 개발한 방법이다. 이그제큐티브 코칭을 맡은 그녀는 어느 날 하루 종일 말 그대로 리더의 뒤를 졸졸 따라다니면서 회의에도 참석하고 직원들과의 일대일 만남도 같이하고 심지어 전화를 거는 중에도 리더의 옆에 있었다. 물론 이 모든 것은 직원들에게 분명히 설명한 뒤에 진행되었다. 이런 사전 설명은 리더가 적극적으로 리더십 계발에 임하고 있다는 것을 직원들에게 보여주는 효과도 얻을 수 있다.

보다 체계적인 평가를 실시하는 것도 이그제큐티브 코칭의 한 과정이다. 그리고 거기에는 리더의 행동방식에 관한 면담과 함께 감성지능, 경영 방식, 조직의 분위기 및 리더나 조직과 관련된 기타 요소에 대한 360도 평가도 포함되어 있다. 팀과 조직의 문제를 논의할 경우 컨설턴트는 리더 한 사람의 관점보다 여러 사람의 다양한 관점을 알아보는 것이 도움이 된다. 리더에게 최고경영자 증후군이 없다 하더라도 경영자의 귀에 들어가는 많은 정보가 여과되고 축소되거나 아니면 은폐되는 것이 사실이기 때문이다. 컨설턴트는 면담, 관찰, 평가, 역동적 물음 등의 방법을 사용하여 조직의 실상에 대한 정보를 얻을 수 있다. 그러한 정보야말로 리더에게 진정 도움이 되는 것이다. 물론 보다 지속적인 결과를 얻기 위해 컨설턴트는 다른 사람과의 관계 -리더에 대한 정보를 얻기 위해 면담을 했던 직원들과의 관계- 를 비밀에 부쳐야만 한다.

이그제큐티브 코칭을 통해 리더는 자신의 학습 속도를 향상시킬 수 있는 것은 물론 조직 내에서 벌어지고 있는 일에 대해 지금까지와는 다른 관점 -때로 더 정확할 수도 있다- 을 가질 수도 있다. 그리고 사람들이 리더와 팀에 대해 느끼는 점을 인정할 수도 있게 된다.

　　세 번째로 코칭의 이론적 배경으로 성인교육학을 소개하고자 한다. 성인교육학은 성인들은 아이들과 학습하는 목적과 방식이 다르다는 가정에서 출발하였다. 당장 코앞에 떨어진 삶의 문제를 해결해야 하는 성인은 삶 자체가 학습인 아이들과는 분명 다르게 학습하는 듯 보인다. 이에 성인학습 분야가 생겨나고, 그 이론과 개념은 코칭 프로그램에도 폭넓게 쓰이고 있다. 예를 들어 아이비리그Ivy League 최초로 코치 인증프로그램을 선보인 콜롬비아 대학(경영대학원과 리더십과 조직학과가 함께 만든 프로그램)은 성인학습 이론을 코칭모델에 차용하였다. 또한 연구에 의하면 이미 많은 코치들이 성인학습의 주요 개념들을 사용하고 있으며, 개념을 알지 못하더라도 그와 유사한 방식을 사용하고 있다(Goode, 2007). 이에 성인들의 학습 방식에 대한 이론적 배경을 살펴보고자 한다.

전환학습

1970년대 초반 전환학습 이론의 창시자인 잭 메지로우Jack Mezirow와 많은 학자들은 학습에는 지식을 추가하는 학습 이외에 삶의 관점이 바뀌는 학습이 있다는 것에 대한 논의를 시작하였다. 1978년에 메지로우는 오랜 기간의 학습 휴지기를 마치고 대학으로 돌아온 여성들을 연구하면서, 그녀들에게 지식의 추가 이외의 학습이 일어남을 찾아내게 되면서 이론화가 본격적으로 이루어졌다. 가정주부로 지내던 그들에게 무슨 일이 일어난 것일까? 무엇이 그들을 가정의 울타리를 벗어나 학교로 가게 했을까? 어떻게 생각하는 방식에 변화가 일어나고 어떤 것에 동기부여가 된 것일까? 그들에게는 뭔가 극적인 생각의 변화가 일어났을 것이다. 이것을 메지로우는 전환학습Transformative Learning이라 칭하고, 이에 대한 연구에 평생을 바쳤다.

전환학습은 생각하는 방식이 바뀌는 것이다. 흔히 예를 드는 것은 성인들이 질병에 걸린 상황이다. 얼마 전 라디오 전파를 탄 사연이다. 가족을 위해 헌신한 가정주부가, 백혈병 진단을 받았다. 진단이 나자, 온 식구가 매 시간 울고, 절망에 빠지고, 그녀를 돌보고, 그녀를 위로하였다. 그녀는 가족을 위해 헌신한 세월이 헛되지 않음에 확신을 가졌다. 하지만 투병이 한 달, 두 달 길어지자, 가족들은 더 이상 울지도 않고, 슬슬 아프다 소리 하는 그녀를 귀찮아하고, 병간호도 귀찮아하는 것이다. 진단 받은 지 1년도 안 되어, 아이들도 남편도 바쁘다 하여, 혼자 있어야 할 때도 있다. 남편과 아이들이 나쁜 것이 아니라, 자신을 챙기지 않고 희생하던 삶에 대한 회의가 든 것이다. 그러면서, 자기는 없었던 자신의 인생에 대한 후회가 든다고 말한다. 이전의 삶은 그녀가 무언가를 배우고, 알게 되고, 지식을 습득하는 것은 모두 가족을 위한 것이었다. 집을 꾸미고, 건강식을 챙기고, 아이들의 성적을 챙기는 등 가족을 위한 지식을 습득하고, 실행하였지만, 병이 걸린 이후, 그녀는 그녀의 삶에 가장 중요한 것은 자신이며, 자신은 자신이 지켜야 한다는 것을 깨달았다. 그 이후 그녀가 세상을 바라보는 눈과 습득하게 되는 지식은 달라질 것이다.

미국 월스트리트 911 테러 이후, 잘나가는 금융가들의 퇴사가 급증하였다. 아무래도 한 번 테러의 대상이 된 곳에서 무서워서 일을 하겠나 싶은 생각이 들겠지만, 그보다 사람들은 삶의 의미와 목적에 대해서 깊이 있게 사고하게 되었고, 좀 더 의미 있는 삶을 살고 싶다며 사표를 썼다. 이러한 인생관의 변화는 흔하지는 않지만, 성인이 된 후 일어나는 가장 중요한 학습 중 하나이다. 코칭은 성공한 사람들을 더욱 성공하게 하는 것이다. 따라서 그들에게는 어떤 스킬보다 세상을 바라보는 방식에 변화를 가지고 오는 것이 매우 중요하다. 특히 임원으로 승진하거나, 산업군을 옮겨 이직하거나, 새로운 시대를 준비하는 리더에게 세상과 사람들을 바라보는 관점전환과 끊임없이 성장해가는 학습적 태도를 만드는 것이 매우 중요한데, 전환학습은 그런 코치들에게 유용한 이론적 배경을 제공한다. 성공적인 코칭은 보통 지식을 전달해 주는 것이 아니라 행동의 변화를 이끌어 내는 것이다. 이러한 행동의 변화는 보상과 처벌에 의해서 일어나기도 하지만 더욱 근본적인 변화는 생각하는 방식이 바뀌어야 가능하다. 이는 리더에게 지식을 제공하는 것을 넘어서, 생각하는 틀에 대한 질문을 던지고, 그것을 바꾸는 코칭의 목적과 부합한다 할 수 있다. 그렇다면 생각하는 방식이 바뀐다는 것은 무엇을 의미하는가? 관점전환 되는 비판적 성찰을 하고, 그것을 누군가와 대화를 통해 새로운 방식을 모색하는 것으로 볼 수 있다. 각각의 개념에 대해서 조금 더 알아보자.

▌ 관점전환

전환학습이란 변화에 대한 학습이다. 이 변화는 우리가 우리 스스로와 우리가 살고 있는 세상을 보는 방식에 극적이고, 근본적인 변화를 뜻한다. 기존에 아는 것에 아는 것을 더하고, 지식의 영역을 넓혀가는 것이 정보학습Informational Learning이라고 한다면, 전환학습은 아는 것을 바꾸는 것을 말한다(Keegan, 2000). 그가 말하는 전환학습은 "미래에 새로운 행동을 취하기 위하여, 지난 경험에 대하여 새로이 혹은 업데이트된 방식으로 그 의미를 해석하는 과정"이라고 하였다(Mezirow, 1991). 예시에서 보듯이 사람들은 삶에서 어떤 사건을 겪게 될 경우 그간에 가지고 있던 지식이나 생각하는 방식이 더 이상 먹히지 않는 것을 알게 된다. 사회적 성공을 위해 낮밤 가리지 않고 최선을 다하던 사람이 바로 옆 건물에서 자신과 같이 일하던 사람들이 통제 불가능한 상황에서 허망하게 죽는 것을 목격했다. 인생은 많이 남았기에 지금은 돈을 벌고, 돈을 충분히 벌면 그때 가족과 함께 시간을 보내고 의미 있는 일을 하겠노라고 생각해 왔다. 하지만 삶이 그렇게 허망하게 끝날 수 있음을 목격한 것이다. 사람들은 이렇게 사랑하는 사람들의 죽음이나, 이혼, 질병 등의 특정 경험 등의 위기, 즉 혼돈의 딜레마Disorienting Dilemma를 겪으면서 자신이 그간 가지고 있었던 삶의 방식과 생각하는 방식이 더 이상 유효하지 않은 것을 깨닫게 된다. 그리고 가지고 있던 준거의 틀을 돌아보고, 성찰을 통해서 새롭게 생각하는 방식을 정립하게 된다.

이것을 메지로우는 관점전환이 일어난다고 보았다. 삶은 그대로이지만, 삶을 조망하는 관점Perspective이 바뀌는 것이다. 장님이 코끼리 다리를 만져보고는 코끼리는 나무 기둥처럼 생겼다고 생각하다가 코를 만져보면 그가 가지고 있는 코끼리 모습에 대해서 재정립을 할 수 있게 되는 것과 비슷하다. 그래서 관점전환이 한 번 일어나게 되면 보통의 성인들은 자신이 다른 장면에서 가지고 있는 신념이나 지식에서도 비판적으로 성찰할 수 있게 된다. 이는 코칭에서 매우 빈번하게 이루어진다. 비판이론Critical theory에 의해 영향을 많이 받은 메지로우는 관점전환의 과정이 결국에는 '해방'의 과정이라고 보았다. 우리는 사회로부터 수많은 심리문화적 전제를 별다른 저항 없이 받아들이고, 그것에 질문을 던지지 않고 살아간다. 예를 들어 조직 내에서 성공을 해야 한다는 이야기는 우리가 성장하는 동안 조직생활을 시작한 때부터 암묵적으로 또 드러내놓고 세뇌되어온 사항이다. 우리는 이러한 수많은 전제들을 안고 살아가는데, 그것이 어느 날 더 이상 유효하지 않게 될 때가 있다. 조직 내에서 더 이상 성장할 동력을 잃었다던가, 정치적 지형이 달라졌을 때이다. 몇 년 전 한 대기업에 최연소 임원이 되면서 성공가도를 달리던 임원이 자살을 했다. 조직 내에서 정치적인 입지가 좁아져서 더 이상 그 자리를 지키기 어려웠다고 한다. 이런 상황은 조직 내에서 매우 빈번하다. 그렇다고 그런 상황에 있는 사람들이 다 자살을 해야 하는 건 아니다.

이런 경우 우리는 조직 내에서 성공이라는 종교와도 같은 목표가 정말 목숨만큼 중요한 것인가에 대해서 질문을 던져야 한다. 왜 모든 사람이 임원이 될 수 없는 피라미드 구조에서 모든 사람이 임원이 되어야 하는 것처럼 생각하는가? 왜 거기서 중도 이탈자들은 '탈락'이 된 것이라고 생각하는가? 사실 일터는 누가 죽어야 내가 살아남는 전쟁터가 아니다. 누가 나보다 더 유리한 위치에 갔다고 해서 내가 죽어야 하는 것도 아니다. 일터는 나의 삶의 한 터전일 뿐이다. 이런 식으로 조직에 대한 관점전환이 되면 그때부터 새로운 가능성을 모색하고, 생각하는 방식을 바꿀 수가 있다. 하지만 관점전환이 되지 않으면 거기서 삶의 모든 것이 무너지기 마련이다.

사실 우리는 이러한 명제들이 진리가 아님을 깨닫고 새로운 신념을 정립하는 대신, 그 명제들 안에 갇혀 신음하는 일이 너무나 많다. 우리나라는 학교 성적 때문에 자살하는 청소년이 세계 최고로 많다. 적령기라고 이름 붙여진 때에 결혼을 하지 않은 사람들은 가족들의 성화와 사회적 편견에 괴로워하고 있다. 이러한 사회적 관습이 얼마나 많은 사람들의 삶을 망가뜨리고 있는가를 생각해 본다면 이러한 명제와 사회적 관습에서 벗어나 건강한 사고방식을 갖는 것이 "해방"인 셈이다.

그러나 관점전환이 되는 것이 모두 전환학습은 아니다. 전환학습은 관점전환이 인격 성숙을 결과로 맺어야 한다. 경험을 하더라도 그것에 대한 해석은 사람마다 다르다. 유태인들에게 홀로코스트는 매우 끔찍한 일이다. 죽음의 수용소에서 살아나왔더라도 그 상처로 모든 사람들을 두려워하고 세상을 두려워하며 평생 아무런 기능을 하지 못하고 보상금에 기대어 살아가는 사람들이 있다. 하지만 강제수용소에서 모든 가족의 죽음과 혼자 살아남은 경험을 통해서 인간에 대한 통찰의 폭이 넓어지고, 삶과 인간의 본질을 사고하고 연구하여, 고통 받는 사람들을 위해 정신치료법을 개발한 실존주의 심리학자 빅터 프랭클 같은 사람도 있다. 전환학습은 후자의 경우를 지칭한다. 그리고 전환학습은 자신이 새로이 깨닫게 된 것, 새로이 생성된 생각하는 방식이 삶에 통합이 되어 실천이 되어야 하고, 자신의 행동의 길잡이가 되어야 한다.

이러한 관점전환은 결국 더욱 포용적이고, 차별적이며, 수용적이고 통합된 관점을 갖는 것을 뜻한다. 이것이 성공적으로 이루어졌을 때 사람들은 더욱 개방적이고, 나와 다름을 포용하고, 구습이나 관념들과 차별되는 독특한 자기만의 세계관을 갖게 되는데, 이것은 철벽이 아니라 바람이 통하는 매우 수용적인 관점이 된다. 책 서두에 소개한 양상무의 사례도 관점전환이 일어난 사례이다. 조직의 순리라며, 저성과 직원을 몰아세우고, 조직에서 배제시키는 행위를 하고 있다. 하지만 저성과의 근거가 명확하지 않다. 그에게 제대로 된 성과를 낼 기회를 주지 못한 리더의 불찰의 결과일 수 있다. 저성과자라고 해서 인격적 모멸감을 주어도 되는 건 아니다. 또한 조직에서 배제시키는 것이 다른 조직원들이 긴장하고 더욱 열심히 하는 결과를 가져 오지 않는다. 오히려 보신주의만 키우고 조직충성도만 낮춘다. 그는 부하직원들 모두 각자의 장점을 가진 사람이며, 누군가 능력이 발휘가 안 되면 최선을 발휘할 수 있는 환경을 만들도록 리더가 노력해야 하며, 지금 당장 성과가 없더라도 인간은 인간이라는 자체만으로도 존중받아 마땅하며, 그도 집에서는 귀한 자식이고, 누군가의 하나뿐인 아버지임을 인식하고 대해야 한다는 새로운 관점을 갖게 되었다. 그리고 포용적이고 수용적인 리더 밑에서 자신도 성장했음을 인지하였다. 이 새로운 사고 체계, 준거의 틀이 마련될 때 인격적으로 성숙한 좋은 리더가 되어 더 좋은 성과를 낼 수 있을 것이다. 따라서 전환학습은 성인의 성숙에 핵심적인 프로세스이다(Mezirow, 1991). 이것은 또한 인본주의적 심리학에 근거한다. 칼 로저스는 "주요 학습은 새로운 사람, 새로운 상황, 새로운 문제에 개방적인 더욱 성숙한 자아를 만든다(Rogers, 1961, p. 15)"라고 하였다.

이러한 관점전환은 일정 단계를 거치게 된다. 메지로우는 대학으로 다시 돌아온 83명의 여성을 심층 인터뷰하여 그들이 10개의 단계를 거쳐서 관점이 전환되는 것을 알게 되었다(Mezirow, 1991; Mezirow & Marsick, 1978). 다음은 메지로우 관점전환의 10단계와 하나의 예시이다.

🏃 메지로우의 관점전환

메지로우의 관점전환의 10단계	예시
1. 혼돈의 딜레마	옆 건물이 사고에 의해 붕괴되고 수백명의 죽음을 목격
2. 죄책감이나 부끄러움을 느끼며 자신을 점검하고	자기 자신의 성공만을 좇으며 살아온 인생에 대한 점검
3. 자신이 가지고 있는 전제를 비판적으로 평가해보고	성공을 하면 행복과 의미 있는 인생을 누릴 수 있다는 생각에 대해 비판적 평가와 성찰
4. 자신의 인식이 전환되는 것이나 다른 사람들도 비슷한 변화를 했다는 것을 인식하게 되고	성공은 끝이 없으나 인생은 유한함을 깨닫고, 많은 사람들이 의미 있는 일에 인생을 바치는 것을 인식
5. 새로운 역할, 관계와 행동을 탐색하고	언어습득에 관심이 많아 이주노동자와 제3세계 아이들에게 한글을 가르치는 봉사활동 탐색
6. 행동을 계획하고	평소에는 이주노동자들에게 위한 봉사, 휴가에는 제3세계 어린이를 위한 봉사를 계획
7. 계획을 실행하기 위한 지식이나 기술을 습득하고	한글을 가르치는 법을 대학 평생교육원을 통해 수학하고 교사 자격 습득

8. 실험적으로 새로운 역할을 수 행해보고	이주노동자들을 위한 한글 학교에서 보조교사
9. 새로운 역할과 관계에서 역량 과 자신감을 쌓고	보조교사를 통해 학생들과 친해지고, 그들이 산 업 현장에서 필요한 한국어를 특별히 더 잘 가르 칠 수 있게 되어 자신감이 생기고, 봉사를 통해 삶에 활력이 생긴 것을 경험
10. 새롭게 형성된 관점으로 만 들어진 조건들 위에 인생을 다시 재정립한다.	조직에서 최고로 성공하고 노후에 하려고 했 던 봉사활동을 하면서 인생이 더 풍요로워짐 을 경험

▌비판적 성찰

전환학습뿐만 아니라 성인학습에서 가장 중요한 개념 중 하나는 성찰
이다. 코칭은 함께 하는 성찰의 과정이라고 볼 수 있을 정도로 코칭에서
성찰은 매우 중요한 개념이다(Kilburg, 2000). 이중고리 학습의 크리스 아지
리스(Argyris, 2002) 역시 성찰의 차원을 넓힘으로써 조직개발과 조직 컨설
팅에 한 획을 그었다. 흔히들 알고 있는 액션러닝 역시 일을 하면서 가지고
있는 전제를 성찰하고 새로운 전제를 세우며 그것을 새로운 행동으로 실행
하고 성찰하는 과정을 통해 조직을 개발하는 방식이다(Revans, 1982).

우선, 성찰이라 함은 어떤 일이 일어난 후에 그것을 돌아보는 인지적
활동이다. 즉 성찰의 재료는 경험이다. 아이들의 학습에서도 경험은 중요
하지만 성인에게 학습은 주로 경험을 통해서 일어난다. 즉 성인은 풍부한
학습의 재료를 가지고 있는 셈이다. 하지만 모든 경험이 학습으로 연결되
지 않는다. 경험을 통해서 쉽게 배우는 사람이 있는가 하면 아무리 좋은
경험을 해도 제대로 배우지 못하는 사람도 있다. 전환학습에서 말한 혼돈
의 딜레마나 그보다 약한 경험의 상황에서 사람의 반응은 다르다. 혼란이
느껴질 때에 이러한 일이 대체 왜 일어났으며 이것이 가진 의미는 무엇인
가? 이런 질문을 던지고 그 답을 찾으려고 하는 사람에게는 학습이 일어
나게 된다(Jarvis, 1992). 즉 학습은 경험으로부터 기인하는 것이 아니라 효

과적인 성찰에 의해 일어난다(Criticos, 1993).

어린 아이가 처음으로 내리막길을 보고 뛰어 내려갔다고 가정해보자. 엄마가 말려도 아이는 계속 뛰고 결국 넘어지고 말았다. 성찰이 없으면 아이는 다음에 또 비슷한 상황을 맞고 상처를 얻게 된다. 여기서 아이와 엄마는 "내리막길에서 뛰면 다치게 되니, 뛰지 말자"라고 성찰하고 새로운 지침을 갖게 될 수 있다. 하지만 "엄마 말을 안 들으면 다치게 된다"라고 성찰할 수 있다. 어떤 것이 참된 성찰일까? 같은 경험이라도 성찰은 달리 되고, 신념이나 관점 형성이 달리 되게 된다. 참된 성찰을 위한 것이 비판적 성찰이다. 앞에서 제시한 전환학습에서의 관점전환은 무조건 관점이 바뀌는 것이 아니다. 더욱 성숙한 방향으로 바뀌고 우리가 사회적 관념이나 구습으로부터 해방되는 것이다. 이런 측면에서 비판적 성찰은 앞서 말한 "해방"의 구체적인 도구가 된다. 관점전환의 중요한 프로세스이기도 하다. 따라서 비판적 성찰을 하기 위해서는 우리가 경험을 이해하는데 영향을 미치는 암묵적 신념이나 가정을 점검해 보아야 한다. 이에 메지로우는 세 가지 차원의 성찰이 이루어져야 한다고 했다. 첫째, 맥락 성찰이다. 이것은 일어난 일을 되돌아보는 것이다. 양상무의 사례에서 보면, 자신이 저성과자에게 잘못된 행동을 지적하고 더 적극적으로 하라고 야단을 치는 상황을 성찰하는 것이다. 만약 변화가 안 일어났다면, 야단을 효율적으로 치지 않아서라고 생각할 수 있다. 두 번째는 프로세스 성찰이다. 이는 그 경험을 어떻게 해석했는지에 대해서 생각해 보는 것이다. 야단을 효율적으로 치는 것을 고민하는 것이 문제 해결에 도움이 되는지 보는 것이다. 야단 말고 다른 방식으로 변화를 유도할 수 있다. 셋째는 전제 성찰이다. 이는 지금의 경험과 문제에 내가 가지고 있는 오래되고 사회적으로 사람들이 그렇다고 믿는 신념과 가치가 어떤 것인지, 그것이 정당한 것인지 성찰하는 것이다. 윗사람은 아랫사람에게 야단을 침으로써 가르침을 주어야 한다는 신념을 가지고 있는 것은 아닌지 성찰하는 것이다. 그리고 자신의 야단맞던 경험이 어떤 결과를 냈는지에 대해서도 성찰해 봄으로써 자신이 가진 신념 자체가 정당하지 않다는 것을 알게 되는 것이다. 진정한 변화와 성장을 위한다면 전제를 비판적으로 성찰해야만 한다.

비판이론가인 브룩필드(Brookfield, 1987)는 이러한 비판적 사고의 5단계를 제시하고 있다. 우선, ① 우리는 내적 불편감과 놀라움을 일으키는 예상치 않은 일을 경험하게 된다. 이것은 메지로우의 혼돈의 딜레마 Disorienting Dilemma보다는 약한 개념이 될 수 있다. 늘 일어나는 일이지만, 어느 날 불편감을 느꼈다면 이에 해당한다. 그러고 나면, ② 우리는 그 상황을 혼자서 들여다본다. 그러면서 자신의 불편감에 대해서 깊이 생각해 보고, 이런 상황을 겪고 있는 다른 사람을 찾게 된다. 그리고 ③ 그 불편감을 없앨 수 있는, 새로운 그리고 색다른 방법으로 그 상황을 다시 설명하거나, 새로운 경험을 받아들인다. 그리고 ④ 다른 역할, 방법 등에 대해서 대안을 개발하고, 실행해 봄으로써 실험을 한다. 이를 통해 새로운 방식과 관점에 자신감을 얻게 되면, ⑤ 새로운 방식을 기존의 방식과 통합하여 인생의 면면과 조화를 시키게 된다.

여기서 코치가 할 일은 그가 현상을 해석하고, 새로운 방식을 학습하도록 하는 것이다. 그리고 그것이 일상에 통합이 되도록 주기적으로 피드백과 응원을 제공하는 것이다. 그러고 나면, 리더의 행동도 바뀔 것이다. 이 과정에서 시행착오는 필수적이다. 다양한 시도를 통하여 새로운 방식을 발견하고, 그것을 기존의 방식에 조화시키면 된다. 하루아침에 다른 사람이나 조직이 될 수는 없다. 환골탈태가 아니라, 진화의 과정을 거쳐 가면 된다.

전환학습을 하게 되면 인간발달이 이루어지며 정신과 의식의 몇 가지 역량이 발달되게 된다. 첫째는 성찰을 수행할 수 있는 '의식 있는 나'가 된다. 일어나는 일에 대해서 비판적으로 성찰하고, 다른 관점에서 그 현상을 바라볼 수 있는 지에 대해서 끊임없이 성찰하면 의식이 깨어있게 된다. 당연한 것을 당연한 것으로 받아들이지 않으며 기존 구습에 질문을 던져 더 이성적인 방향으로 관점을 끊임없이 전환시킬 수 있다. 둘째는 사고능력이 더 변증법적이거나 시스템적으로 전환되어 극단적인 것들도 창조적 자원으로 볼 수 있게 된다. 선과 악과 같이 배타적이고, 경쟁적인 대안이 아니라 그 원형들을 통하게 만들 수 있게 된다. 이는 우리가 세상을 보는 데 있어서 옳고 그름을 따져 양 극단에 놓이거나 어떤 특성을 극단에 놓고 그것이 완전히 다른 것들이라고 보지 않는 것이다. 예를 들면, 흉악한 범 죄자가 있다. 그는 선과 악에서 악이라고 이야기 할 수 있지만, 그가 범죄 자가 될 수밖에 없었던 사회환경이나 양육환경에 대해서도 고려해야 한다 는 것이다. 따라서 악은 처단하는 것이 아니라, 선이 어떻게 악이 되었는 지에 대한 이해를 할 수 있어야 하고, 악이 다시 선이 될 수 있을 지에 대한 관점을 가져야 한다는 것이다. 즉 선과 악은 직선의 양 극단에 존재 하는 것이 아니라, 상호 창조적 자원들로 보고, 창조적인 삶의 해석과 해 법을 만들어 낼 수 있게 된다. 셋째는 세상에 의식 있는 창조적인 힘이 되는 능력이다. 예를 들어 그룹이나 학습공동체에서 담론에 개입하여 담 론의 질을 전환시키는 능력이다. 개인 수준에서 비판적인 사고를 통해 깨 어있는 개인이 되어 더욱 창조적인 해법을 내놓을 수 있을 때, 이것을 우 리가 사는 세상에 영향을 미치도록 하는 것이다. 즉 우리가 속한 사회에 목소리를 내어, 더 좋은 사회를 만드는 역할을 해야 한다는 것이다. 세상 에 담론을 만들거나, 기존 담론에 질문을 던져 새롭게 생각을 할 수 있게 만들어야 한다(Elias, 1997).

▌담화/대화

메지로우는 이러한 관점전환과 비판적 성찰을 함께하는 과정을 담화 Discourse라고 하였다. 이것이 코칭이다. 담화는 한 개인이 가지고 있는 현상 에 대한 해석이나 신념이 정당한 것인지에 대해서 같이 이해하고 점검해 가는 대화를 말한다(Mezirow, 2000). 우리의 새로운 의미가 진실 되고 진정 성이 있는지 그리고 그것이 우리가 할 수 있는 최선의 결과에 도달하게 하는지를 점검하는 하바마스Habamas의 커뮤니케이션을 기반으로 한 학습법에서 개념을 가지고 왔다. 사람들은 혼자서 성찰을 할 때보다 다른 사람과 대화를 할 때 더 현상과 자신의 생각을 잘 이해할 수 있게 된다. 앞서 양상무와의 코칭 대화에서도 그가 가지고 있는 신념이 과연 정당한 것인가를 코치와 함께 이야기해 나갔다. 코치는 적절한 질문을 던지고, 양상무는 질문을 통해 자신이 가지고 있는 문제를 알게 되고, 새로운 관점을 함께 발전시켜 나갔다. 결국 누군가가 전환학습을 도와줄 수 있다면, 담화를 통해서 가능하게 된다. 메지로우뿐만 아니라 다른 전환학습을 연구한 학자들도 이러한 대화를 매우 중요한 도구로 보았다(Boyd, 1991; Daloz, 1986). 특히 전환학습에 있어서 정신분석 접근을 사용한 학자들은 자신의 자아와 집단 무의식의 통합을 위한 여정으로 대화의 중요성을 강조하였다(Boyd). 대화를 통해서 사람들은 자신의 충동, 집착과 열등감을 한 발 떨어져서 점검해 볼 수 있게 된다. 따라서 담화는 코치들이 클라이언트가 혼돈의 딜레마를 발전의 포인트로 삼아 관점전환과 인격 성숙을 꾀하는 수단이 되는 셈이다.

코치를 포함하여 이러한 학습을 촉진시키는 사람들의 조건이나 방식도 논의의 대상이 되어 왔다. 메지로우는 담화를 효과적으로 하기 위한 "이상적" 조건이 있다고 하였다. 즉 이상적인 담화를 이끄는 교육자는 모든 정보를 가지고 있고, 자기 기만으로부터 벗어나, 논쟁을 객관적으로 평가할 수 있고, 공감적이며, 담화에 있어서 다양한 역할에 참여할 동등한 기회를 갖는다고 했다. 메지로우는 이를 어디까지나 이상적 조건이라고 못 박았다. 그러나 이러한 담화를 만들려고 하는 노력이 성인 교육자에게 반드시 필요하다. 그는 "담화는 전쟁이나 언쟁이 아니다. 이것은 합의에 도달하고, 새로운 이해를 만들어 나가는 양심적인 노력"이라고 했다(Mezirow, 1996, p. 170). 성인교육자는 성인들이 언쟁하는 마인드에서 벗어나 다른 사람들의 관점을 공감적으로 이해해야 한다고 강조했다(Mezirow, 1996, 2000). 담화는 일대일 상황에서든, 그룹에서든 정식 교육환경에서든 어디서든 일어날 수 있고 사례도 풍부하게 연구 · 보고되고 있다.

담화에 대해 테일러(Taylor, 2000)는 효과적인 성찰과 이성적 대화가 일어나기 위해서는 신뢰, 우정과 지지가 반드시 필요하다고 강조하였고, 달로즈(Daloz, 1986)는 이러한 성인교육자의 멘토로서의 역할을 강조하였다. 오디세우스의 이야기에 등장하는 멘토는 정체성 발달을 도와주는 존재이다. 선생보다 폭넓은 기능을 수행하게 된다. 그들은 교실에서 지식을 가르치지는 않지만, 일대일 관계에서 개인의 학습 니즈와 학생의 스타일에 맞는 가르침을 주게 된다. 또한 성장과 전환학습에 있어서 이야기의 역할을 강조하였다. 성인들은 이야기를 통해서 삶의 법칙을 마주하게 되고 인생의 변화에 의미를 갖게 된다. 우리는 보통 이야기로 상황을 인식하고, 이야기가 가진 풍부한 은유로 인하여 듣는 이가 자신의 상황에 맞게 재해석하기 때문이다. 좋은 이야기는 사람들의 시각을 바꾸고, 이야기는 우리가 앞으로 어떻게 살아야 할지에 대한 로드맵을 제시하기도 한다. 이런 방식은 우리 성장에 대한 우리의 혜안을 보다 전체론적 입장에서 볼 수 있게 한다.

그럼 클라이언트에게 요구되는 것은 어떤 것들이 있는가? 전환학습에 핵심인 비판적 성찰과 이성적 담화는 인지기능의 성숙이 이루어졌을 때 가능하고, 사람들은 변화의 과정에 대한 인식 없이 관점전환을 경험한다(Merriam, 2004). 즉 이성적 사고와 대화가 가능한 어느 정도의 지적 수준이 요구된다. 정규 학위과정에 있는 대학생과 같은 나이에 학교를 다니지 않는 젊은이들에게 성찰 일지를 작성하게 하였을 때, 정규교육을 받은 학생들이 더 성찰을 잘하고, 그것을 글로 표현하는 능력도 뛰어남을 알 수 있다(Langer, 2002). 전환학습을 야기하는 경험을 했을 때 특히 관점전환이 일어나서 그것이 행동으로 옮겨지는 부분에서는 자동적이기 보다는 노력이 더욱 중요하다고 보았다. 자신의 생각이나 행동방식이 왜 더 이상 먹히지 않는지를 점검하는 것이나, 그럼 새로이 어떤 행동을 해야 하나를 생각하는 데까지는 우연히 일어날 수 있지만, 그것을 실행하는 것은 의식적 노력이 필요하다(Erickson, 2002). 코칭에서 행동변화를 일으켜야 하는 것은 이러한 의식적 노력을 포함한다.

코칭은 컨설팅과 달리 지식이나 해법을 전달하는 것이 주요 기능이 아니다. 오히려 생각하는 방식을 점검하고, 멘탈 모델을 점검하며, 기존의 생각하는 방식을 조금 더 성숙한 방향으로 이끄는 것이기 때문에 정보학습이 아닌 전환학습의 측면에서 접근되어야 한다. 그레이(Gray, 2006)는 심리학이 코칭의 이론적 배경을 제공하고, 많은 심리학적 지식이 코칭계에서 사용되고 있지만, 그들과 더불어 메지로우의 전환학습이 코칭에 훌륭한 패러다임을 제공한다고 제시하였다. 특히 심리치료 교육을 받지 않은 코치들에게는 비즈니스 장면에서 훌륭하게 사용할 수 있는 패러다임을 제공하고 있다(Goode, 2007; Maltbia, 2008).

성인발달

이런 비판적 성찰에 능해지고, 전환학습을 통해 "해방"이 되는 과정을 성인발달이라 보는 견해도 있다. 성인들도, 아이들처럼 계속적인 심리적 성장을 경험한다. 메지로우는 관점전환이 성인발달에 있어서 중심 과정이라고 한다. 로저스는(1961, p. 15) 주요 학습이란 새로운 사람, 새로운 상황, 새로운 문제의 경험에 개방적인 성숙한 자기가 되는 것이라고 정의하였다. 즉 학습을 통해서, 우리는 성숙을 경험하게 되는 것이다. 성숙은 많이 아는 것이 아니라, 계속적으로 새로워지는 것을 의미한다. 이 부분에서는 교육심리학자들이 이야기 하는 성인발달에 대해서 알아보도록 하겠다. 성인들도 인격적으로 성숙을 하게 되는데, 대표적인 학자와 이론으로는 에릭 에릭슨Eric Erickson의 심리사회적 발달 이론, 다니엘 레빈슨Daniel Levinson의 연령에 따른 성인발달 이론, 윌리엄 페리William Perry의 대학생 시절의 윤리적·지적 발달 이론, 로버트 키건Robert Keegan의 성인발달 이론 등이 있다. 이들은 모두 하버드 대학에 재직을 하면서 성인발달 이론을 발전시켰다.

도덕발달로 유명한 로렌스 콜버그Lawrence Kolberg와 스승인 콜버그의 이론이 여성들의 도덕발달을 설명하지 못했다고 주장하며 여성의 도덕발달 이론화를 한 캐롤 길리건Carol Gilligan도 모두 하버드 대학에서 발달 이론을 만들어 내었다. 본 서에서는 이들 중 이들 모두에게 모티브를 준 에릭 에릭슨의 심리사회적 발달을 알아보도록 하겠다.

▌ 에릭슨의 심리사회적 발달 이론

에릭슨은 인간의 발달을 총 8단계로 설명하였다(훗날 9단계를 첨가하였으니, 본 서는 8단계만을 다루도록 하겠다). 에릭슨의 발달 단계는 성인발달 단계를 포함하고 있는 전 생애에 걸친 발달 단계이다. 코칭에서야 성인발달만 다루어도 되겠지만, 사실 코칭을 하다보면 어린 시절의 발달 단계를 이해하는 것이 성인발달을 이해하는 데에 매우 중요하다는 것을 알게 된다. 성인들이 가지고 있는 상당부분의 문제가 어린 시절 제대로 발달하지 못한 데서 야기되는 경우가 많기 때문이다. 또한 클라이언트의 상당수가 코칭 도중 자녀나 가족과의 문제를 토로하기도 한다. 코치가 직접적으로 코칭에 사용하지 않더라도 클라이언트를 더 잘 이해하기 위해서 아동기의 발달 이론을 아는 것이 필요하기에 생후 가장 첫 단계인 1단계부터 설명하도록 하겠다. 또한 에릭슨의 이론을 이해하기 위해서는 프로이드의 심리성적Psychosexual 성격발달 이론에 대한 이해도 선행되면 좋다. 에릭슨은 프로이드의 딸인 안나 프로이드에게 훈련을 받았다. 앞에서 살펴보았듯이 프로이드의 제자들은 대부분 그에게 배우다가 그를 비판하는 다른 이론을 창시하고 자신들의 이론을 발달시킨다. 따라서 프로이드의 정통파 제자는 그의 딸 안나 프로이드뿐이라고 본다. 에릭슨은 그런 안나 프로이드에게 훈련을 받았다. 그리고 그 역시 프로이드의 발달 이론이 성(性)적인 부분에 너무 치우쳐 있으며, 사회적 역동을 고려하고 있지 않다고 하여 심리사회적 발달 이론을 발달시켰다. 또한 20대 이후의 발달도 발달 이론에 포함시킴으로써 인간의 전반적인 발달에 대한 이론을 제공하고 있다. 박스의 내용은 한국 심리학 사전에 나온 프로이드의 심리성적 발달 이론을 발췌하였다.

프로이드의 심리성적 발달 이론

심리성적 발달 단계는 지그문트 프로이드(Sigmund Freud, 1856~1939)가 제안한 발달의 단계로, 인간의 발달이 성 에너지의 집중 부위를 중심으로 단계별로 이루어진다는 이론이다. 프로이드의 성 개념은 일반적인 '성교'의 개념뿐만 아니라 신체에 쾌감을 주는 모든 것을 포함한다(Freud, 1905/1953). 프로이드는 아동의 행동이 쾌감을 주는 행동의 반복으로 이루어져 있으며, 이 행동이 연령에 따라 다른 형태를 보인다는 점에 주목했다. 그리고 이러한 행동이 어른의 성 행동에 다시 나타난다고 보았다. 프로이드는 인간의 발달이 성 에너지가 집중되는 신체적 위치에 따라 입-항문-성기의 순으로 진행된다고 보았다. 첫 번째 단계는 구강기로 이 시기 유아는 입 주변에서 만족감을 느끼며 애착관계 형성의 기틀을 쌓는다. 두 번째 단계는 항문기로, 항문 주위의 활동에서 쾌감을 얻는 단계이다. 다음 단계인 남근기 동안 아동은 이성 부모에 대한 강력한 성적 환상과 동성 부모에 대한 질투를 보이는데, 이러한 용납될 수 없는 감정을 억압하고 부모의 가치를 내면화함으로써 도덕성과 성 역할을 습득한다고 보았다. 이후 성감대에 따른 특징이 두드러지지 않는 잠복기를 거쳐 사춘기 이후의 성기기로 발전한다는 것이 프로이드의 발달 이론이다.

프로이드는 성 에너지를 리비도(libido)라 했는데, 성 에너지가 발달 단계별로 다른 신체 부위에 집중된다고 보았다. 이렇게 성 에너지가 집중되는 부위를 성감대(erogenous zone)라고 하는데, 성감대는 생물학적 요인에 의해 특정 부위로 옮겨진다고 보았다. 성감대의 이동은 아동의 경험과 발달에 결정적인 역할을 한다는 것이 프로이드의 관점이다. 프로이드의 심리성적 단계는 다음의 5단계로 이루어져 있다.

① 구강기(Oral Stage)

처음 태어난 유아는 입 주변에서 만족감을 느끼는 구강기의 상태이다. 인간이 처음 태어났을 때 입 주변의 활동이 많은 것은 사실이다. 신생아의 젖 찾기 반사나 빨기 반사는 이들이 이 시기에 보이는 대표적인 반사 행동인데, 영양분의 공급이라는 점에서 빠는 것은 매우 중요한 행위이다. 프로이드는 "만약 유아가 표현할 수만 있다면, 엄마의 젖을 빠는 행위가 인생에서 가장 중요한 것이라고 말할 것임에 의심의 여지가 없다(Freud, 1920/1965, p. 323)"라고 했다. 그러나 프로이드는 여기서 더 나아가 빠는 행위 자체가 쾌감도 준다고 보았다. 프로이드는 이러한 쾌감을 자애적(auto-erotic) 쾌감이라 했는데, 아기가 자기 손을 빠는 것을 통해, 즉 자신의 몸을 통해 만족을 얻는 것이 그 예이다(Freud, 1905/1953). 이러한 의미에서 구강기의 상태는 나르시시즘(narcissism) 상태라고 묘사되기도 한다(Crain, 2010). 유아는 구강기의 상태이므로 구강 만족을 제공하는 대상자에게 애착이 되는 것은 당연할지도 모른다. 보통 생애 초기의 구강 만족을 제공하는 대상자는 엄마이고, 따라서 아이는 자연스럽게 엄마에게 애착하게 된다. 프로이드(1933/1964)는 "사랑이란 영양공급의 욕구를 만족시키는 애착관계에서 형성된다(p. 188)"고 밝혔다.

프로이드에 의하면 우리는 심리성적 발달 단계를 거치며 특정 단계에 고착(fixation)될 수 있다. 고착이란 특정 발달 단계에서 과다한 만족이나 과다한 좌절을 경험했을 때 생기는 현상으로(Fenichel, 1945), 현재 무슨 단계에 있든지 상관없이 특정 단계의 문제점이나 쾌락에 계속 집착하는 상태를 말한다. 만약 구강기에 고착된다면 우리는 계속 음식에 집착하거나, 사물이나 손톱 등을 물어뜯거나 빠는 행위를 반복적으로 보이며, 이로 인해 만족을 느낀다. 이들은 구강성교에서 쾌감을 느끼기도 하며, 흡연이나 음주에 몰두하게 된다고 보았다(Freud, 1905/1953; Crain, 2010). 정신분석학자들은 일반적으로 과다한 만족보다는 심각한 좌절이 강한 고착 증세를 낳는다고 본다(참고로, 프로이드 자신 역시 지독한 골초였다!).

이러한 고착 증상은 개인이 스트레스를 겪을 때 특히 두드러지는데, 심한 스트레스를 받으면 어린 시절의 특정 발달 단계의 행동이나 특징이 발견되기 때문이다. 프로이드는 이를 퇴행(regression)이라 했는데, 현재의 좌절이 크고 고착의 강도가 클수록 퇴행 경향이 더 강하게 나타난다고 보았다(Freud, 1920/

1965). 예를 들어 스트레스를 받은 성인이 갑자기 손톱을 물어뜯는 행동을 강하게 보인다면, 프로이드의 관점으로는 그가 구강기에 고착되어 퇴행 행동을 보이는 것으로 해석된다.

② 항문기(Anal Stage)

2~3세의 유아는 항문 주위가 성적 관심의 초점이 되는 항문기로 들어가게 된다. 아동이 괄약근을 조절할 수 있을 만큼 성숙하면, 배설을 참아 내다 최후의 순간에 배에 힘을 주면서 배설물을 쏟아 내는 방출의 쾌감을 높이는 행동에 몰두한다. 또 배설물에 자주 흥미를 느껴 가지고 놀거나 만지는 것을 즐긴다(Freud, 1913/1959). 문제는 이 행동이 부모들에게는 용납되지 않는다는 것인데, 따라서 대부분의 부모들은 이 시기 아동들이 준비가 되자마자 배변훈련을 시키기 시작한다.

정신분석가들에 따르면 이러한 부모의 행동은 항문기와 관련된 특징적 성격 유형을 만드는 데 중요한 역할을 한다. 어떤 아동들은 매우 지저분하게 함으로써 부모의 행동에 반항하는데, 이러한 항문기 폭발적(analexpulsive) 성격은 성인이 되어서 나타나기도 한다(Hall, 1954). 어떤 아동들은 부모로부터 거부당할까 두려워하여 오히려 지나치게 청결한 행동을 보이기도 하는데(Freud, 1908/1959) 이러한 항문기 강박적(analcompulsive) 성격을 발전시킨 경우는 분노를 공개적으로 표현하지 못하지만 소극적이며 매우 완곡한 성격을 발전시킨다(Crain, 2010). 매우 검소하고 인색한 사람이 이 예에 해당된다.

③ 남근기(Phallic Stage)

프로이드의 심리성적 발달 단계 중 가장 유명한 단계이자 논란이 많은 단계는 남근기일 것이다. 기본적으로 프로이드는 남아를 중심으로 발달 단계를 논의했기 때문에 대부분의 남근기에 대한 이야기는 남자아이의 이야기가 된다. 프로이드에 따르면 약 3~6세 사이의 남자아이들은 "너무나 쉽게 흥분하고 변화무쌍하며, 감각으로 충만한(Freud, 1923/1960, p. 246)" 자신의 성기에 대해 높은 관심을 보인다. 이 시기 아동들은 곧잘 자신의 성기를 만지고, 타인과 비교하며, 여자들의 성기를 보려고 한다. 그리고 남성으로서 자신의 역할을 상상하기 시작하며 고정관념적인 공격적이고 영웅적인 모습을 상상하고는 한다(Crain, 2010).

이들이 영웅으로서의 자신을 상상하는 환상에 빠져 이를 실험해 보려고 하는데 첫 대상은 엄마이다. 그러나 이들은 엄마와 어떠한 성적인 유희도 실행할 수가 없는데, 그 대표적인 이유는 엄마의 옆에는 아버지라는, 매우 강력한 경쟁 상대이자 원하는 것을 무엇이나 다 할 수 있는 존재가 있기 때문이다(Crain, 2010). 프로이드에 따르면 이 시기 남아에게 아버지는 경쟁자이며, 이로 인해 아버지에 대한 강한 질투와 증오를 발달시키지만, 그에 대한 경쟁심을 표현할 수는 없다(Freud, 1924/1959).

첫 번째 이유는 아버지에 대해 질투를 느끼지만 그들은 여전히 아버지를 사랑하고 필요로 한다. 두 번째 보다 근본적인 이유는 이들이 거세 위협(castration anxiety)을 느끼기 때문이다. 실제 프로이드가 살던 시대에는 남아들이 자위를 하면 공공연히 거세의 위협을 주고는 했다. 따라서 남근기의 남아들은 자신의 용납될 수 없는 감정을 아버지가 알게 된다면 자신의 성기를 거세시키는 처벌을 가할지도 모른다는 잠재적 공포를 느끼게 된다. 프로이드는 이러한 복합적 감정을 자기도 모르는 사이에 아버지를 살해하고 어머니와 결혼한 그리스 신화의 오이디푸스의 이야기를 따서 오이디푸스 콤플렉스(Oedipus complex)라고 불렀다(Crain, 2010).

오이디푸스 콤플렉스는 다양한 방어기제를 통해 해결할 수 있다(Freud, 1923/1960). 가장 대표적인 방식은 억압(repression)을 통해 용납되지 않는 욕망을 무의식 속으로 밀어 넣는 것이다. 보다 적극적인 방식은 아버지에게 느꼈던 적대 감정은 억압하는 동시에, 아버지처럼 어른이 되어 보려고 하는 것이다. 이를 동일시(identification)라고 하며, 이들은 이제 아버지와 싸우는 대신 좀 더 아버지와 같은 사람이 되려고 노력한다(Crain, 2010). 또 이러한 과정을 통해 남아들은 '남성성'이라는 성 개념과 역할을 습득하게 된다.

또한 이러한 과정은 초자아(superego), 즉 프로이드의 관점에서는 '양심'이라고 할 수 있는 성격의 구조를 만들어 내는 단초가 된다. 이를 통해 아동들은 부모의 도덕적 금지를 자신에게 내면화하며 이전 시기까지 순전히 처벌의 위협에 의해 행동을 통제하던 것을 넘어서 자기 자신을 비판할 수 있는 기제를 만든다. 프로이드는 다음과 같이 말했다.

"(약 5세 무렵) 최소한 일부의 외부 세계는 포기되며, 동일시를 통해 자아로 흡수되어 내부 세계가 된다. 이 새로운 심리적 구조는 이후 개인의 외부 세계에서의 행동에 지속적인 영향력을 미친다. 이 구조는 자아를 관찰하고, 명령을 내리고, 판단을 하고, 처벌의 위협을 주는, 부모와 완전히 똑같은 역할을 하게 된다. 이 구조를 초자아라고 부르며, 우리의 양심에 있는 평가 기능으로 관찰할 수 있다(Freud, 1940/1964, p. 205)."

프로이드는 여아에게도 오이디푸스 콤플렉스가 있다고 생각했다. 하지만 "여아는 알지 못하는 어떤 이유 때문에 훨씬 애매하고 불완전하다"라고 밝혔다(Freud, 1924/1959, p. 274). 여아의 경우 이 시기에 자신에게는 음경이 없다는 사실에 분노하며, 자신을 불완전하게 만든 엄마에게 비난의 화살을 돌린다(Freud, 1925/1961). 이러한 현상은 남근 선망(Penis envy), 즉 남근을 갖고 싶어 하는 욕망이라 일컫는다(Crain, 2010). 여아들은 남근 선망을 아버지에 대한 사랑을 통해 해결하려 하지만 역시 아버지 곁에는 어머니가 있으며, 남아와 마찬가지로 이들 역시 어머니에 대한 경쟁심을 보이게 된다. 프로이드는 이러한 상태를 엘렉트라 콤플렉스(Electra complex)라고 불렀다(Freud, 1940/1964).

문제는 이러한 콤플렉스를 해결하려는 동기가 여아에게는 약하다는 것이다. 여아는 거세될 남근이 없고, 따라서 거세 불안도 느낄 수가 없다. 이들도 부모의 거부를 두려워하여 결국 초자아를 형성하지만 거세 불안이 없는 만큼 더 약한 초자아를 형성할 수밖에 없다(Crain, 2010). 이러한 관점에서 보면 여성은 도덕성을 남성보다 덜 발달시키며, 도덕적 논리가 아닌 정서에 의해 보다 좌우되는 존재라는 결론에 이르게 된다(Freud, 1925/1961).

④ 잠복기(Latent Stage)

6세에서 사춘기 이전까지 아동들은 성적이나 공격적인 환상들이 대부분 드러나지 않는 잠복기 상태에 들어간다. 프로이드는 이 시기의 억압은 매우 전반적이어서 남근기뿐 아니라 구강기나 항문기의 요소까지도 모두 억압된다고 보았다(Freud, 1905/1953). 이제 이들은 위험스런 충동에 방황하지 않고 비교적 평온하게 자신이 원하는 스포츠 활동이나 지적 활동 등 사회적으로 용인되는 일에 에너지를 쏟는다(Crain, 2010).

⑤ 생식기(Genital Stage)

하지만 이러한 잠복기의 안정성은 오래가지 못한다. 곧 이들이 사춘기에 들어서기 때문이다. 사춘기가 시작되면 성적 에너지가 다시 분출하는데, 남근기와 다른 점은 이들은 그러한 감정들을 현실에서 수행해 볼 만큼 성장했다는 점이다(Freud, 1920/1965). 이들은 이제 부모로부터 독립하여 성적 파트너를 발견하려 하며, 아버지와의 경쟁심 역시 버리고 아버지의 지배로부터 자유로워지고 싶어 한다. 이러한 특징들이 두드러지게 표현되는 시기가 바로 청소년기이다.

사실 생식기에 대한 프로이드의 언급은 그다지 많지 않다. 청소년기에 대해서는 오히려 프로이드의 딸인 안나 프로이드(Anna Freud, 1895~1982)가 아버지보다 더 자세히 언급하고 있다. 그녀는 청소년기의 방황과 혼란을 프로이드의 오이디푸스적 감정의 부활을 통해 설명하려 했다(Freud, 1936). 그리고 이 시기 청소년들의 행동이 정상적이며, 자신이 독립하고자 하는 정신분석학적 이유에서 비롯된다고 보았다. 청소년기에 대한 안나 프로이드의 언급은 그녀와 같이 정신분석학을 통해 교류했던 에릭슨(Erik Erikson, 1902~1994)의 청소년기 자아 정체감 이론을 만드는 데 중요한 공헌을 했다.

- 심리성적 발달 단계[psychosexual development]
(심리학용어사전, 2014. 4., 한국심리학회)

에릭슨은 인간이 발달하는 데에는 각 단계별로 심리사회적 과제와 위기를 겪게 된다고 설명하고 있다. 즉 사람은 태어나면서부터 그 단계에 맞는 과제들을 해결해야 하는데, 이는 양육과정이나 발달 단계에서 충족이 되기도 하고 그렇지 못하기도 한다. 그러한 과제들은 그 단계의 발달을 이루어 내면 긍정적인 심리적 특성을 갖게 되고, 그렇지 못하면 부정적인 심리적 특성을 갖게 된다고 보았다. 이는 평생을 통해 단계별로 이루어지나 삶의 행로에 따라서 각기 앞 단계의 위기를 다시 겪게 되고 새로운 심리적 특성을 통해 자아를 이루어 간다고 보았다. 나이는 대략적인 지표일 뿐 절대적이지 않으며, 사회발달이나 환경의 변화 등에 의해 유동적으로 해석될 수 있다. 다음은 1950년 미국에서 발행된 그의 대표저서 《유년기와 사회Childhood and Society》(Ericsson, 1950)에 소개된 내용으로 현재 한국과는 꽤 온도차가 있을 수가 있다. 하지만 전반적인 흐름은 현 시대에도 유효하며 많은 연구가 현재에도 진행되는 주요 이론으로 인간의 이해에 큰 도움을 주고 있다.

1단계: 기본적 신뢰 대 기본적 불신

태어난 직후 0~1세까지 아동들은 양육을 통해 신뢰와 불신이라는 과업을 갖게 된다. 이 시기 양육자들은 아이들의 울음과 기본적인 반응을 통해 아이들의 니즈를 채워주게 된다. 아기는 배가 고프면 어머니가 젖을 물리고, 놀라거나 고통스러울 때는 어머니가 자신을 안심시켜줄 것이라고 믿는다. 따라서 양육자가 아기의 욕구에 민감하게 반응해주고 어머니가 기대한 것을 충족시켜줄 때 아이는 어머니에게 신뢰를 형성하게 된다. 또한 어머니 스스로가 자신에 대한 신뢰를 가지고 아이를 돌봄으로써 상호 간의 신뢰가 형성된다. 아기는 타인이 자기의 요구에 응해준다는 믿음과 자기 신체의 충동에 차차 익숙해짐으로써 자신에 대한 신뢰를 발달시키게 된다. 또한 양육자가 자기를 해하지 않을 것이라는 것을 신뢰하는 능력을 발달시킨다. 이 시기에는 아이가 스스로 신체와 환경에 적응하는 것을 제외하고는 양육자에게 주로 영향을 받는다. 또한 이 시기의 양육 상태를 기억하는 사람은 없다. 따라서 양육자가 어떻게 양육을 하느냐를 통해 이 과업이 완성되기도 하고 그렇지 못하게 되기도 한다. 이는 자아가 수행해야 하는 최초의 과업이자 모성적 보호가 떠안은 최우선의 과제이기도 하다. 이는 부모가 얼마나 많은 양의 음식을 제공하고 사랑을 표현하느냐 보다 얼마나 섬세한 보살핌을 주느냐가 질적인 면에 더욱 큰 관련이 있다. 따라서 아이의 울음소리에 음식으로 답할 것인지, 잠을 재워 줄 것인지가 제대로 이루어졌을 때 아이는 기본적으로 세상을 신뢰할 수 있는 능력을 발달시킨다. 반대로 제대로 니즈가 충족되지 않은 아이들의 경우는 자신과 남을 신뢰하는 능력을 제대로 발달시키지 못하게 된다.

이런 환경은 부모의 지위나 사회적 위치, 경제적 상황들과 관련이 없다. 얼마나 좋은 옷과 음식을 제공하느냐가 아니라, 얼마나 아이의 니즈 충족에 관심을 가지고 그것을 충족시켜 주었느냐이다. 이 시기에 제대로 양육 받지 못한 사람은 기본적으로 인간에 대한 신뢰가 약하다. 따라서 성인기에 이르러서도 사람들을 믿지 못하고, 자신에게만 탐닉하는 특성을 가진다. 일찍이 성공을 하여 부를 쌓은 강사장은 이러한 특성을 가지고 있다. 그는 남들을 잘 믿지 못하여, 그 누구에게도 일을 나누어주지 않고, 본인이 다 챙겨야 한다. 또한 자신의 사업적 이익을 다른 사람들과 잘 나누지도 못한다. 그의 이야기를 깊이 들여다보면 자신이 원하는 것이 이루어지지 않을 것이라는 불안이 존재하고 있지만, 본인은 그것을 인정하지 않고 각종 고급 물건을 사고, 과시하는 데에 몰입을 하는 모습을 보인다. 이런 사람들의 경우는 신뢰의 과업이 제대로 이루어지지 않은 경우이다.

2단계: 자율성 대 수치심과 의심

보통 1~3세의 아이들은 신경과 근육의 발달로 이 시기가 되면 혼자서 걸을 수 있고 의사를 말로 표현할 수 있으며 배변훈련을 받을 수 있는 능력이 생긴다. 자기 신체에 대한 통제가 점점 가능해 지면서 유아가 신체적으로나 심리적으로 독립적이 되면서 부모와의 관계에서나 유아자신의 욕구 간에 충돌이 일어날 수 있다. 유아가 자기 주장을 하기 시작하며, 부모는 배변훈련을 포함한 여러 가지 습관훈련을 하기 시작하므로 부모와 유아 사이에 충돌이 일어난다. 프로이드 역시 배변훈련 과정에서 겪게 되는 자기 통제에 대한 쾌락을 중시하였는데, 이는 배변훈련뿐만 아니라 생활 전반에서 일어나게 된다. 이때 부모는 아이가 자신감을 잃지 않고 자신을 통제할 수 있다는 느낌을 발달시킬 수 있는 지적인 분위기를 만들어 주는 것이 필요하다. 아이의 신체발달 단계에 적절한 활동을 할 수 있게 함으로써 자율성이 발달하지 못하면 수치와 의심이 발달하게 된다. 부모에 대한 기본적 신뢰가 충분이 발달되지 못한 상태이거나, 배변훈련이 너무 빠르거나 너무 심할 때 혹은 과잉 통제하는 부모 때문에 유아의 의지가 손상될 수 있다. 이런 아이들은 수치심을 느끼게 된다. 수치심이란 우리가 남들 앞에서 바지를 내리고 있을 때, 누군가 나를 보고 있음을 알게 될 때 느끼는 감정이다. 이는 자신의 자율성이 침해되었을 때도 느껴지는 감정이다. 부모들이 아이를 훈육하기 위해서 사람들 앞에서 아이를 놀리거나, 자신이 통제할 수 없는 일을 해내지 못 했을 때 야단을 치는 행동은 아이들에게 수치심을 불러일으키게 된다. 이러한 과도한 수치심은 올바른 태도를 만들기는커녕 수치심을 주는 대상을 제거하고 싶은 충동을 갖게 하여, 반항적이고 뻔뻔스러운 태도를 낳기도 한다. 또한 의심은 수치심의 형제이다. 수치심을 불러일으킬 것 같은 상황과 사람에 대해서는 의심을 하는 태도를 키우게 된다. 이 단계에서는 사랑과 증오, 협력과 아집, 그리고 자유와 억압의 상호 비율이 정해진다. 자존감의 상실 없는 자기 통제로부터 영속적인 선의와 자부심이 생겨나고, 자기 통제의 상실과 외부의 과잉 통제가 있을 경우에는 뿌리 깊은 의심과 수치심의 경향이 생겨난다.

앞에 무의식에 대해서 설명하면서 언급하였던 이부장의 참을성 없고, 강박적인 성격은 이 시기에 제대로 과업을 통과하지 못했기 때문으로 분석될 수 있다. 그는 부하직원들이 일을 제대로 하지 못할 것이라는 의심과 그들을 통제하지 못하고 있다는 수치심에 사로잡혀 있음을 알게 되었다. 그의 의심이나 수치심은 부하직원들로부터 나오는 것이 아니라 본인의 내면에서 나오는 것이 투사되는 것임을 알게 되면서 자기 인식의 폭이 넓어지고, 그것을 다루는 인식방법을 개발하게 되었다.

3단계: 주도성 대 죄책감

어린 시절 아동들은 신체가 가진 한계로 인한 실수나 두려움들이 몸이 자라나면서 생기는 능력을 통해서 갑자기 해결되는 것을 경험한다. 몸에 대한 통제가 높아지면서 실수나 실수에 대한 두려움도 급격히 줄어든다. 4~5세의 아동들의 기본적 행동양식은 침입이고 주도적이고 목표를 정하여 추진하고 경쟁하는 것이다. 공격과 정복에 쾌락이 있게 된다. 아동은 신체적인 공격으로 타인의 신체에 침입하고 공격적인 언사로 타인의 귀와 마음속으로 들어가고 격렬한 운동으로 공간으로 들어가고, 호기심으로 미지의 세계로 들어간다. 또한 부모를 대상으로 인식한다. 이때 아이들은 힘이 세고 멋져 보이는 부모처럼 되고 싶어 하고 부모와 동일시 하고자 한다. 자신이 주도성을 갖고 싶어 하는 영역을 누군가 이미 차지하고 있다면 이들은 경쟁자가 된다. 질투를 느끼게 되고, 그것을 획득하지 못하면 체념, 죄의식, 불안을 느끼게 된다. 이 시기에 아이가 자기 통제와 자기 억제를 과도하게 발달시킬 때, 부모가 요구하는 것보다 더 순종적인 태도를 발달시킬 때, 또는 부모 스스로 주도성을 가지고 살지 못하는 모습을 보면서 지속적인 퇴행과 깊은 분노를 경험할 때 부모에 대한 증오를 발전시킨다. 즉 아이의 주도성의 과도한 침해는 아이의 내면에 깊은 죄책감과 분노를 내재하게 된다. 이러한 성향은 극단적인 도덕주의로 발전하기도 하는데, 이러한 사람들은 자신의 영역에서 저지르지 못하는 비도덕적인 행동을 타인의 영역에서 쉽게 저지르기도 한다. 죄의식 외에도 이 시기의 아이들은 가치 있는 인간이 되기 위해서 항상 무엇을 해야 하고 항상 경쟁해야할 것 같은 위험을 느낀다. 이때 죄책감이 많이 발달한 아이들은 나중에 성인이 되어 지나치게 움츠러들거나 반대로 지나치게 과시하는 행동을 보이기도 한다.

어린 시절부터 줄곧 우등생이었으며 성공한 최 부장검사는 최근 불미스러운 일에 연루가 되었다. 저녁이 되면 젊은 여성들을 뒤쫓아 다니며 음란행위를 하다가 발각이 된 것이다. 그는 바람둥이인 아버지에게 학대

당하면서도 순종하며 살아가는 어머니의 하나뿐인 아들로 성장하였다. 불쌍한 어머니를 위하여 순한 모범생 아들로 성장해야 했고, 싫어하는 아버지의 모습을 닮지 않으려고 끊임없이 자신을 채찍질 하였다. 그는 성적인 문제에서 매우 보수적인 모습을 가지고 있었으며, 굵직굵직한 사건에서 아주 강직한 모습을 보여 주변의 존경을 받던 인물이었다. 그런 그에게 그런 모습이 있는 것을 보고 주변 사람들은 경악을 금치 못했다. 그는 어린 시절 부모의 모습에서 느낀 분노와 죄책감으로 주도성을 발전시키지 못한 것으로 보인다. 모범생, 도덕주의자의 모습을 가졌지만, 자기의 성장 터전이 아닌 지방 근무지에서 비윤리적인/불법적 행위를 저지름으로써 뒤늦은 "침입"을 행한 것으로 보인다.

4단계: 근면성 대 열등감

6세부터 사춘기에 이르는 기간 동안 아동은 학교생활을 시작하게 된다. 이때 아동은 지식획득과 일이 있는 더 넓은 세계로 들어가기를 원한다. 학교에 입학해서 그 사회가 요구하는 기술과 지식을 배워야 한다. 즉 도구적인 세계에 적응을 해야 한다. 여기서 성공적인 경험은 아동에게 능력과 자신감, 근면성을 느끼게 해주지만 실패는 열등감과 자기는 아무 곳에도 쓸모가 없다는 느낌을 갖게 한다. 아동은 일을 잘 하려고 하고 시작한 것은 완성하려 한다. 이때 맞닥뜨릴 수 있는 위험은 무능감과 열등감이다. 자신이 학업과 아이들과의 관계에서 자신의 지위에 실망할 때, 즉 일에 참여한다는 희망을 잃을 경우 아이는 상대적으로 더 고립되어 있고 덜 도구적인 가족 내의 경쟁관계로 돌아갈 수 있다. 따라서 양육자가 아동의 학교생활에 준비를 제대로 시켜주지 못했거나 학교생활 초기 단계의 가능성들을 유지시켜주지 못했을 때 아동의 발달은 중단된다. 그러나 이때 위험 요소 중 하나는 도구적 세상에서의 자신과 자신의 영역을 한정해 버리는 것이다. 즉 일을 자신의 유일한 책무이자 자신의 가치에 대한 유일한 기준으로 받아들여 기술자체와 기술을 이용하는 위치에 있는 이들에게 아무 생각 없이 순응하는 노예가 되어 버린다. 즉 성적과 일에 대한 평가의 노예가 되어버린다. 이 시기는 앞의 세 단계와는 달리 내적인 욕구 출현이 없는 심리적 잠복기이다.

정량적 평가와 줄 세우기를 일반적으로 하는 한국의 교육 시스템에서는 능력 있는 많은 아동들이 쓸데없는 열등감을 느끼게 된다. 수학 성적은 세계 1위이면서, 수학을 못한다고 느끼는 아이들의 비율이 여타 선진국에 비해 매우 높다. 즉 적정수준의 학업성취를 하고도 본인이 열등하다고 느껴버리게 되는 것이다. 이런 상황은 성인이 되어서 본인이 직업이나 일의 세계에서 인정을 받고 싶다는 열망을 키우고, 내적인 만족이나 본인의 목표가 아닌 외부의 평가에 매달리게 되는 경우가 많다. 학업 스트레스로 인한 10대 자살률이 세계 1위인 것은 단순히 아이들의 문제가 아니다. 적정 수준의 근면성을 달성하고도 열등감을 느껴서 평생 평가의 노예로 사는 많은 성인들의 문제로 이어지기 때문이다.

5단계: 정체성 대 역할 혼란

사춘기를 지난 청소년은 급격한 신체성장과 생리적 변화, 익숙하지 않은 성적 충동들로 인해 자기의 신체에 대해 새로운 느낌을 갖게 된다. 이런 변화는 상급학교와 직업을 선택해야 하는 사회적 압력과 함께 청년들이 여러 가지 역할에 대하여 생각해 보게 한다. 이 시기의 기본 과업은 아동기부터 해온 여러 가지 동일시를 더욱 완전한 하나의 정체Identity로 통합하는 것이다. 그들은 자신이 생각하는 스스로의 모습과 다른 사람들의 눈에 비친 자신의 모습이 어떻게 다른지에 대해서 신경을 쓰게 된다. 또한 이전에 습득된 역할과 기능을 앞으로의 직업적 원형에 어떻게 연결시킬 것인가 고민한다. 이 과정에서 그들은 부모처럼 자신들에게 전적으로 우호적이었던 사람들을 적으로 만들기도 하고, 그들이 우상이나 이상형으로 여기는 이들을 정체성의 핵심으로 여기기도 한다.

에릭슨은 전체(통합된 정체)는 부분(이전의 동일시)의 힘보다는 더 크다는 것을 강조한다. 이와 같이 새로 형성된 정체는 새로운 욕구, 기술, 목표와 잘 부합된다. 하지만 대부분의 경우 이 시기의 청소년들을 괴롭히는 것은 확고한 정체성을 가질 수 없다는 것이다. 스스로를 지탱하기 위해 자신이 일시적으로 본인의 정체성을 완전히 잃을 정도로 무리와 군중의 영웅들에게 과잉 동일시하게 된다. 이때 사랑에 빠지는 경험을 하는데, 이 시기의 사랑은 대체로 자신의 혼란스러운 자아상을 누군가에게 투사함으로써, 그리고 그 사람에게 비친 자신의 자아상을 보다 분명하게 바라봄으로써, 자신의 자아를 규정하려 하는 노력이다. 그래서 그들의 사랑에는 대화가 많은 부분을 차지하게 된다. 만일 청년이 그의 동일시와 역할 혹은 단편적인 자기 자신에 대한 개념들을 전체적인 하나로 통합할 수 없으면 그는 역할 혼란을 맞게 된다. 그의 성격은 분열되어 핵심이 없어진다. 이 단계는 자기 자신이 되느냐 되지 못 하느냐의 문제가 기본 과제이다. 청년은 친구들과 클럽 활동과 종교, 정치운동 등을 통해서 진실한 자기를 추구한다. 이와 같이 이들이 속한 집단들은 청년이 상점에서 맞는 것을 찾을 때까지 여러 가지 옷을 입어 보듯이 새로운 역할을 시험해 볼 기회를 제공한다. 이러한 놀이는 그 사회의 가치에 구체적인 영향을 받는다. 또 이 시기의 청소년들은 매우 배타적일 수 있다. 그들은 외집단과 내집단을 구별하는 기준, 피부색, 문화적 배경, 취미와 재능, 그리고 사소한 표식, 옷이나 제스처 등에서까지 자신들과 다른 이들을 잔인하게 배척한다. 이러한 편협함을 정체성 혼란에 대항하려는 방어 수단으로 이해해 주는 것이 매우 중요하다.

대학생이나 사회초년생들이 성인의 몸을 가지고 있으나 자신이 어떤 사람이며, 무엇을 원하는지에 대해 관심조차 없는 경우를 많이 본다. 대학생 코칭 시 많이 나오는 이야기는 부모님의 바람에 대한 이야기이다. 부모님이 바라는 뚜렷한 자아상의 무게에 치여서 자신의 자아상을 찾아 보려 하지도 않고, 맞출 수도 없는 기준을 향해서 그저 최선을 다해야 한다는 생각을 가진 이들이 많다. 부모님의 바람이 아니더라도 사회적으로 획일화된 삶을 강요하는 사회 분위기에 자신의 정체성을 형성해 가는 것 자체가 성장의 과정이 아니라 장애물 넘기 수준으로 힘들어 지고 있다. 이에 코칭에서는 이러한 정체성 확립을 위한 자기 인식의 확장이 필요하다. 그러나 이는 단순히 청년기의 문제만은 아니다. 많은 성인들이 비슷한 상황을 경험하고 있다.

6단계: 친밀 대 고립

앞 단계에서 합리적으로 잘 통합된 정체감이 형성되면 타인과의 심리적 친밀감의 형성이 강해진다. 자기의 정체를 잃지 않고 다른 사람이나 이성과 융합될 수 있다. 이성과 친밀한 관계를 형성하더라도 동성 친구와의 우정을 유지할 수 있다. 친밀감은 상당한 희생과 포기가 따를지라도 귀속과 협력 관계를 굳건히 하고 그러한 관계를 지탱하는 윤리적 힘을 발달시키기 위해 개인이 헌신할 수 있는 능력을 요구한다. 관계를 발전시키기 위해서는 자기를 포기해야 하는 상황이 있게 되는데, 이럴 때에 자아를 잃어버릴지도 모른다는 두려움이 생기게 되고, 성인은 이에 맞서기 위해 여러 종류의 갈등을 다스릴 수 있어야 한다. 예를 들어 가부장적인 집안에서 자란 남성과 남녀가 평등한 가정에서 자란 여성이 함께 살기 위해서 기존에 가지고 있던 자신들의 가치와 생활방식을 조정하고, 새로운 규칙을 만들어 가야 하는데, 그 과정에서 내외부적 갈등을 겪게 된다. 이런 경우 본인이 기존에 가지고 있던 자아를 상실할지도 모른다는 두려움으로 그러한 경험을 회피하는 경우 개인은 깊은 고립감과 그에 따르는 자기 몰입에 빠질 수 있다. 이러한 경우에 대인관계가 상투적이고 공허해져 간다. 친밀감의 한 면은 우리라는 결속감이고, 자신들에게 위협적인 사람들에 대한 방어이다. 친밀함과 상반된 개념은 거리두기Distantiation로 자신의 본질을 위협하는 특질을 가진 힘이나 자신의 친밀한 관계를 침범하는 "세력권"을 가진 사람들을 물리치려는 태도를 가리킨다. 자신의 정체성의 변화를 만들 것 같은 사람들은 멀리하려는 태도이다. 이런 태도로 일관하여 이성과 친밀감을 가지려는 시도가 실패하면 고립 속으로 빠져들게 된다. 이런 친밀한 관계를 회피하게 되는 고립은 심각한 성격적 문제로 이어질 수 있다.

에릭슨은 프로이드가 유아기에 그 특성을 가지고 있다고 본 진정한 성적 특성이 이 단계에서야 발달한다고 보았다. 프로이드는 인간적인 삶을 "일하고 사랑하는 것"으로 보았다. 여기서 사랑은 육체적 사랑과 정신적 사랑을 둘 다 포함하는 것이다. 인간은 성적인 즐거움을 상호 간에 느껴야 한다. 또한 동시에 의무와 신의 관계가 요구되는 상황에서는 상당한 좌절 역시 감내할 수 있어야 한다. 그는 친밀한 이성관계를 맺기 위해서는 ① 상호 간의 성적 만족감 ② 사랑하는 상대 ③ 이성애 ④ 상호 신뢰를 공유할 능력과 의지를 가지고 있는 사람 ⑤ 일, 출산, 여가의 주기들을 함께 조절할 능력과 의지를 가지고 있는 사람 ⑥ 자녀에게도 만족스러운 발달단계들을 보장해 줄 수 있는 능력의 조건을 갖추어야 한다고 제시하였다. 이러한 유토피아적 상황은 한 개인의 문제라고 보기보다 하나의 문화 양상으로 발달될 때 더욱 가능하다고 보았다.

실적뿐만 아니라 사회적 명성이 높은 장사장은 고립의 위기를 맞았다. 20대 후반 유학을 앞두고 애정이 없는 여인과 결혼을 하였다. 보수적이고 극단적으로 내향적인 부인과 성적인 교감도 서로에 대한 바람도 이야기를 나누어본 적이 없다. 그는 늘 도서관과 연구실에서 대부분의 시간을 보냈고, 달콤한 신혼생활도 없었다. 그는 한 번도 자신의 이야기에 반대의견을 내거나, 의사결정에 자신의 목소리를 내지 않아 부부싸움 한 번 한 적 없는 부인과의 오랜 결혼생활에 만족하고 있었다. 대기업 근무를 하다가 기술창업을 한 그는 마흔이 넘어 동종업계 연구원 여성에게 사랑을 느끼게 되었다. "상당한 희생과 포기가 따를지라도 귀속과 협력 관계를 굳건히 하고 그러한 관계를 지탱하는 윤리적 힘을 발달시키기 위해 개인이 헌신할 수 있는 능력"을 발달시키지 못한 그는 그녀와의 새로운 인생을 약속하고 쉽게 불륜관계에 빠지고 말았다. 상호 성적 만족과 강한 이성애를 경험하였다. 그러나 그 관계도 오래가지 못했다. 그는 그녀와의 사랑을 지속하고 싶어 하였지만, 부부관계를 정리하고, 새로운 삶을 설계해 나가는 데에 실패하였다. 말로는 약속하였지만, 결국 새로운 관계에서도 자기 희생이나 포기는 할 수 없었고, 헌신할 능력이 없는 그는 신뢰를 형성하고 삶을 함께 꾸려나가는 데에 일어나는 갈등을 견뎌낼 자신이 없었다. 마당발로 소문이 난 그는 심리적 위기에도 마음을 터놓을 친구 한 명 없을 정도로 대인관계가 공허함을 스스로 깨닫게 되었다. 무책임한 그의 태도에 실망한 사랑하는 여인은 떠나게 되었고, 그는 가정으로 돌아갈 수도 없었다.

7단계: 생산력 대 침체

성숙한 인간은 누군가에게 필요한 존재가 되어야 하며, 성숙은 낳고 보살펴주는 존재로 성장해 나가는 것이다. 생산성이란 자녀교육이나 창조적인 활동 혹은 생산적인 활동을 통해서 다음 세대를 키우고 교육하는데 대한 관심을 말한다. 두 사람의 육체와 정신이 만나는 가운데 자기 자신을 버릴 수 있는 능력이 점진적으로 자아에 대한 관심을 외부로 확대시키고 그 관심 에너지를 태어날 존재들에게로까지 확대시키는 것이다. 그러나 이러한 확장된 관심이 전반적으로 결핍되면 가짜 친밀Pseudo-intimacy에 대한 강박적 퇴행이 일어나고 이 과정에서 침체와 개인적 황폐화가 일어난다. 이 경우 개인은 마치 스스로가 자기 자신의 외동아이인 것처럼 자기 자신에게 탐닉하기 시작한다. 또한 이러한 육체적 또는 심리적 병약함은 자기중심성의 토대가 된다. 그러나 아이를 원하거나 가졌다고 해서 이 생산성이 "획득"되는 것이 아니다. 오히려 아이를 낳고, 이 생산성의 부재는 양육을 고행으로 만들게 된다. 이런 현상의 원인으로는 유년기 초기의 영향, 극단적 어려움을 겪으며 성인이 된 이들의 과도한 자기애, 그리고 "사람에 대한 믿음"의 결여에서 주로 발견된다. 1, 2단계의 과업의 실패가 성인기에 다시 드러남으로써 위기에 봉착하게 되는 셈이다.

이 단계에서는 단순하게 아기를 낳아 기르는 생산성 포함, 미래에 대한 신념, 자기 종족에 대한 믿음, 다른 사람들을 돌보는 능력 등이 필요하다. 이 단계의 기능은 세대를 타고 이어오는 사회의 연속성을 유지하게 하는 것이다. 생산성 부족은 자기몰입, 지루함, 심리적 미성숙으로 표현된다.

　어느 정도의 성취를 이룬 성인들이 사회 공헌에 관심을 갖는 것은 이러한 과업이 성공적으로 이루어지고 있음을 말해주는 것이다. 대기업의 강전무는 전형적인 성공한 샐러리맨이다. 실적이 좋았고, 운도 좋아서 승진 시기 한 번 놓치지 않고 계속 승진을 하였다. 최근에는 유럽 법인장을 지내고 돌아왔다. 사내에서 그는 다가가기 어려운 별과 같은 존재이다. 그가 4년의 해외생활을 마치고 전무로 승진을 하자, 부하직원들과의 거리는 더욱 멀어졌다. 코칭을 마치고 나오면 그를 만나야 하는 사람들이 줄을 서서 기다리고 있었다. 그러나 그는 외로움을 호소하였다. 전학을 온 어린 소년과도 같아 보였고, 가보지 않는 길을 가는 두려움을 감추고 앞으로 나아가는 청년과도 같았지만, 부하직원들이나 상사들이 보는 그는 "강성의 엘리트" 임원일 뿐이었다. 그는 유럽에서 일을 하면서 깨달음을 얻었다고 한다. 실적과 결과 위주로 부하직원들을 압박하던 그의 모습이 별로 아름답지 않다는 것이다. 대안을 찾고 있었다. 코칭 세션에서 그에게 이제 회사를 떠나면 무엇을 남기고 싶냐고 했다. 그는 부하직원들에게 아버지 같은, 형 같은 상사이고 싶다고 했다. 자신이 긴 직장생활 동안 배운 것을 주입하는 것이 아니라, 그들에게 필요한 것을 물려주고 싶다고 했다. 그리고 법인장 생활 동안 가족들과 많은 시간을 보냈던 경험을 부하직원들에게도 할 수 있게 해 주고 싶다고 했다. 일과 삶이 양립하는 회사를 만들고 싶다고 했다. 생산성에 대한 욕구가 생긴 것이다. 그러면서 그간의 직장생활에 대한 회한을 털어놓기도 하고, 앞으로의 변화에 대한 두려움도 이야기 했다. 그는 결국 부하직원들에게 부드럽게 다가갈 수 있는 행동적 변화에 대해 물었고, 그것들을 성공적으로 실천해 나갔다. 그는 예전의 부하들이 지금의 자신의 변화를 보면 깜짝 놀랄 것이라고 하며, 변화해 가는 자신의 모습에 큰 만족을 표했다. 코치는 그가 조직문화 변화의 초석이 되고

자 하는 외로운 혁신에 대한 심리적 지지를 해주었다.

8단계: 자아 통합 대 절망

노년기인 마지막 단계에서 사람은 자신의 생애에 걸쳐 쌓아온 것을 기반으로 해서 살아가게 된다. 어떤 식으로든 사물과 사람들을 돌보고, 부모로서 혹은 상사로서 생산적으로 살아온 경험이 있고, 그 과정의 성공과 실패에 자신을 적응시켜온 사람, 오직 그런 사람만이 7단계의 열매를 맛볼 수 있을 것이다. 그것이 바로 자아 통합이다. 이것은 질서와 의미에 대한 자아의 축적된 확신이다. 설령 큰 대가를 치르더라도 세계의 질서와 정신적 가치를 전달해주는 경험으로서의 자기애를 넘어선 인류에 대한 보편적 사랑을 뜻한다. 또한 그것은 자신만의 유일한 생애를 필연적이며 대체될 수 없는 것으로 받아들이는 태도이다. 이렇게 통합된 자신의 정체성을 소유한 사람은 모든 물리적·경제적 위협에 맞서 자신의 삶이 지닌 존엄성을 지켜낼 준비가 되어 있다. 또한 이는 사회 역사와 맞물려 돌아간다. 그런 사람에게 이러한 인간의 완결성이란 곧 자신이 참여한 삶의 완결성과 다르지 않다. 즉 통합Integrity이란 인생의 한계를 받아들이는 것이고 자기 자신이 역사의 한 부분임을 받아들이고 노년의 지혜를 가지고 있다는 자부심과 지금까지의 단계를 모두 통합하는 것이다.

축적된 자아 통합의 결여나 상실은 죽음에 대한 두려움으로 이어진다. 이 경우 생애 한 번뿐인 이 시기는 삶의 최종단계로 받아들여지지 않는다. 다른 삶을 시작하고 완성하는 길로 들어가야 한다는 생각을 하게 되고 그러기에는 시간이 너무 부족하다는 생각을 하게 되어 이는 절망으로 표출된다. 그리고 커다란 한 가지에 대한 후회는 "천 가지의 작은 혐오"가 되어 절망을 덮어버린다. 이루지 못한 것들과 화해를 하고, 그것들을 인생의 한 부분으로 받아들이는 것이 이 시기에 가장 중요한 과제가 된다. 이것이 실패하면 절망이 된다.

70대 중반을 넘긴 시대의 현자 케츠 드 브리스 교수는 그의 저서에서

"인간으로서 가장 두려운 일은 생을 마감할 때 진정으로 자신의 인생을 살아본 적이 없음을 깨닫는 것이다(2017, p. 21)"라고 하였다. 이러한 두려움은 누구에게나 있고, 이것은 우리가 삶의 방향성을 설정하는 데 매우 중요한 요소일 것이다. 그러나 노년기에는 그렇지 않음을 깨닫더라도 이제 인생과 화해하고, 그것을 받아들여야 한다고 이야기 한다. 수용과 자기 연민이 필요할 것이다. 그러지 않으면 좌절과 분노, 그리고 혐오에 휩싸인 채 생을 마감해야 하기 때문이다. 코칭 교육을 하다보면 코치가 되고자 교육에 참가한 어르신들을 만나게 된다. 그 중 대부분은 자신이 삶을 통해 배운 것들을 후대에, 그리고 사회에 효과적으로 나누고 싶어서라고 말씀하신다. 하지만 어떤 한 분은 "내가 평생 나에게 맞지도 않는 옷을 입고 살았다. 나는 선생님이 되고 싶었는데, 평생 은행에서 썩었다. 이제 내 인생을 살고 싶다"고 말씀하셨다. 그는 어려운 가정 형편 때문에 대학을 진학하지 못하고 은행에서 일을 시작하였다. 은행에 다니면서 결혼도 하고 아이도 낳아서 기르고, 내 집도 마련하고 야간대학에 대학원까지 나왔다. 그런데도 그는 자신의 인생을 은행에서 "썩었다"고 표현을 하고, 60이 다 된 나이에 '선생님'으로 새로운 인생을 살겠다고 한다. 그러다 보니 그는 늘 마음이 급하고, 자신의 급한 마음을 알아주지 못하는 사람들이 원망스럽다. 젊은 사람들과 함께 공부하려니 자존심도 상하고, 그러다 보니 대학 못 보내주신 돌아가신 가난했던 부모님까지 원망스럽다. 코칭 실습에서 만나는 클라이언트도 그 클라이언트 자체로 보는 것이 아니라, 내가 지금부터 이루어야 할 커리어의 도구로밖에 안 보이는 모양이다. 어린 클라이언트의 불만조차 넓은 어른의 아량으로 받아들이지 않고, 클라이언트를 탓한다. 그에게는 새로운 것을 배워서 코치로서 새로운 삶을 사는 것이 아니라, 그간 인생에서 이룬 것을 후대에 넘겨주는 마음 넉넉한 어른이 되는 것이 먼저 필요해 보인다. 그러려면 자신의 인생이 대부분이 가난했던 우리의 역사 속에서 최선의 선택이었으며, 그 세대가 대한민국을 일으켜 세운 주역이라는 자부심을 갖고 그것을 있는 그대로 받아들이는 것이 필요할 것이다.

▌총론

에릭슨은 성격의 발달이 5세 이하에 기본적으로 발달된다는 프로이드의 주장을 그대로 받아들이지 않고 수많은 인생 과업을 통해 발달된다고 믿었다. 때때로 아동기의 갈등이 성인기까지 만족스럽게 해결되지 못할 수도 있다. 또한 한 번 등장했던 위기가 다시 등장하기도 한다. 이를테면 친밀의 과제를 잘 통과했던 사람이 사별이나 이혼을 통해 다시 친밀과 고립의 위기에 봉착하는 경우가 이에 해당된다. 안정적인 직장을 가진 중년이 자신의 정체성에 대한 혼란을 겪고 전혀 다른 직업으로 전직을 하기도 한다. 그러나 더욱 중요한 것은 개인이 각 단계별로 성취를 획득하는 것이 아니라 성격에 통일성을 갖게 하는 전체를 형성하는 것이다. 이러한 통일된 정체성을 형성해가는 것이 인간발달이라고 보았다.

그래도 그는 각 발달 단계별로 인간이 갖는 힘의 목록을 제시하였다. 그러한 힘들은 심리사회적 각 발달 단계에서의 "우세한 비율"의 영속적인 결과물이다. 이하의 굵은 글씨는 기본적 덕목인데, 이러한 덕목이 없이는 그리고 그것들이 세대를 거치며 끊임없이 나타나지 않고서는 인간이 가진 가치와 체제의 정신과 의미를 잃게 될 것이라고 보았다.

- 기본적 신뢰 대 기본적 불신: 본능적 욕구와 **희망**
- 자율성 대 수치심과 의심: 자기통제와 **의지력**
- 주도성 대 죄책감: 방향과 **목적의식**
- 근면성 대 열등감: 체계성과 **역량**
- 정체성 대 역할 혼란: 헌신과 **충실성**
- 친밀 대 고립: 귀속과 **사랑**
- 생산력 대 침체: 생산과 **관심**
- 자아 완성 대 절망: 자제심과 **지혜**

이러한 발달 단계는 코칭에서도 매우 유용한 지표가 될 수 있다. 코칭의 목표가 자기 인식의 확장을 통한 인간적 성숙, 그를 통해 조직의 발전이라고 볼 때, 인류 보편적으로 성장해 나가야 할 방향성을 제시한다. 많은 리더들은 생산력 대 침체의 문제에 봉착해 있다. 가족 내에서 친밀 대 고립의 문제를 해결하지 못한 경우도 매우 흔하다. 별 애정 없이 결혼을 하고, 과도한 업무시간으로 인해 부인이나 자녀와의 애착 발달을 하지 못한 경우가 많다. 특히나 사업을 물려받아야 할 2, 3세들의 경우는 사업적 이익을 위한 전략적 결합으로 결혼을 이용하는 경우가 많은데, 이런 경우에는 친밀을 형성할 기회를 아예 갖지 못하게 되기도 한다. 아이의 양육을 부인이 전적으로 맡아서 할 경우, 남성은 아이들과의 관계에서 생성된 관심이 사회 전체와 후세로 뻗어나가는 현상을 경험하지 못하게 된다. 이럴 경우, 삶은 청년기 때에 형성된 정체에 멈춰 일과 일에 대한 평가가 지배해버리는 도구적인 삶이 된다. 즉 성숙하지 못하는 것이다. 코칭에서는 성숙의 단계를 제시하여 다음 단계로 안내할 수 있다. 또한 성숙을 위한 지지도 해줄 수 있다. 발달과 성숙은 기본적으로 우울을 동반한다. 에릭슨은 발달 단계에서 우울증을 겪는 경우가 많다고 하였다. 각각의 위기는 말 그대로 위기이기 때문에 새로운 위기를 견뎌내기 위한 상당한 심리적 소모가 당연하기 때문이다. 또한 이전에 살아왔던 방식을 부정하고 나가야 하는 경우도 많다. 이런 경우도 심리적인 지지와 성숙된 다음 단계로 나아가는 데에 응원이 필요하기도 하다. 따라서 코치는 이러한 발달에 수반된 심리적 고통을 이해하고, 각 단계의 과업을 잘 이루어 낼 수 있도록 도와주는 역할을 할 수 있다.

또한 어린 시절을 포함한 발달 단계는 그 사람을 이해하는 통찰을 제공한다. 코칭에서는 이러한 이론을 가지고 클라이언트를 분석하여 치료하지는 않는다. 그것은 훈련받은 상담가의 영역이다. 하지만 이러한 통찰이 그에게 필요한 것이 무엇인지를 가늠할 수 있는 힌트를 줄 수는 있다. 또한 지금 이해하기 힘든 행동이나 사고방식을 가진 클라이언트가 그 사람이 잘못된 것이 아니라, 성장과정에서 상처를 받아 그렇게 되었다는 것을 이해한다면 더욱 따뜻한 마음으로 클라이언트에게 다가갈 수 있을 것이다.

1부를 마치며

1부는 이그제큐티브 코칭에 필요한 선재 지식들을 모아보았다. 상담이나 교육학, 철학 등에서 쓰이는 개념을 코칭 장면과 연결 지어 해석해서 제시하였다. 지난 20년간 학교와 실전 현장에서 숱하게 듣고, 또 해온 말들이지만, 이렇게 모아놓고 보니 대가들의 이야기는 분야를 불문하고 결국 몇 가지로 귀결되는 것을 알 수 있었다. 우선 아픈 사람을 치료하는 학문이건, 행복한 사람을 더욱 행복하게 하는 심리학이건, 철학이건, 교육학이건 하나의 이야기를 하고 있다. "자신을 잘 알고 자신으로 살아가라"는 것이다. 정신분석의 목적은 무의식과 성장배경까지 모두 분석하여 진짜 자신을 발견하는 것이다. 인본주의적 상담은 개인이 가지고 있는 고유의 의미와 목적을 알고 그것을 삶에 녹여 살 수 있도록 지지하는 역할만 해주어도 인간은 온전한 기능을 할 수 있다고 한다. 성인 교육자들은 사회적 시스템으로부터 오염된 사고체계를 비판적으로 재정립함으로써 진실된 자신의 삶을 살 것을 주장하고 있다. 에릭슨 역시 성장발달 과정에서 일어나는 과업들을 통해 자신의 진정한 자아 정체성을 찾고 통합해나가는 것을 우리 삶의 과정으로 보았다.

두 번째는 관계의 중요성이다. 조력자로서 클라이언트의 관계, 그리고 인간이 사회와 어떤 영향을 주고받느냐에 관한 이야기들이다. 이들은 대부분 개인의 안위에만 관심을 두지 않는다. 대부분 사회로부터 받는 영향을 인정하고 더 나아가 사회에 긍정적 영향을 끼쳐야 함을 이야기 하고 있다. 세 번째, 그 어떤 대가도 체제와 제도에 순응하라고 이야기 하지 않는다. 오히려 반대이다. 아들러는 미움 받을 용기를 가지라고 했다. 필자가 학교를 다닐 때 소크라테스가 "악법도 법이다"라고 하였다고 배웠다. 잘못된 법이라도 따르라는 것이다. 하지만 이는 온전하게 와전된 것이다. 일본의 법 철학자 오다카 도모오는 1930년대에 출판한 그의 책《법철학 (法哲學)》에서 실정법주의를 주장하면서 소크라테스가 독배를 든 것은 실정법을 존중하였기 때문이며, "악법도 법이므로 이를 지켜야 한다"고 썼다. 이후 이 말은 소크라테스가 한 것으로 와전되었다.• 1930년대 일본의 제국주의 하에서 이러한 발언이 어떤 의도와 배경을 가졌는지는 충분히 짐작할 수 있을 것이다. 소크라테스는 사망 당시에 "죽으라고 하면 죽겠다. 이 더러운 세상"이라는 유언을 남겼다고 전해진다. 소크라테스는 나머지 불합리한 세상을 따르느니 자신의 믿음을 따르는 외톨이가 되겠다고 하였다. 즉 체재순응적인 인간은 최소한 개인의 발전과 웰빙, 그리고 성인 발달 영역에서는 논외라는 것이다.

이러한 코칭에 영향을 미친 다양한 이론적 배경을 살펴본 이유는 위대한 사상가의 이론과 철학을 그대로 받아들여라 하고자 함이 아니다. 오히려 이러한 것들이 코치나 코칭 연구자들에게 자신들만의 코칭 철학과 이론을 발전시킬 수 있는 씨앗이 되길 바라기 때문이다. 물론 전혀 다른 색깔의 이야기를 한 마키아벨리와 같은 사상가와 이론가도 있다. 그것은 개개인의 취향이자, 선택일 것이다. 그리고 그것이 그 코칭의 색깔이 되어 코칭의 다양성에 기여할 것이다. 따라서 코치와 연구자들은 더욱 많은 이론과 사상을 연구하고 실증하며, 그것에 대한 자신의 생각을 발전시켜 본인만의 코칭 철학과 이론을 만들어 나가길 바란다. 2부에서는 코칭이 실전에서 어떻게 사용될 수 있는지 코칭모델을 제시하고자 한다.

• 대한민국에서는 2004년 11월 7일에 대한민국 헌법재판소가 대한민국 교육인적자원부에 초, 중, 고교 교과서에서 헌법에 대해 잘못된 내용을 찾아 수정을 요청했다. http://news.donga.com/3//20041107/8125247/1

EXECUTIVE COACHING

EXECU

COACHI

실제: 코칭모델

코칭모델 I:
조직문화를 바꾸는
그룹코칭

    책의 앞부분에서 우리는 이그제큐티브 코칭이 학문적으로 어떻게 논의되고 있는지, 어떤 이론적 배경을 가지고 수행될 수 있는지에 대해서 알아보았다. 이러한 이론과 연구는 훌륭하게 현실에서 실행된다. 보통의 현실에서의 실행이 순수하게 한 가지의 이론만으로 이루어지는 일은 많지 않다. 아주 정통파만 고수하는 상담가, 교육자, 조직 컨설턴트가 아닌 한 보통 알면서 또 모르면서 다양한 접근 방식들을 사용한다. 본 장에서는 앞에 설명한 내용들이 현실에서 어떻게 확장되어 이루어지는 지를 제시하고자 한다. 두 가지의 개념적·실행적 모델을 제시하는데, 조직문화의 변화를 불러오는 그룹코칭에 관한 모델과 개인의 변화를 촉진시키는 개인코칭 모델이다.

그룹코칭: 코치형 리더와 코칭컬처, 왜 그룹코칭인가?

이그제큐티브 코칭은 성공적 리더를 더욱 성공적으로 만드는데 그것은 조직의 이익을 가지고 온다. 일대일 코칭은 앞서 논의하였듯이 개인의 니즈에 충실하고 탄력적이고 유연한 운영이 가능하여 바쁜 리더에게는 매우 유용한 리더십 개발 방식이다. 하지만 여러 가지 장점에도 불구하고, 이그제큐티브 코칭은 조직개발에 보편적으로 쓰이기에는 한계점을 가지고 있다. 그 이유 중 하나가 비용이며, 또 하나는 어떤 코치가 효과적인지를 알 수 있는 기준이 없다는 것이다. 우선 비용 면에서 보면, 미국의 경우에는 보통 일대일 코칭이 주를 이루고 있는데, 시간당 비용이 200달러(한화 약 23만원)에서 3,500달러(한화 약 400만원)에 이른다(Coutu & Kauffman, 2009). 미국경영협회(Reilly, Spencer & Jamrog, 2008)에 따르면 코치의 시간당 수당의 중앙값은 500달러로, 이는 미국 내에서 가장 물가가 비싼 맨하탄의 최고 수준의 정신과 의사 한 시간 상담진료비와 같은 가격이다. 물론 비즈니스 분야의 가격을 정신건강 분야와 비교하는 것은 무리가 있을 수 있다. 하지만 일반적인 비즈니스 맥락에서도 한 사람에게 제공하는 교육훈련비로는 상당한 수준이다. 한국의 사정도 다르지 않다. 신뢰할 수 있는 자료는 없지만, 보통 시간당 10만원에서 100만원 선에서 이야기 되고 있다.

비용이 이렇게 높다 보니, 코치들의 자격요건 등에 대한 논의는 꾸준히 이루어지고 있다. 코칭에 대한 정의도 합의가 이루어지지 않고, 그 범위도 정해진 바 없기에, 우리는 연애코치, 미용코치, 스피치 코치 등 수많은 종류의 코치를 만날 수 있다. 이런 환경에서 조직개발에 적합한 코치를 선발한다는 것 자체가 어려울 뿐더러, 코치를 선발할 때 어떤 기준으로 선발하고, 어떤 방면에서 평가해야 할지조차 판단하기가 어렵게 된다. 이러한 "좋은" 코치 기준의 부재는 코칭 분야의 발전에 걸림돌이 될 수 있어, 많은 코치와 학자들의 우려를 낳고 있다(Witherspoon & White, 2007).

그리하여 대두되는 대안이 그룹코칭이다. 그룹코칭은 한 명의 코치가 여러 명의 클라이언트를 그룹형태로 코칭하는 것이다. 이 경우 공간과 시간 이동 없이 조직의 현안을 현장에서 코칭 받을 수 있다는 일대일 코칭의 장점은 사라지게 된다. 하지만 일대일 코칭이 가질 수 없는 장점을 가진다. 우선은 비용이 훨씬 저렴하다. 그룹코칭에 따라 다르게 편성이 되겠지만, 일대일 코칭에 비해서는 비용이 낮아지고, 한 명의 우수한 코치가 여러 명을 코칭 할 수 있다는 면에서도 경제적이다. 코칭 장면으로 들어가게 되면, 클라이언트는 코치로부터 다양한 조언과 피드백을 받게 되는데, 그룹코칭의 경우 참가자는 코치뿐만 아니라 함께 코칭에 참가한 다른 참가자들로부터 피드백을 받고, 동료코칭 등의 다면적인 도움을 받을 수 있다. 이외에도 그룹은 일대일 코칭이 가지지 못하는 매력을 가지고, 유럽 등지에서 인기를 끌고 있는데, 이 방식은 우리나라에서도 수요가 발생하고 있다. 특히, 코칭이나 사내교육의 예산부족을 겪고 있고, 기존의 기업교육시장에서 소외된 중소기업의 경우에는 일대일 코칭보다 그룹코칭이 더욱 유용하게 쓰일 수 있다.

이에 본 장에서는 유럽의 유명 경영대학원인 INSEAD의 리더십 개발 교수이자 리더십의 대가인 맨프레드 케츠 드 브리스Manfred Kets de Vries 교수가 고안하고, 지난 20여 년간 이끌어온 그룹코칭 모델을 소개하고, 연구에 이용하고자 한다(Kets de Vries, 2005; Kets de Vries & Korotov, 2007; Kets de Vries, 2010; Kim, 2011). 코칭이라는 것이 워낙 형태도, 목적도, 대상도 다양하기 때문에 세계 각지에서 다양한 형태의 그룹코칭이 행해지고 있으리라 짐작된다. 하지만 INSEAD 학내 기관인 INSEAD 글로벌 리더십 센터 IGLC의 그룹코칭은 20여 년의 역사와 더불어 그 어떤 그룹코칭보다도 학계에 많이 소개되고, 과학적으로 연구되어진 형태라 할 수 있다. 코칭이 연구 분야라기보다 실전 분야라는 인식이 대부분이지만(Lowman, 2005), INSEAD 그룹코칭 모델은 학문적 관점과 실행적 관점에서 모두 흥미로운 시사점을 가지고 있다.

창시자이자, 개발자인 케츠 드 브리스 교수는 경영학 교수로는 드물게 경영학 박사학위와 국제공인정신분석가로서의 훈련을 수료하였으며, 심리학과 경영학의 인터페이스에서 수많은 연구와 저서를 생산하였다. 그는 INSEAD 부임 이후, 다른 교수들과 마찬가지로 MBA 학생들을 가르치며 '올해의 교수'상을 수차례 받기도 하였지만, CEO를 비롯한 조직의 리더들을 위한 리더십 코칭을 시도하며, 코칭, 컨설팅, 수많은 저서를 통하여 임원교육에 몰두하여 왔다. 그는 1990년대 CEO들을 위한 '실험실Laboratory'을 마련하고, 리더십 코칭을 시작하였다. 그의 실험실은 CEO급 최고위 임원들을 위한 프로그램, 관리자급을 위한 프로그램, 개별 기업들을 위한 코칭 프로그램으로 확대되어, 그가 세운 IGLC는 현재 매년 3,500여명이 거쳐 가는 세계 최대 그룹코칭 센터로 성장하였다(Kim, 2011).

이 그룹코칭은 조직 내외에서 코치 역할을 하고 있는 사람들(일반 현업 리더, HR 담당자, 직업 코치나 컨설턴트 등)에게 코칭을 제공함으로써 자기 인식을 높이고, 코칭 과정 중에 배우게 되는 코칭기술을 통해 코치 역량을 극대화 시켜 좋은 리더로 거듭나게 함으로써, 조직발전에 단초가 되게 하는 것을 목적으로 하고 있다. 다른 조직개발 개입과 마찬가지로, 이 그룹코칭도 작은 그룹 안에서 다양한 활동을 하고, 다른 사람으로부터 피드백을 주고받고, 다음 회기까지의 액션플랜을 수립하고 실행하는 등의 감수성훈련과 액션리서치 기법들을 모두 사용하고 있다. 다만 다른 조직개발 기법과 다른 점이 있다면, 상당량의 독서와 강의를 통한 이론 학습이 포함이 되며, 본인들이 책과 강의에서 배운 것을 그대로 실행해 보는 경험학습의 비중이 매우 높다.

필자는 2010년에 IGLC에 머물며 연구를 진행하였으며(2011), 그 이후에도 꾸준히 IGLC와 케츠 드 브리스 교수와 연계하여 다양한 연구와 활동을 전개하고 있다. 지금 진행 중인 관리자급 프로그램인 변화를 위한 코칭과 컨설팅Coaching and Consulting for Change: CCC의 경우 36명의 참가자가 두 달 간격으로 8회에 걸쳐 INSEAD 캠퍼스에 모여 3~4일의 그룹코칭 모듈에 참여한다. 각 모듈별로 토픽이 마련되고, 각 일정 중에는 강의, 워크숍, 소그룹 활동, 토론 등이 진행되고, 각 토픽에 맞는 그룹코칭도 제공된다. 36명의 참가자가 세 명의 교수 급 코치에게 그룹코칭을 받는다. 강의와 대그룹코칭은 큰 강의장에서 일어난다. 그리고 보통은 대그룹코칭을 전후하여 소그룹코칭을 진행하는데, 소그룹 활동 시에는 5~6명으로 구성된 그룹에 코치가 배치되어 그룹 진행을 돕고, 동료코칭도 한다. 각 모듈 사이에는 상당한 양의 도서를 읽고, 지난 모듈에 관한 성찰적 학습일기를 작성한다. 또한 다른 참가자와 화상채팅을 통하여 동료코칭을 진행하기도 한다. 모든 코칭 프로그램은 첫 모듈에 경청과 공감 대화법 등 기본적인 코칭 스킬을 가르침으로써, 이후 동료코칭이 원활하게 이루어 질 수 있도록 세팅되었다. 쿠르트 레빈의 조직개발 활동의 기본 개념에 다양한 학문 분야의 지식과 기법들을 시대 발전에 맞게 조화시켜, 진화시켰다는 해석도 가능해진다. 그리고 이 그룹코칭은 기업이 요청할 경우, 각 기업의 니즈와 상황을 고려하여, 형식과 일정 등이 수정된 형태로 제공된다.

코치형 리더

코칭은 코치형 리더를 만드는 과정이기도 하다. 코칭을 받으면서 코치의 태도 등을 모델링하고 유익하다고 여겨지는 행동을 따라하게 된다면 코칭 내용과 함께 도움을 받을 수 있다. 코칭의 내용은 매우 다양하다. 어떤 코칭은 실제로 부하직원을 어떻게 코칭하는가를 코칭 받기도 하고, 어떤 경우에는 세법이나 업계 동향에 대한 이해 등과 같은 전문지식을 습득하는 코칭을 받기도 한다. 따라서 코칭의 종류에 따라서 코치에게 기대되는 행동이 다르기도 하겠지만, 우리가 본 서에서 말하는 코칭의 대부분인 조직관리와 인재 육성, 조직문화의 변화 등의 경우는 리더가 코치의 코칭 행동 자체로 영향을 주게 된다. 그리고 코칭을 통해서 최대한 수혜를 보기 위해서는 코칭을 받은 리더가 코칭 행동을 일상에 적용할 수 있다면 금상 첨화가 될 것이다. 그리고 실제로 많은 회사들이 코칭형 리더를 기르기 위해 코칭을 사용하기도 하고, 그것이 코칭의 목적이 되기도 한다. 또한 한걸음 나아가 코치형 리더가 만드는 코칭컬처를 형성하는 것을 이상적으로 보기도 한다(Kets de Vries, 2012).

그럼 코칭형 리더는 어떻게 이해할 수 있을까? 우리는 흔히 코칭이라 하면 스포츠 코치를 떠올린다. 선수들에게 기술을 가르치고, 실제 경기에서 어떻게 해야 할지에 대한 조언을 제공하고, 선수가 성과를 올리도록 바로 옆에서 독려하는 사람 말이다. 실제로 세계적인 학술지(Social Science Citation Index에 오른 학술지) 중에 "coaching"이라는 단어를 검색하면, 스포츠 코칭관련 학술지만이 결과로 나온다. 현재 이루어지는 코칭의 뿌리를 스포츠 코칭으로 보는 학자들도 실제로 존재한다(Gallwey, 1974). 저자역시 코칭을 설명할 때, 2002년 월드컵 신화를 가지고 온 히딩크 감독(감독은 영어로 head coach로 불린다)을 완벽한 코치의 예로 제시한다. 그는 선수들에게 필요한 부분에 대해서 선진 기술을 전수했고, 선수들과 연습과정에서 함께 살을 부딪치며 관계를 형성하고, 선수들에게 꿈과 비전을 심어주고, 가난한 선수들에 대해 연민을 가지고 보살폈던 매우 훌륭한 코치였다. 그리고 그는 리더였다.

코칭과 리더는 어떤 부분에서 매우 밀접한 연관을 가진다. 그것은 보통 리더십을 어떻게 정의하느냐의 문제인데, 카리스마적 리더처럼, 조직원들과 약간의 심리적 거리를 두고, 동일시를 촉발시키므로 인해서 영향력을 행사한다면, 코칭은 리더십과 별로 상관없는 단어일 수 있다. 하지만 변혁적 리더십이나, 서번트 리더십처럼 21세기에 각광받는 리더십의 경우는 리더의 코치로서의 역할을 매우 강조하고 있다. Quinn(1996) 역시 리더의 역할에서 코치로서의 역할을 제시하고 있으며 허쉬와 블랜차드(Hersey, Blanchard, & Johnson, 2001)는 부하직원의 성숙정도에 따라 리더가 코치의 역할을 해야 할 때도 있다고 제시한다. 어떤 리더는 멀리서 영향력을 행사하지만 어떤 리더는 나와 같은 사무실에서 나에게 조직을 알려주고, 일을 가르쳐 주며, 피드백을 제시한다. 리더가 가까이서 영향력을 행사해야 한다면, 이런 리더에게는 코칭 스킬이 필요하다.

대부분의 경우, 보직을 맡게 되는 리더가 이런 코칭 스킬이 필요하다. 앞서 나온 양상무의 예시에서도 양상무는 엔지니어 출신이지만, 더 이상 엔지니어의 일을 수행하지 않는다. 그에게는 엔지니어링의 기술보다 엔지니어들의 전문성을 잘 이해하고 그를 최상으로 이끌어 갈 수 있는 코칭 스킬이 더욱 필요하다. 현 시대는 매우 복잡하여, 혼자서 무엇을 창조하고 문제를 해결하기보다 팀으로 하는 일이 많아졌다. 그리고 다양한 기술과 배경을 가진 사람들을 잘 아울러 최선의 결과를 내는 것이 리더에게 가장 중요한 과업이 되고 있다. 따라서 조직의 전략과 미션을 수행하기 위하여, 다양한 사람들의 니즈와 장·단점을 파악하고, 적재적소에 활용하며, 다양한 소리를 내는 팀원들 간의 관계 향상을 이끌어 내는 리더가 이 시대에 필요한 리더일 것이다.

이는 앞서 말한 이그제큐티브 코칭의 정의와 일정부분 겹치는 부분이 존재한다. 본 서가 제시한 정의 "조직과 개인의 변화와 발전에 전문성을 갖춘 코치가 계약관계에 있는 조직의 성공을 위하여, 조직 내에서 중요한 역할을 수행하고 있는 클라이언트와 조력관계를 형성하고, 다양한 기법을 사용하여 클라이언트의 성공을 이끌어 내는 과정이다" 중에서 "조직의 성공을 위하여 조직 내에서 중요한 역할을 수행하고 있는 클라이언트와 조력관계를 형성"한다는 면에서 리더와 코치가 하는 역할은 같다고 보여 진다. 하지만 "조직과 개인의 변화와 발전에 전문성을 갖춘", "다양한 기법을 사용"한다는 면에서는 이그제큐티브 코치와 리더의 모습에는 차이점이 있다. 하지만 리더가 "조직과 개인의 변화와 발전에 전문성"을 갖추게 된다면 어떨까? 다양한 기법을 사용할 수 있다면 어떨까? 그렇게 될 경우, 리더는 날개를 달고 그 조직을 이끌 수 있게 될 것이다. 인간에 대한 이해, 조직에 대한 이해를 하고, 사람들에게 더욱 세련된 방식으로 영향력을 끼칠 수 있다면, 그 이상의 리더가 존재할 수 있을까?

사실은 리더에게 필요한 기술은 이런 코칭 기술이다. 전문지식은 하루가 다르게 발전하고 바뀐다. 그리고 매우 복잡하다. 이것을 다 알기 위해서 쫓아가기를 원한다면, 학교에 가서 연구를 하는 것이 나을 것이다. 리더 본인에게 사람들을 압도하는 카리스마가 존재하지 않는다면, 고민할 필요가 없다. 코치형 리더가 되면 된다. 리더가 이런 역할을 해야 함을 안다면, 전문기술에 대한 이해와 더불어, 사람과 조직개발에 대한 새로운 학습을 해야 할 것이다. 그리하여 코치형 리더로 성장하면 된다. 즉 코치형 리더란 조직과 개인의 변화와 발전에 이해를 갖춘 리더로, 조직의 성공을 위하여, 조직 내에서 중요한 역할을 수행하고 있는 조직원과 조력관계를 형성하고, 다양한 기법을 사용하여 조직의 성공을 이끌어 내는 과정을 이끈다.

코칭컬처: 진정성 있고 생기 넘치는 조직개발

이러한 그룹코칭은 코치형 리더를 만들고, 이 코치형 리더는 적절한 코칭 행동으로 조직 전체에 이러한 코칭 행동을 전파할 수 있게 된다. 이렇게 전파된 코칭 행동은 결국 코칭 조직문화, 즉 코칭컬처를 만들게 된다. 이그제큐티브 코칭을 일반적으로 이론상에 있어서 조직개발의 한 방식으로 정의한다. 다양한 이론적 접근이 있지만, 본 서는 코칭이 1940년대 이후 이어져온 민감성훈련, 국가 실험실훈련 등 조직개발 기법상의 발전된 형태로 정의한다. 이러한 조직개발은 조직문화를 변화시키는 것이다. 조직문화는 한 조직이 가진 성격이다. 이러한 조직문화를 발전시키는 것은 결국 궁극적으로 조직이 최상의 결과를 내는 기반으로 작용한다 (Burke, 2010). 따라서 코칭 역시 코칭을 통하여 조직문화에 의도적 변화를 가지고 오고, 그를 통해서 조직의 발전과 성과 창출을 목표로 한다. 코칭을 통해서 리더십을 변화시켜서 만들어 내야 할 조직문화를 코칭문화라고 정의할 수 있다. 앞에서도 기술하였지만, 이 코칭은 조직의 발전이 궁극적 목적이 되는 셈이다. 일대일 코칭을 통해서 한 사람의 리더의 변화를 꾀하던, 그룹코칭을 통해서 리더 그룹의 변화를 촉발하던, 그 이유는 조직의 성장을 위해 리더가 바뀌는 것이 필요하기 때문이다. 따라서 이크제큐티브 코칭은 조직의 전체적 발달을 도모한다. 그런 면에서 코치형 리더가 코칭 문화를 촉발할 수 있다면, 이는 코칭의 취지에 정확하게 부합하게 되는 셈이다. 그러면 먼저 조직문화는 무엇인지, 21세기 코치형 조직문화는 어떤 것이며 어떻게 가능해 질지 알아보자.

▌조직문화

조직문화는 조직을 이해하는 대표적인 추상적 개념이다. 1970년대부터 발전되기 시작한 조직문화라는 개념은 아직도 수많은 논란의 중심에 있다. 그러나 간단히 말하자면 조직문화란 "한 기업이 일을 하는 방식"이라 일컬을 수 있다(Hill & Jones, 2008, p. 381). 이것은 모든 구성원들에게 일상에 녹아 들어가 있다(Martin, 2004). 문화 자체는 매우 복잡한 현상으로 보이는 구조와 관찰이나 설명하기 쉽지 않은 기저에 깔린 신념과 가정들을 모두 포함한다. 조직문화의 아버지라 불리는 에드가 쉐인(Schein, 2010)은 한 그룹의 문화는 한 사람의 성격이나 특성과 같다고 하였다. 사람의 행동은 관찰이 가능하지만 그러한 행동을 하게끔 하는 원동력을 보기는 매우 어렵다. 성격과 특성이 우리의 특정 행동을 하게 하거나 못하게 하듯이 문화 역시 조직원들의 행동에 영향을 미친다. 따라서 그는 조직의 문화를 이해하는 것이 그 조직을 이해하는데 가장 필수적이라고 보았다. 문화란 "조직 내에 있는 사람들과 그룹들이 공유하고 있는 가치와 규범의 특정 집합으로 조직원들끼리, 그리고 외부의 이해당사자들과 상호작용하는 방식을 통제하는 역할을 한다"고 정의된다(Hill & Jones, 2008, p. 381). 쉐인(2004)은 문화를 "한 그룹이 외적 적응과 내적 통합에 관한 문제를 풀기 위하여 공유된 가정의 패턴으로, 이는 유효한 것으로 여겨질 정도로 잘 기능하고 있어서 새로운 조직원은 그들이 인식하고, 생각하고, 문제들에 대해서 어떻게 느끼는지에 관한 정당한 방식으로 습득을 하게 된다."(p. 17) 즉 조직문화란 "한 그룹이 다양한 환경에 대해 인식하고, 생각하고 반응하는 방식을 결정하는, 공유되고 당연하게 여겨지는 암묵적인 가정들의 집합이다."(1996, p. 236) 이는 보여 지는 선언문이나 물리적 환경부터 조직원들이 인식하지도 못하는 깊고 암묵적인 가정들까지 모두 포함한다. 많은 문화권 내의 사람들은 그들이 다른 문화를 접하지 않는 한 그들의 문화에 대해서 인식조차 하지 못한다. 삼성과 현대는 분명 서로 다른 조직 문화를 가지고 있다. 이는 노조 문제 등 구체적으로 표현이 되는 부분도 있지만, 대부분은 우리가 어떤 느낌으로 그들의 차이를 알게 된다. 이런 조직의 문화는 조직의 물과 공기와 같은 존재이다. 그래서 쉽게 인식되지 않지만, 좋은 물과 공기가 모든 것의 근원이고, 나쁜 물과 공기 속에서는 어떤 것도 건강해 질 수 없다는 측면에서, 어쩌면 가장 중요한 부분이다.

조직문화를 이야기 할 때 많이 회자 되는 기업은 3M이다. 3M 같은 경우는 100여년간 미국에서 가장 혁신적인 기업으로 인식되고 있다. 이 회사의 경우, 아침에 아이디어가 나오면 저녁에 시제품이 나올 정도로 효율적으로 운영되고, 아이디어를 빨리 테스트 할 수 있는 시스템을 갖추고 있다. 창의성 면에서도 둘째가라면 서럽다. 수천 가지 제품을 생산하고 있으며, 이 제품 리스트는 수시로 업데이트 된다. 요즘 창의성의 기본인 조직원의 다양성이 필요하다는 연구가 많이 나오고 있다. 하지만 이 회사는 미네소타 주와 미시간 주에서만 리크루팅을 진행하여, 미국 기업치고는 다양성이 굉장히 떨어지는 회사이다. 그러나 구글 등에 영향을 줄 정도로 창조적이고, 혁신적이면서도 유연한 조직 운영을 위해 다양한 제도*를 시

● 3M의 경우 일하는 시간의 15%는 업무와 관련 없는 일을 하는 시간이다. 구글은 20%를 이러한 시간으로 하고 있고, 이를 강제하기까지 하고 있다.

행하며, 그들의 조직문화를 유연하고 경쟁력 있게 유지하고 있다.

최근에는 이런 조직문화가 단순히 조직의 구성요소가 아닌, 조직의 "산물(product)"로 인식되고 있다. 조직문화가 형성되고 나면, 그곳에서 나오는 산물에 당연히 영향을 미칠 뿐만 아니라, 그 자체가 제품이 된다는 것이다. 예를 들어, 갑을관계에서 부당한 거래를 해 온 기업은 그런 조직문화가 바깥에 알려짐으로 인해 기업 존폐에 지대한 영향을 받았다. 또한 좋은 조직문화는 새로운 인재를 끌어들이고, 좋은 인재들이 계속적으로 성과를 내는 바탕이 된다. 두산 기업의 "사람이 미래다"라는 슬로건과 광고는 기존 3 : 1에도 못 미치던 입사지원율을 100 : 1까지 끌어 올렸다. 즉 조직이 무엇을 중시하고, 조직문화가 어떤가가 훌륭한 인재를 끌어오게 하고, 이는 비즈니스 성장의 밑거름이 된다.

그렇다면 우리의 조직문화는 어떤가? 조직은 세상의 변화를 잘 반영하고 있는가? 세상은 점점 더 개방적이고, 수평적으로 변하고 있다. 이런 환경 속에서 어떤 조직은 예전 문화를 고수하기도 하고, 어떤 조직은 더욱 수평적이고, 직원의 복지를 중시하는 쪽으로 변화하고 있다. 이런 조직의 문화는 조직의 발전과 존폐에 영향을 미친다. 노키아나, 소니, 모토로라 같은 거대 기업의 몰락에 대한 설명 중 자신들이 세계 최고라는 자만심이 기업을 몰락시켰다는 분석을 우리는 자주 보게 된다. 이는 조직문화에 관한 이야기이다.

그렇다면 조직문화를 바꿀 수는 있을까? 우리 기업에서도 이런 질문을 많이 받는다. 특히나 기업의 오너가 바뀌는 시점에 더욱 그렇다. 맨 바닥에서 "피땀 흘리며" 근면과 성실로 고도 성장기에 사업을 하던 선대 세대가 부잣집 아들로 태어나 세계 유수 대학(원)에서 유학까지 한 다음 세대에게 사업을 물려줄 때 그 고민은 더욱 짙어진다(Kets de Vries et al., 2007). 그리고 보통은 무에서 유를 창조한 강한 아버지가 보기에는 유약한 아들이 마음에 놓이지 않아(웬만해서 모든 부모는 자식이 하는 일에 마음 놓기 어렵다) 경영의 전권을 넘겨주지 않는 경우가 많다. 이럴 경우 조직은 이러지도 저러지도 못하는 아노미 상태에 빠지고, 조직원들은 혼란을 겪게 된다. 이는 후계자의 무능의 문제가 아니다. 조직문화의 존재를 인식하지 않았기 때문이다.

새로운 리더가 들어오면, 새로운 조직문화가 필요하다. 물론 무조건 새로운 것은 부작용이 크다. 조직이 감당할 수 있는 선에서 새로운 조직문화를 세워야 한다. 조직문화는 창업자가 가장 큰 영향을 미치기도 하지만 이후에 리더에 의해서도 만들어지기도 한다(Schein, 2010). 차세대 리더는 보상을 조정함으로써, 새로운 문화를 만들고는 한다. 앞에 언급한 3M의 문화도 창업자가 아닌, 맥라이트 사장에 의해서 형성되었다. 대신, 리더는 조직문화에 대한 비전이 있어야 한다. 어떤 모습의 조직이 되었으면 하는 바람과 그것이 이루어 질 것이라는 믿음에 근거한 구체적인 노력이 있으면, 조직의 문화도 변할 수 있다.

하지만 문제는 많은 리더는 어떤 조직문화가 바람직한 문화인지에 대한 인식이 없다. 과거의 위계적이고, 상명하복의 문화가 답이 아니라는 것은 알지만, 다른 대안이 없어서 아버지 세대와 같은 카리스마도 없으면서, 그런 조직문화를 이어가려 하다가 변을 당하기도 한다. 케츠 드 브리스는 진정성 있고 생기 넘치는 조직을 21세기형 조직으로 제시하고 있다. 즉 조직원은 조직에서 삶의 의미를 찾고, 리더는 언행일치의 진정성을 보여야 한다는 것이다. 이런 조직에서는 리더가 조직원에게 무엇을 할 것인가를 넘어, 어떤 일을 "왜"해야 하는 지까지 투명하게 의사소통한다. 조직에서 조직원들은 인간으로 살아가는 것에 대한 기쁨과 의미를 찾는다.

▌코칭컬처

이는 다른 말로 "코칭컬처"라고 정의할 수 있다. 이는 2002년 월드컵을 치러낸 히딩크 호의 예로 설명할 수 있다. 우선 리더가 좋은 코치가 되어야 한다. 어떤 일을 어떤 식으로 처리하라고 명령하는 것이 아니라, 비전을 제시하고, 하는 일에 의미를 부여하여, 이것을 통해 조직원을 내적으로 동기 부여하는 것이다. 히딩크가 박지성에게 영어 공부를 하라고 한 것처럼 말이다. 한국에서조차 선택받지 못한 그에게 세계의 무대를 꿈꾸도록 동기 부여하는 것이, 몇 가지 축구의 기술을 가르치는 것보다 훨씬 효과적이다. 또한 어려운 일을 제시하고, 이것을 해낼 때, 심리적 지지를 제공함으로써 끝까지 해낼 수 있는 힘을 북 돋아 주어야 한다. 월드컵을 앞두고 평가전에서 5 : 0이라는 성적을 내고, 갖은 조롱과 비난을 받던 시절, 라커룸에서는 어떤 일이 일어났을지, 이제 우리는 짐작할 수 있다. 골을 넣고, 감독에게 달려가서 안기던 박지성의 모습은 당시 우리에게 꽤나 낯선 광경이었다. 감독과 선수들 간의 관계를 보여주는 한 장면이다. 또한 이런 관계가 하나만 존재하는 것이 아니라, 조직 전체에 여러 형태의 코칭 관계가 존재할 때, 그 조직은 큰 공동체로 존재할 수 있다. 소통을 개선하고, 수평적 관계를 위해 선배의 이름을 부르게 하여, 이천수가 홍명보에게 "명보야 밥 먹자"라고 했던 이야기는 유명하다. 이런 일이 일어나고, 후에 웃으며 회자될 수 있는 것도 그들이 그것을 수용하는 문화였기에 가능할 것이다. 이를 비롯해 월드컵 이후, 우리는 팀 내에서 선수들 간의 역할과 관계에 관한 이야기를 무수히 들었다.

하지만 이는 외국인 감독이 들여온 온전히 새로운 문화는 아니다. 우리 조직에 이미 존재해왔다. 조직원 전체가 공동의 목표에 대한 강한 인식이 있는 상태에서, 내가 성취감을 느낄 수 있는 일을 주는 리더가 있고, 일을 가르쳐주는 사수가 있고, 형이라 부를 수 있는 선배가 있으며, 어려움을 터놓을 수 있는 동료가 존재할 때, 이는 코칭컬처에 근접해진다.

그렇다고 코칭컬처가 '좋은 게 좋은 것이다' 식의 조직을 의미하지는 않는다. 이런 조직에서 조직원들은 자신이 가지고 있는 감정을 세련되게 표출할 수 있고, 자신의 욕구를 드러내며, 조직은 그것을 수용할 수 있어야 한다. 그런 과정에서 생기는 자연스러운 갈등에 관해서는 회피하는 대신, 조직 전체가 함께 해결해 가야 하는 과제로 인식한다. 열심히 하는 사람들은 쉽게 강한 감정에 사로잡히기 쉽다. 경쟁은 선의의 경쟁만이 존재하고, 그들의 사업의 존재 이유를 기본으로 한 판단이 공정하게 이루어져야 한다. 리더는 조직원들 간에 생기는 나쁜 감정을 외부 경쟁자에게 돌리는 등 현명하게 다룰 수 있어야 한다. 조직문화의 아버지라 불리는 에드가 쉐인(Schein, 2004)의 저서에서 갈등이 쉽게 생기고, 쉽게 풀어지는 조직이 건강하고, 생산적인 조직이라고 예를 들어 설명하고 있다.

코칭컬처는 여러 수준에서 코칭관계가 다양하게 존재하는 조직문화의 형태이다. 즉 모든 조직원이 일정수준의 코치가 되는 것이다. 현 시대에는 상사가 모든 정보와 기술을 가지고 있으면서 이를 전수하지 않는다. 오히려 새로운 젊은 세대에게 배워야 할 것이 많이 존재한다. 서로가 가진 자원을 확인하고, 서로 주고받으면서 최선의 결과를 낼 때, 더욱 생산적인 조직이 된다. 어떤 조직에 기술의 전문성을 가진 중간 관리자, 조직의 비전을 이해하는 리더, 외국에서 공부한 외국어와 외국 문화에 익숙한 부하직원이 있다고 상상해 보자. 외국에 기술을 판매해야 할 때, 이들은 어떻게 해야 할 것인가? 리더는 앵무새처럼 상부의 지시만 전달하고, 기술을 개발한 관리자는 조직의 비전에 대한 이해가 없어서, 자신이 가진 기술력에만 집착하여 전문가들 사이에서는 높이 평가하지만 시장에서는 이해받지 못할 기술을 개발하고, 부하직원은 조직과 기술에 대한 이해 없이 번역기와 같은 통역만 한다면, 이들이 낼 수 있는 결과는 무엇일까? 그들이 지위 고하와 상관없이 서로를 존중하며, 자신이 가진 것을 기반으로 다른 조직원을 코칭을 한다면 최선의 결과에 근접할 수 있지 않을까?

코칭컬처란 조직과 개인의 변화와 발전에 진심으로 관심과 기술을 가진 조직원들이, 조직의 성공을 위하여, 다양한 조직원들과 조력관계를 형성하고, 다양한 방법을 사용하여 조직과 조직원의 성공을 이끌어 내는 과정이 일상적으로 일어나는 조직문화이다. 이런 컬처가 형성되면, 더 이상 조직에는 극적인 변화를 위한 외부 전문가에 의한 코칭이 필요하지 않을 수도 있을 것이다.

코칭은 다양한 형태와 목적을 가지고 진행된다. 리더의 부족한 기술을 채워주기도 하고, 과도한 스트레스로 제대로 의사결정을 못하는 리더에게 힐링을 제공하기도 한다. 하지만 본 서에서 제시하는 코칭컬처를 만드는 그룹코칭은 궁극적으로 코칭컬처 형성에 이바지 하여, 21세기적 조직으로 진화하는 것을 돕는 것이다.

코칭모델 II :
일대일 코칭
- 변화촉진 코칭

변화촉진 코칭은 클라이언트의 긍정적인 행동의 변화를 가능하게 하는 코칭모델이다. 이 모델의 목적은 클라이언트가 새로운 방식의 행동을 실행에 옮겨서 가시적인 행동변화를 일으켜 리더로서 조직관리와 인재육성, 성과관리 등을 성공적으로 해 낼 수 있도록 돕는 것이다. 이 모델은 비즈니스 현장에서 일어나는 코칭을 위해 개발되었는데, 이는 이그제큐티브 코칭의 주요 특성이 반영되었다. 우선 비즈니스 리더는 매우 바쁘다. 상담이나 라이프 코칭이 50회 진행되는 일은 흔하지만 국내 이그제큐티브 코칭의 경우는 1시간씩 5회나 10회 정도 일어나는 것이 보통이다. 즉 주어진 시간이 매우 짧다. 또한 일반 코칭이나 상담에 비해 이그제큐티브 코칭은 매우 비싸다. 개인이 받는 모든 서비스 중에서도 가장 비싼 편이다. 따라서 짧은 시간에 가시적 변화가 일어나야 한다. 그것이 윤리적인 것이다. 그러기 위해서는 세 가지 요소를 갖추어야 한다.

이그제큐티브 코칭의 3요소

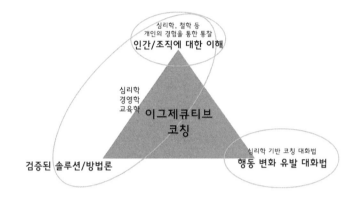

우선은 인간과 조직에 대한 이해가 필요하다. 이는 리더가 하는 이야기를 빠른 시간에 이해할 수 있는 능력이다. 물론 각각의 개인은 독특한 스토리를 가지고 있다. 하지만 독특한 이야기들 속에 있는 보편적인 요소를 개념화 할 수 있는 능력이 필요하다. 예를 들어, 리더가 부하직원들과 소통이 되지 않아 일이 제대로 되지 않는다고 부하직원들을 탓하는 경우가 잦다. 이런 경우는 대부분 리더가 문제이다. 소통의 부재는 원인이 아니라 증상이다. 리더가 마이크로 매니지먼트를 하여서 부하직원이 의욕을 상실하였거나, 야단을 치거나 잘못을 지적하는 것이 리더의 역할이라 생각하고 부정적 피드백을 계속적으로 주어 주눅이 들어 소통을 할 수가 없게 되었을 수 있다. 제왕적 리더십, 공포 경영 등의 결과이기도 하다. 잘못을 지적하라는 것이 아니다. 이야기를 들으면서, 문제를 개념화 하고, 해결을 위한 솔루션을 생각해 내야 한다. 이것이 두 번째 요소로 이어진다.

두 번째는 리더가 어떻게 이야기를 하더라도 가야 할 방향, 즉 솔루션이나 방법론을 제시할 수 있어야 한다. 소통하지 않는 부하직원들을 바꾸는 것보다 리더가 바뀌는 것이 필요하다. 즉 부하직원들을 바꾸는 법에 대해서 이야기 하는 것이 아니라, 리더가 바뀌는 법에 대해서 이야기 해야 한다. 그런데에 대한 전문적 솔루션을 가지고 있어야 한다. 코칭적 솔루션이기도 하고 클라이언트가 사용하는 솔루션이기도 하다. 코칭적 솔루션이란 이야기를 풀어가는 방식이다. 즉 문답법을 사용하거나, 다면 진단을 시행한다거나, 관찰 카메라를 설치하는 것 등이다. 이를 통해 클라이언트는 자기 인식을 넓히고 코치는 상황을 보다 면밀히 파악하여 개선방안을 제시할 수 있게 된다. 클라이언트의 솔루션은 적절한 액션플랜이나 개선방안이다. 예를 들면, 부정적 피드백을 전면 멈추는 식이다. 클라이언트가 스스로 본인에 대한 피드백이나, 성찰을 통해서 그것을 스스로 제시하기도 하고, 코치가 제공하기도 한다. 어떤 경우는 시스템 개선이나 저항을 다룰 필요가 있다. 조직에서 경쟁이 너무 치열하다면, 과도한 성과차별적 제도나 상사의 편애가 문제되지 않는지 살펴보고, 그것을 개선해야 한다. 좋지 않은 시스템 안에서는 아무리 좋은 직원들이라도 최선을 끌어낼 수가 없다. 그러나 이러한 솔루션은 일반적인 방식으로 제시할 경우 거의 먹히지 않는다. 그거야 이론이라거나, 우리 회사는 다르다거나, 해봤는데 안 된다거나 하는 변화하지 않겠다고 하는 메시지만 돌아오게 된다. 혹은 속으로는 동의하고 뜨끔하더라도 자존심 때문에 그것을 인정하거나 받아들이지 않는 경우도 있다. 변화 자체가 두렵기도 하고 시도했다가 실패할까봐 두렵기도 하다. 심지어 어떤 리더는 변화를 하고 싶다고 이야기 하지만 변화하고자 하는 의지가 전혀 없는 경우도 있다. 요란하게 변화하는 척을 하는 것으로 변화의 필요를 외면하는 것이다. 따라서 이것을 전달하는 방식이 매우 중요하다.

그래서 세 번째로 필요한 것이 행동변화 유발 대화법이다. 똑같은 말을 해도, 아 다르고 어 다르고, 순서를 어떻게 하느냐도 매우 큰 차이를 유발한다. 또한 솔루션에 대한 신뢰를 이끌어 내는 것도 이 대화법이다. 그리고 이 세 가지 모두에서 중요한 것은 검증된, 즉 성공확률을 높여주는 방식을 사용해야 한다는 것이다. 예를 들어, 부하직원들이 열심히 일하지 않는 것 같다는 고민을 토로하는 임원에게 "조직의 몰입도를 높이시려면 마이크로 매니지먼트를 멈추시고, 믿고 맡기세요"라고 말하면 어떻게 반응할까? 이 말은 전혀 틀린 말이 아니고, 오히려 정답이다. 하지만 이 말을 듣고 리더가 "아, 그렇군요. 그렇게 하겠습니다"하고 실제로 그렇게 할 가능성은 매우 낮다. 그렇게 할 사람이라면, 다른 요인에 의해서 이미 모든 마음의 준비를 하고 있는 사람에게 한 마디 거든 셈일 것이다. 고민을 토로하는 임원의 마음을 알아주고, 열심히 하고자 하는 열정을 인정해 주며, 그와 신뢰관계가 잘 형성되었을 때, 조심스럽게 허락을 받고 몇 가지 대안을 제시하거나, 좋은 질문을 통해서 변화의 필요성을 스스로 느끼도록 하고, 스스로 바뀌겠노라고 말하게 하여, 구체적인 방법을 알려달라고 하면 코치가 몇 가지 대안을 제시하여 선택하게 하는 식이어야 한다. 다짜고짜 정답 제시를 통해 자율성을 침해하지 않고, 오히려 자율성을 존중할 때 변화의 가능성은 높아진다. 이런 대화법이 필수적이다.

코치가 코칭의 각기 다른 상황에서 창조적인 것을 시도하는 것 역시 중요한 능력이다. 하지만 모든 것을 다 새로이 시도해서는 안 된다. 그것이 개인뿐만 아니라, 조직과 그 조직에 속해 있는 조직원들에게 영향을 끼칠 수 있기 때문이다. 복잡한 병을 치료하기 위해 위험을 감수하는 모험을 해야 할 때도 있지만, 치료 전체 과정의 모든 것을 모험으로만 채운다면 어떨까? 따라서 이러한 세 가지 요소에 필요한 전문적 지식을 습득하는게 필수적이다.

다행히도 이 세 가지 요소를 맞출 수 있는 연구가 다양한 학문 분야에서 이루어졌다. 인간과 조직에 대한 이해는 심리학, 경영학 등에서 과학적 연구가 이루어지고, 수십 년에서 수백 년, 수천 년 사람들에 의해서 경험적으로 증명되어 살아남은 철학 등의 인문학을 통해서 높일 수 있다. 또한 코치 개인적 경험이 유효한 경우도 많다. 솔루션도 심리학, 경영학, 교육학 등의 분야에서 차용해 올 것이 많이 있다. 행동변화유발 대화법은 상담가들이 개발한 대화법이나, 중독치료에 가장 효과적인 방법인 동기강화 대화에서 차용해 올 수 있다. 30년간 연구되고 검증되며 업데이트 된 방식이다. 물론 이 세 가지 요소가 다 각기 다른 요소는 아니다. 다들 연결이 되어 있다. 대화법은 인간에 대한 이해가 있으니 좋은 대화법이 개발될 수 있는 것이고, 인간에 대한 이해가 있어야 솔루션도 나온다. 또한 많은 경우 코치가 리더의 특정역할에 롤모델이 된다. 따라서 대화법 자체가 모방이 되어 솔루션으로 작용하기도 한다. 이 세 가지가 각기 다른 요소로 따로 작동한다면 그 코칭은 통합적 요소를 잃고 설득력을 잃게 된다. 리더에게 부하직원들을 칭찬하라고 하면서 코칭 방식은 리더의 잘못을 지적하고 변화하지 않으면 안 된다고 위협하는 식이라면, 이 코칭은 성공하기 어려울 수밖에 없다. 따라서 이 세 가지 요소의 전략적 통일Alignment과 통합Integration이 일어나야만 한다.

변화촉진 코칭은 이 세 가지를 모두 커버할 수 있는 코칭모델이다. 그리고 이것이 일반적 교육과 컨설팅이 코칭과 차별화 될 수 있는 지점이다. 보통 교육이나 컨설팅은 인간에 대한 보다 수준 높은 이해와 솔루션을 제공해준다. 하지만 아는 것과 실행하는 것은 별개의 문제이다. 그리고 그것을 각기 다른 개인이 각각의 상황에서 실행하는 것은 또 다른 문제이다. 즉 세련된 방식으로 변화를 이끌어 낼 수 있어야만 한다. 이는 상담과도 다르다. 인간에 대한 이해와 대화법에는 강점을 가지고 있지만, 조직에 대한 이해가 낮을 경우 제대로 된 솔루션을 제시하기가 어렵다. 그래서 이 세 가지를 모두 아우를 수 있는 코칭이 리더에게 짧은 시간 안에 가시적인 변화를 불러일으킬 수 있게 된다.

다음으로 이론적 배경과 실행의 기본이 되는 기초적 테크닉부터 코칭에 있어서 중요한 질문까지 소개하고자 한다.

이론적 배경 및 전제

변화촉진 코칭모델은 이그제큐티브 코칭의 특수성을 인정하고, 실행을 위해서 고안되었으며, 탄탄한 철학적·이론적 배경을 가지고 있고, 임상적 연구에 기반을 두고 발전되었다. 인본주의적 철학을 바탕으로 전체적인 구조는 브룩필드의 비판적 사고를 사용하고, 기법은 동기강화 대화에서 상당부분 차용하였다. 독자들의 후속 연구의 기반이 되도록 용어도 각 이론에서 사용하는 용어를 사용하였다. 그러나 교육장면이나 중독, 생활습관에 심각한 변화를 필요로 하는 사람들을 위해 고안된 동기강화 대화를 비즈니스 현장에서 일어나는 이그제큐티브 코칭에 적용할 수 있도록 새로이 해석 정리하였다. 따라서 이 모델을 실행하기 위해서는 1부 이론 파트에 소개한 이론적 배경에 있는 칼 로저스 등의 인본주의적 접근과 긍정심리학을 먼저 읽고 숙지하기를 바란다. 여기서 매우 중요한 것은 실질적인 방법들도 제시하지만 그것들이 제대로 작동하기 위해서는 앞에 설명하는 이론적 배경과 주요 개념에 대한 숙지가 필수적이다. 이를 숙지하지 않은 기술은 아무런 소용이 없다. 커뮤니케이션 기술 중심의 코칭은 영혼 없는 립 서비스가 될 가능성이 높다. 반면, 이론에 대한 마음 깊은 동의가 되어 있다면 기술은 필요가 없을지도 모르겠다. 우리가 사랑에 빠지면 대부분 자연스럽게 사랑을 표현하고 상대방에게 호의를 베푸는 것처럼 마음가짐이 행동의 대부분을 차지하게 될 것이다. 그리고 나면 더 잘 돕기 위해서 방법을 찾게 될 것이다. 그때 기술이 도움된다.

변화촉진 코칭은 앞의 장에서 설명한 이론적 배경과 다양한 학문 분야에서 밝혀진 연구 결과를 바탕으로 실전에서 개발 발전되어 왔다. 이는 몇 가지 이론적인 영향을 받은 전제를 내포하고 있다.

1. 이그제큐티브 코칭은 조직의 발전과 변화를 가지고 오는 것이다

조직개발을 하는 데에 코칭이 주요 방식으로 인기를 얻고 있다. 그 이유는 이것이 조직발전에 도움이 된다는 전제가 있기 때문이다. 단순히 개인의 웰빙이 아니라는 것이다. 그러나 이것이 개인의 이익과 배치되어서는 안 된다. 최근 연구 결과와 산업의 변화를 보면, 조직은 인간이 가진 특성을 가장 자연스럽게 충족하게 했을 때 사업이 번성한다. 몇 가지 예를 보면, 3M과 구글은 직원들에게 강제적으로 딴 짓을 하게 한다. 사람이 하루 종일 어떻게 일만 하는가? 관찰 결과 우리가 일터에서 보내는 시간 중 20~30% 정도만이 실제로 집중하여 일을 처리한다고 한다. 나머지는 준비하는 시간, 정리하는 시간, 잡일 처리나, 개인적 용무로 보낸다. 이럴 바에는 아예 편하게 다른 일을 하게 해주는 것이다. 그랬더니, 그 시간에 나온 창조적 아이디어들이 상품성이 매우 높다는 결과를 나타냈다. 그리고 사람들은 자율성이 존중될 때 효율성이 높아진다(레슬러 & 톰슨, 2010). 2요인 이론Two Factor Theory에서도 사람에게 업무 만족도를 높이는 동기 요인은 승진의 기회, 자긍심의 기회, 책임감, 자율성, 성장의 기회 등으로 인간이 가지고 있는 기본적·심리적 니즈에 부합하는 것들이다. 따라서 지시, 관리, 감독보다는 사람이 사람으로서 최선을 낼 수 있는 직장이 좋은 직장이 되고, 성과를 낼 수 있게 된다(Herzberg, Mausner, & Snyderman, 1959). 따라서 개인이 최선을 낼 수 있는 조건으로 행동방식을 스스로 고치고, 부하직원들을 대하는 방식을 바꿀 때, 개인의 개인적 성장과 발전뿐만 아니라, 조직의 발전과 변화도 이루어진다.

2. 변화를 만드는 것은 동기이다

그럼 무엇이 변화를 만드는가? 사람을 움직이게 하는 것을 우리는 동기(動機)라고 한다. 그럼 무엇이 사람들에게 동기가 되는가? 우리는 단순히 무엇을 안다고 그것을 실행에 옮기지 않는다. 운동하는 방법을 몰라서, 식이조절하는 방법을 몰라서 못하는 사람은 이제는 거의 없다. 스마트폰에 검색어만 입력하면, 과학적으로 검증된 수많은 내용들이 구체적으로 제시된다. 최적의 솔루션을 제공하는 것이 컨설팅이다. 그러나 솔루션을 실행하고 유지하도록 하는 동기를 유발하는 것이 코칭이다. 코칭은 컨설팅과 다르다. 하지만 조직 내에 변화를 촉진하는 코칭은 컨설팅과 유사한 점이 매우 많다. 조직개발 이론에서 보았듯이, 조직원 개개인이 변화하는 것이 조직 변화의 초석이 되는 것처럼 조직을 변화시키기 위한 컨설팅과 코칭은 그 목적을 함께 하는 경우가 많다. 컨설팅은 보통 조직 내의 상황과 기존 리서치 결과를 기반으로 솔루션을 제시한다. 하지만 이러한 솔루션은 실행이 잘 되지 않는 경우가 많다. 그러나 코칭은 실행이 가능하게 하는 데에 방점을 찍는다. 솔루션보다는 실행을 하게 하는 것이 더 중요하다. 그럼 실행을 하는 데에는 무엇이 가장 중요한가? 사람들은 제대로 된 솔루션이 없어서 실행하지 못한다고 생각하고, 제대로 된 솔루션을 가르치려고 한다. 아무리 훌륭한 솔루션이라도 이성적 계산에 근거한 강압적인 방식은 대부분 실행되지 않는다. 칭찬과 격려가 지적과 질책보다 좋은 결과를 낸다고 전문가가 아무리 떠들어도 그것을 실천하는 사람은 적다. 따라서 코칭은 완벽한 솔루션을 만들어 내는 것이 아니라, 각 개인이 실천 가능한 솔루션을 스스로 만들어 내어서 실행하게 하는 것이다. 잭 웰치나 스티브 잡스 같은 리더를 만드는 것이 아니라, 직원들에게 긍정적인 피드백 한 번씩 더해주게 하는 것으로 시작하여 본인에게 최적화된 리더십을 찾아가게 하는 것이 코칭이다. 그러기 위해서는 사람들의 동기를 유발할 수 있는 메커니즘과 핵심 요소를 파악하고, 코치가 실행하는 것이 필요하다. 코칭은 동기를 유발하고 안내하는 것이지, 억지로 변하게 하는 것이 아니다.

그럼 그 동기가 안 만들어지면 어떻게 하는가? 사람마다 에너지 레벨이 다르고 변화에 대한 수용 정도가 다르다. 따라서 변화에 대한 동기의 크기 역시 다르다. 코칭에서는 그가 가지고 있는 동기를 만들 수 있는 이상을 요구할 필요가 없다. 어차피 그것은 압박이나 다른 형식으로 접근해도 만들어 낼 수 없기 때문이다. 그 사람이 만들어 낼 수 있는 동기의 크기에서 최대화 해야지, 다른 사람이나 코치의 욕심대로 끌고 가는 우를 범해서는 안 된다.

3. 사람들은 자기가 하고 싶은 것을 한다

그럼 어떤 것들이 사람들을 변화하고 싶게 만들까? 사람들은 자기가 하고 싶은 것만 진심을 가지고 한다. 코칭을 하다 보면 사람들은 결국 본인이 하고 싶은 것을 확인받고 싶어 하는 경우가 대부분이다. 마음속에 이미 어떤 그림을 가지고 있고, 그것을 실행을 해도 되는지를 확인하러 오는 경우가 대부분이다. 이럴 때, 아무리 코치가 그것이 옳지 않다고 우겨봐야 소용이 없다. 만약 유학의 성공확률을 10%라고 이야기 할 때, 유학을 정말 가고 싶은 사람은 "10%나 되요?"라며 유학을 계획한다. 하지만 가고 싶지 않은 사람에게는 성공확률이 90%라고 해도 10%는 실패한다며 불가능이란 소리로 해석된다. 모 대기업 회장님이 미국에 사업을 진출하고 싶어했다. 100억원을 들여 컨설팅회사에 가능성을 타진하도록 하였다. 결과는 비관적이었다. 그러자 회장님은 다시 100억원을 들여 다른 컨설팅회사에 용역을 주었다. 가능성을 약간 우세하게 봤다. 그리고 그는 진출하였다. 결국 본인이 원하는 것을 뒷받침하는 자료를 얻기 위해서 200억원을 쓴 것이다. 경영컨설팅이 하는 가장 중요한 역할 중 하나가 CEO의 의사결정을 뒷받침하는 자료를 만들어서 조직을 설득하는 것이라고 본다 (Cummings & Worley, 2009). 우리는 가끔 최고 의사결정권자들이 어이없는 의사결정을 통해서 회사를 위기에 몰아넣는 것을 목격한다. 사실을 근거한 조언을 할 능력과 전문가가 없어서 그런 결정을 하는가? 그렇지 않다. 무슨 이유에서건 하고 싶은 것이 있고, 그것을 한다. 이것은 거대 기업의 CEO나 조직의 최하위에 있는 사람들까지 인간이라면 모두 그런 마음을 가지고 있다.

반면에 사람들은 다른 사람을 그 사람의 의사에 반해 조정하고 싶은 욕구를 가지고 있다. 마키아벨리는 사람들을 통치하려면 사랑을 받거나 공포를 느끼게 해야 한다고 했는데, 전자는 어려우니 후자로 통치해야 한다고 하였다. 사람들이 공포를 느껴 원하지 않는 것을 하게끔 할 때, 사람들은 권력감을 느끼기도 한다. 하지만 이것은 피상적 행동만을 이끌 뿐,

진정한 변화나 헌신을 결코 이끌어 낼 수 없다. 말을 물가로 채찍질해서 몰고 갈 수 있지만, 물을 억지로 먹일 수는 없다. 사람들은 하고 싶을 때 하는 것이고, 하고 싶게 하는 것을 우리는 동기라고 하는 것이다. 즉 하고 싶게 하는 것이 변화를 촉진하는 지렛대가 된다. 따라서 코치는 억지로 어려운 것을 하게 하거나, 원하지 않는 것을 하게 해서는 안 된다. 우선 효과가 없고, 그 이상의 프로세스를 진전시키는 데에 큰 저항을 불러일으킨다. 대신에 왜 그것을 원하는 지에 대해서 함께 탐색해 보는 것이 더 좋은 일이며, 강하게 원할 때는 크게 해가 되지 않는 범위 안에서 간단하게 직접적 경험을 해보게 하는 것도 좋다.

4. 변화의 시작은 관점전환이다

조직의 변화는 방향성을 가지고 있다. 위에서 말한 대로 사람들은 인간으로서 최선을 낼 수 있는 환경을 가질 때 일터에서도 최선을 낼 수 있다. 그러기 위해서는 우리가 가진 잘못된 멘탈 모델을 재고해 볼 필요가 있다. 코칭 장면에서 만나는 리더들은 상당히 큰 조직의 리더임에도 불구하고 검증되지 않고, 잘 먹히지 않았던 방식을 고수하는 경우가 많다. 예를 들어 코칭 중에서 가장 많이 듣는 질문이 어떻게 하면 부정적 피드백을 잘 줄 수 있느냐는 것이다. 어떤 임원은 "리더가 해야 하는 가장 중요한 일은 부하직원의 부족한 면을 정확하게 지적해 주는 것이다"라고 확신에 차서 이야기 한다. 그러나 사실 부정적인 피드백이 그 자체로 변화를 일으킨다는 연구 결과는 없다. 물론 야단을 효과적으로 치는 방법은 연구가 되기도 했다. 즉시성과 일관성이 있어야 한다. 또한 평소 관계가 좋을 때 야단의 효과도 좋다. 혹시 본인은 높은 분의 지적을 받고 무언가를 고친 적이 있느냐고 묻는다. "노력이라도 한다"라고 하지만 노력을 하는 것과 변화는 별개의 문제이다. 변화도 못 만들면서 억지로 시켜서 하는 변화의 노력은 스트레스만 유발하고 자신감만 떨어뜨린다. 사람들은 이런 수도 없는 잘못된 멘탈 모델에 갇혀 효율성을 추구하지 못하게 된다. 코칭에서는 이러한 관점전환을 유도하는 것이 중요하다. 이론적 배경에서 교육학적 배경을 설명하는 데 있어서 메지로우의 전환학습과 브룩필드의 비판적 사고를 설명하였다. 사람들은 뭔가가 제대로 작동되지 않는다고 생각할 때, 새로운 대안을 모색하고, 그것을 실험해본다. 그것이 사고방식일 수도 있고, 행동방식일 수도 있다. 코칭을 통해서 바뀌고자 한다면, 이러한 관점전환이 되는 것이 가장 효과적이다.

왜 저성과자는 해고의 위협에서도 스스로 바뀌지 않는가? 왜 꼴등을 하는 학생은 계속 꼴등인가? 저성과자가 낙오자나 조직에 위해를 끼치는 존재가 아니며 그 평가 기준에도 문제를 제기할 수 있고, 결정적으로 리더가 저성과자가 될 수밖에 없는 업무 분장을 했거나, 저성과자라는 시선에 부하직원이 그저 부응하고 있는 것일 수도 있다. 계속적으로 특정인을 "저성과자"로 라벨을 붙여놓고 그 사람을 어떻게 해 보겠다는 생각 자체가 행동변화를 가지고 올 수 없다는 것을 알아야 한다. 성과에 있어서 자기효능감은 가장 중요한 기준점이 된다. 자신이 할 수 있다는 믿음인 자기효능감이 높은 사람이 성과가 높다. 리더가 낙인을 찍어서 자기 효능감을 낮춰놓고 못한다고 하는 것이 문제인 것이다. 이러한 관점전환이 이루어지지 않으면 행동전략들이 무의미해 질 수밖에 없다. 따라서 코치는 이러한 관점을 전환하는 학습을 촉진시켜서 더욱 넓고 성숙된 시각을 가질 수 있도록 도와야만 한다.

5. 누구든 변화하고자 하는 의지와 능력을 가졌다

앞서 로저스는 사람들은 누구든 성장하고 싶은 의지와 능력을 가졌다고 보아 이그제큐티브 코칭은 성공한 사람을 더욱 성공하게 하는 프로세스라고 정의하였다. 인간은 그렇고, 클라이언트도 그렇다. 성공한 사람들도 더 성공하고자 하는 의지와 능력을 가졌다. 이것은 우선 사람을 바라보는 인간관에 관한 이야기이고 코치 개인의 가치관에 관한 이야기이다. 클라이언트뿐만 아니라 인간 자체로의 존엄성에 대한 존중을 가지고 한 사람 한 사람의 가치를 인정하고 받아들이며, 그들에게 최선을 제공하고자 하는 마음이다. 이러한 마음가짐은 인간으로서 가진 선(善)이다. 그리고 이러한 믿음은 과학적으로도 사람들에게 변화를 이끌어내기에 유리하다. 괴테는 "사람은 그 사람 자체로 대한다면 그는 그 사람 자체로 존재하지만 되어야 하고 될 수 있을 것처럼 그를 대하면 그는 그러한 사람이 될 것이다"라고 말했다. 쉽게 말하면, 내가 저 사람을 장군감이라고 생각하고 대하면 장군이 될 것이고, 지금 그저 철없는 사병이라고 보고 대한다면 그는 그저 사병으로 남게 된다는 것이다. 이는 피그말리온 효과와 골렘 효과로 설명된다. 피그말리온 효과는 긍정적인 기대나 관심이 사람에게 좋은 영향을 미치는 효과를 말한다. 일이 잘 풀릴 것으로 기대하면 잘 풀리고, 안 풀릴 것으로 기대하면 안 풀리는 경우를 모두 포괄하는 자기충족적 예언Self-fulfilling Prophecy과 같은 맥락이다. 부정적인 기대나 관심도 같은 작용을 하는데, 그것을 골렘 효과라고 한다. 즉 제대로 안 될 것이다 라고 생각하게 되면 그렇게 된다는 것이다. 따라서 코치가 클라이언트를 어떻게 바라보고 코칭을 하느냐가 그 결과에 치명적인 영향을 준다.

한 번은 코칭 경험이 있는 클라이언트가 나를 보자마자 "코칭은 소용이 없습니다. 나이 50넘은 사람을 어떻게 바꾼다는 거죠?"라는 불만을 토로하고 코칭을 거부했다. 클라이언트들은 코칭에서 특정 행동을 고칠 것을 강하게 요구받았다. 때론 이렇게 안 하면 도태된다 혹은 연임이 어렵다 등의 협박을 하는 코치도 있다. 이렇게 부족한 것을 고치라고 하는 접근은 매우 좋지 않다. 고치라고 하는 행위 자체가 그 사람을 부족한 존재로 보고 있기 때문에, 듣는 사람도 기분이 나쁘다. 이야기 하는 사람도 부족한 것, 잘못하는 것 투성인 사람으로 보이다 보니 코칭을 하면서도 "되겠나?" 싶은 의심이 들게 된다. 결과도 좋지 않고, 서로 기분이 상한다. 변화는 코치가 압박하는 것이 아니다. 클라이언트가 스스로 원하게 하는 것이다. 그리고 사람은 누구나 그 의지와 능력을 가졌다. 그리하여 관계를 잘 형성하여 도움을 주면 된다.

6. 코치와 클라이언트의 관계가 가장 중요하다

성장하고자 하는 의지와 능력을 가진 사람이 변화하도록 하는 것은 그럼 무엇인가? 관점이 바뀌는 것도 중요하고 새로운 방향성을 갖는 것도 중요하다. 하지만 그것을 모두 가능하게 하는 것이 있는데, 그것이 코치와 클라이언트와의 관계이다. 이그제큐티브 코칭에서 추구하는 변화는 보통 오랜 시간 익숙한 방식을 새로운 방식으로 바꾸는 것이다. 물론 완전히 새로운 방식을 받아들여야 할 때도 있다. 이는 새로운 기계 작동법을 배우는 차원이 아니다. 그리고 행동방식을 바꾼다는 것은 보통 여태까지 해온 방식을 부정하는 것을 포함한다. 따라서 매우 위험하고도 두려운 작업으로 느껴진다. 이러한 시도를 하는 데에 조력자는 반드시 수용적이며 지지적이어야만 한다. 앞서 이야기 한 인본주의적 접근에서의 무조건적인 수용이 필요하다. 무조건적 수용은 "무조건 당신이 옳습니다"하는 태도가 아니다. 이는 "당신이 어떤 느낌을 가지던 나는 그것이 충분히 타당하다고 여깁니다", "내가 경험해 본 것은 아니지만 사람이 그럴 수도 있습니다"하는 마음가짐이다. 이유를 알던 모르던, 어떤 감정을 가지고 있던 말던, 그것은 타당하고 수용할 수 있다는 태도이다. 예를 들어, 이제까지 부하직원들을 강하게 키운다고 공개적인 자리에서 망신을 주고 심지어는 욕까지 했던 임원이 코칭을 하는 도중에 이것이 잘못된 행동임을 깨닫게 되었다. 그럴 때 코치가 그 행동을 잘했다고 하는 게 수용이 아니다. "그때는 그렇게 하는 게 잘하는 건 줄 알았었을 수 있어요"라고 받아들이는 것이다. 우리는 모두 부족한 인간이다. 이것을 코치가 깨닫는 것이 제일 중요하다.

코치는 완벽해서 누군가를 코칭하는 것이 아니고, 그 역시 좀 더 나은 삶을 위해 고전하고 있는 한 명의 인간임을 받아들여야 한다. 그래야 발전이 있고, 부족함을 받아들이고, 클라이언트의 이야기에 공감할 수 있다. 부끄러운 경험을 해보고, 잊고 싶은 실패와 실수를 마주서 본 용기 있는 사람만이 무조건적인 수용이 가능하다. 누구든 들으면 기가 막힌 경험을 했고, 그것을 이해받고 수용받고 싶기 때문이다. 대화만으로, 왜곡된 기억만으로 과거를 알 수 없다. 하지만 코치는 상대방이 하는 말을 그저 "그럴 수 있다"라는 말로 수용해주면 된다. 그렇다고 해서 코치가 도덕성이 낮거나, 판단력이 낮은 것이 아니다. 오히려 삶을 바라보는 넓은 도량을 가진 성숙한 사람으로 여겨질 것이다. 어떤 말 못할 사정을 털어놔도 따뜻한 친구처럼, 어머니처럼, 그리고 할머니처럼 "그러는 너는 편해서 그랬겠냐" 하는 마음을 알아주면, 클라이언트는 잘못을 깨닫고 다시 그런 일이 발생하지 않도록 행동을 바꿔나갈 용기를 갖게 된다. 이것이 코치가 해야 하는 역할이며, 변화를 촉진하는 유일한 터전이 된다.

사람은 자신을 공감해주는 사람과는 더 많은 시간을 함께 하고 싶고, 그 사람의 말을 들으려고 하며 방어벽을 낮춘다(Linehan et al., 2002; Steele, 1988). 자신을 수용해주고 공감해주는 사람에게는 속내를 더 잘 드러내고(Critcher, Dunning, & Armor, 2010; Klein & Harris, 2009), 그 사람의 정보에 더 개방적이 되는 것이다(Klein & Harris, 2009). 이런 코칭관계가 형성되면, 관점 전환이나 행동변화가 큰 저항 없이 이루어지고, 진정한 노력을 하게 되며 그것을 이루어내게 된다. 반대로 사람들은 공감 받지 못한다고 느낄 때 분노를 느낀다. 따라서 관계 형성 없이는 코칭도 없다. 이것이 안 되었다고 혹은 뭔가 변화를 가지고 오겠다고 관계에 충격을 주는 것은 아주 나쁜 선택이다. 차라리 아무런 변화를 불러오지 못하는 좋은 코칭 관계가 억지로라도 변화를 불러일으키고자 하는 것보다 더 낫다. 이야기 하는 동안이라도 마음 편하고, 나중에라도 변화할 가능성이 있기 때문이다.

7. 세상에 이해 못할 사람은 없다

천인공노할 흉악범도 불쌍한 시절이 있다. 자기가 어린 자식에게 죽음에 이를 폭력을 가하는 부모들 중에 그들의 부모로부터 폭력을 안 당한 사람이 한 명도 없다. 연쇄살인범도 이야기를 들어보면, 유복한 가정에서 사랑을 듬뿍 받고 자란 사람은 한 명도 없다. 심리적 측면에서 보면 다들 이해가 간다. 하지만 본인이 폭력의 대상자였다고 본인의 폭력이 절대로 정당화 될 수 없다. 심리와 윤리는 전혀 다른 문제이다. 코칭의 측면에서 보면 우리는 심리를 먼저 보아야 한다. 윤리를 내세우게 되면, 그 앞에서 당당할 사람이 몇 없다. 물론 우리가 비윤리적으로 살기 때문이 아니다. 잘못도 없는데, 경찰을 보면 피하고 싶고, 경찰서 앞을 지나면 더 안전한 기분이 들어야 하는데, 왠지 불편한 그런 기분이다. 코치가 심리가 아닌 윤리의 렌즈로 본다는 느낌을 줄 필요가 없다. 코치는 일단 옳고 그름을 판단하는 재판관이 아니다. 상대의 마음을 바라봐주고, 비뚤어 진 것이 있으면 그것을 바로 잡도록 마음먹게 해주는 사람이다. 바로 잡는 것은 본인이다. 사람들은 이해받는다고 생각할 때 바른 행동을 할 가능성이 크다.

코칭을 하다 보면 드라마에 나오는 완벽한 집안이 하나도 없다. 어떤 집에나 부끄러운 가족사가 있고, 감추고 싶은 인물이 있다. 상처가 있다. 사람들의 이야기를 듣다 보면, 참 인생이라는 것이 비루하다는 느낌마저 들 때가 있다. 성공한 사람들이고, 겉으로 봤을 때 멀쩡한 사람들인데도 그렇다. 알고 보면 인간이란 그렇다는 생각이 들고, 측은지심이 든다. 그러다 보면 겉이 이상해 보이는 사람도 들여다보면 다 비슷한 것이 있다는 생각이 들고, 그러다 보면 겉으로 어떻게 보이는지가 중요하지 않아 보이게 된다. 예쁜 포장지에 쌓여있건, 축축한 신문지에 말려있건 코치가 보아야 할 것은 그 안에 있는 것이고, 그것은 사람들 간에 큰 차이가 없다. 최소한 더 좋고 나쁜 것은 없다. 다른 것들이 들어있으니 말이다. 코칭 의뢰가 들어올 때, 이슈가 있는 사람이라는 이야기를 들으면 더욱 조심스럽게 신문지를 걷어내면 되고, 예쁜 포장지면 유쾌하게 시간을 보낼 수 있다. 그러다 보면 사람을 가리지 않는 마음이 생기게 된다. 클라이언트를 두려워하지 않게 된다. 거친 클라이언트는 더 친절하고, 더 부드럽고, 더 공감적으로 대해주면 금방 마음이 돌아선다. 그들에겐 그런 사람이 별로 없었기 때문이다. 모두 다 귀한 사람, 내게 귀한 인연으로 다가온 고마운 분으로 보면 된다.

8. 코칭은 바람직한 변화를 촉진한다

변화촉진 코칭은 정확하게 방향성이 있다. 변화가 일어나야 하고, 바람직한 변화라는 것이 있다. 변화는 때로 부정적일 때도 있기 때문이다. 물론 그것이 완성되지 않을 경우도 많다. 하지만 방향성을 가지고 1cm라도, 돌아서라도 갈 수 있도록 해야 한다. 이는 코치의 개인적인 철학과 연구 결과 등을 기반으로 해야 할 것이다. 많은 간부와 임원이 가지고 있는 멘탈 모델과 잘못된 방식의 수정을 꾀할 수 있어야 한다. 예를 들어 혁신을 추구하는 회사라면, 안정주의에 젖어 아무런 변화를 하지 않으려고 하는 임원을 코치는 어떻게 해야 할 것인가? 회사의 방향성에 맞는 방향으로 변화하거나, 최소한 받아들이면서 본인의 장기를 발휘하여 조화를 이룰 수 있도록 도와야 할 것이다. 만약에 어떤 CEO가 도덕적 딜레마에 빠졌다면 어떻게 할 것인가? 새로운 공장을 지으면서 법에는 걸리지 않지만, 종업원들의 건강을 위협할 수 있는 상황에서 추가로 투자를 해서 안전장치를 할지, 법만 준수하면 될 지 고민하고 있다면 코치로서 어떻게 해야 할 것인가? 이그제큐티브 코칭은 이런 딜레마로 가득 차 있다.

따라서 코치는 조직의 이익을 스스로 정의하고 추구하는 방향성을 가져야 한다. 현재 법만 준수하는 것이 나중에 법이 개정되어 추가 시설 설치로 인해 더욱 많은 비용을 치를 수도 있고, 인간 존중이라는 인간의 가장 기본적인 도덕을 해칠 수 있다는 것, 그리고 장기적으로 회사에 치명적인 위험을 가져다 줄 수 있다는 것을 모두 환기시키는 것이 필요하다. 클라이언트가 비도덕적이고, 비효율적 판단을 하는 것을 그저 지켜보기만 해서는 안 된다. 바른 방향으로 위협적이지 않게 인도하는 것이 필요하다. 그리고 코치를 보호하기 위해서라도 일정의 윤리적 판단이나 가치판단은 할 수 있고, 그것을 코칭에서 구현해야 할 필요가 있다. 어떤 경우는 코치가 비윤리적 판단에 이용되기도 한다. 예를 들어, 정치적인 이유로 누군가를 제거하고자 코치를 통해 그 사람에게 해가 될 정보를 캐내고자 하거나, 코치의 부정적 평가나 견해를 요구하는 경우도 있다. 어떻게 해야 할 것인가? 클라이언트가 비윤리적 판단을 하는 것을 보고도 아무런 말도 하지 않음으로써 동조를 하게 된다면, 코치가 그런 활동에 직접적으로 이용이 된다면, 이런 것이 코치에게는 양심의 가책으로 남을 수 있으며 코치의 자존감에 해를 입힐 수도 있다. 코치가 경찰이나 판사처럼 정의의 수호자가 될 필요는 없다. 하지만 최소한 어느 정도 균형 잡힌 시각을 가질 수 있게 도와주어야 하고, 정말 옳지 않다고 생각하고, 본인이 이용된다고 생각할 때는 코치가 먼저 계약을 종료하는 것도 생각해 보아야 한다.

이러한 전제에 동의를 한다면 다음 단계로 넘어가보도록 하자. 물론 모두를 완벽하게 동의할 필요는 없다. 하지만 이러한 전제에 대해서 생각해보고, 대부분 동의한다면 이제부터 서술하는 개념과 기술을 익힐 준비가 된 것이다. 이것에 대해 이해를 하지 못했다면 다음 단계는 아무런 의미가 없을지도 모른다.

주요 개념

변화촉진 코칭에서 가장 중요한 개념은 양가감정, 자율성, 수용됨, 자기 효능감으로 보았다. 앞에서 서술한대로 우리가 변화를 해야 하는 이유를 모르거나, 방법을 모르지 않은 상황에서도 변화가 일어나지 않는 것을 숱하게 경험한다. 방 정리를 하라는 엄마의 말을 듣지 않는 어린 아이, 공부를 열심히 하지 않음으로써 생기는 체벌, 야단, 모욕, 그리고 낮은 성적에도 공부를 하지 않는 학생들, 인센티브를 준다고 해도 영업실적이 오르지 않는 직원들, 직원들에게 비전을 제시하고 격려하라는 강의를 수없이 들으면서도 마이크로 매니지먼트에서 벗어나지 못하는 임원들, 이렇게 변화가 일어나지 않는 상황에 필요한 것이 코칭이다. 이 메커니즘에는 몇 가지 주요 개념이 있어 소개하고자 한다.

▍양가감정

첫 번째, 양가(兩價)감정이다. 양가감정은 질적으로 다른 감정을 동시에 느끼는 것이다. 사랑하면서 미운 애증이 대표적이다. 뿐만 아니라 우리는 무엇을 원하면서도 원하지 않는 감정을 동시에 느낀다. 사실 잘 들여다보면 우리의 감정은 그다지 순수하지 않다. 매우 행복한 순간에 불안이 몰려오기도 하고, 슬픔의 순간에 안도와 정화가 일어나기도 한다. 사랑하는 연인을 바라보면서도 외롭기도 하다. 우리는 이런 감정을 늘 느끼고 있으면서도 잘 인지하지 못한다. 감정의 복잡한 속성은커녕 감정의 존재 자체에도 호의롭지 못한 우리의 문화적 배경이 한 몫 했을 것이다. 앞서 이야기 한 자기 인식이 잘되고 감성지능이 높은 사람들은 이러한 자신의 미묘한 감정을 잘 알아차리는 사람들이다.

이러한 코칭에서 드러나는 양가감정은 보통 변화하고 싶으면서도 변화하고 싶지 않은 마음이다. 사람들은 바람직한 변화라는 확신을 가지고 있어도 그것을 행동으로 옮길 때는 복잡한 심리를 갖게 된다. 예를 들어, 그간 부하직원들을 날카롭게 평가하고 그에 따라 차별대우를 하던 임원이 그것이 사실 별로 효과적이지 않다는 걸 알게 되었다. 그리고 그것을 자신의 경험을 통해서 확신한다고 하더라도, 이제부터 평가 대신 피드백으로, 그리고 차별대우 대신 결과와 과정을 모두 인정해주고 격려하는 태도를 갖는다는 것이 몇 가지 심각한 "문제"를 내포하고 있음을 알아야 한다. '아니, 저렇게 하면 모든 것이 좋아지는 데 안 바뀔 이유가 뭐가 있나'라고 코치 입장에서 생각하고 압박하거나, 행동이 바뀌지 않는 것에 대해 이해할 수 없다는 태도를 보이는 경우가 있는데, 이것은 인간이 가진 자연스러운 양가감정에 대한 이해가 없기 때문이다.

우선 변화를 하면 좋다는 것은 알겠다. 하지만 변화를 하지 않는 것에 좋은 점도 있다. 새로운 태도를 시도하지 않아도 되고, 시도했다가 실패하면 어쩌지 라는 두려움을 갖지 않아도 되며, 시행착오를 겪지 않아도 된다. 시도하지 않으면 아예 실패도 없다. 또한 사람은 기본적으로 보통 변화를 좋아하지 않는다. 뇌의 반응도 변화에 호의롭지 못하다(Feldstein Ewing, Filbey, Sabbineni, Chandler, & Hutchison, 2011). 성격적으로 변화를 좋아하는 사람은 어떤가? 변화를 좋아하는 사람에게 변화하지 말고 계속 같은 방식으로 일하라는 변화를 요구한다면 당연히 싫어할 것이다. 인간 본성의 반대방향으로 가는 것은 매우 에너지가 많이 드는 일이고, 실패의 위험이 있기 때문에 변화하지 않는 것이다. 무엇보다 안 변한다고 해서 당장 하늘이 무너지지도 않고, 여태 그렇게도 잘 해왔으며, 많은 사람들이 그러고 있다. 이런 안락함과 두려움을 이해하지 않는다면 변화를 만들어 낼 수 없다. 변화촉진 코칭에서는 양가감정을 인정하고, 그것을 직접적으로 논의할 수 있는 기회를 갖게 된다.

동기강화 대화에서는 결정저울표를 사용한다. 결정저울표는 변화했을 때와 변화하지 않았을 때의 장·단점을 따져보는 것이다. 이러한 이성적 활동이 도움이 된다. 하지만 결정저울은 우리가 생각해낼 수 있는 그런 이유들로 움직이지 않을 때도 많다. 변화의 장점이 변화하지 않았을 때의 장점보다 1g이라도 더 나가면 저울은 기울어진다. 조금 더 무거워지면 아예 휙 넘어가버린다. 아주 사소한 느낌, 생각 등이 변화를 만들기도 한다. 한 임원은 자신이 카리스마 넘치는 강성이라는 데에 자부심을 가지고 있는 듯했다. 대화를 하던 중 필자가 "코칭은 받아들이는 사람이 어떻게 하는지를 보면 잘하는지를 알 수 있다. 코치가 어떻게 하는지 보다 그것이 더 중요하다. 함께 일하는 부하가 자유롭게 의견 개진하고 눈 똑바로 바라보고 웃으며 이야기 할 수 있다면 막말로 욕해도 된다"고 했다. 그랬더니 그는 무언가 생각이 난 듯 이야기 했다. 본인은 욕을 듣고 조직생활을 했고, 욕하는 것이 별거 아니라고 생각했으며, 친한 사이면 더욱 이해해 줄 것이라고 생각했다. 그래서 회의 중에 분위기를 잡아본다고, 가장 친한 후배를 나무라면서 욕을 했다. 그 이후로 그 후배가 자신을 피하고 결국 다른 부서로 옮겨갔다. 그때는 그것이 무슨 의미인줄 몰랐다. 그 후배는 자신이 생각한 만큼 자신을 가깝다 여기지도 않았고, 사람들 앞에서 그런 모욕에 가까운 무안을 당하는 건 아무리 친해도 받아들일 수 없는 것이라는 것을 이제서야 깨닫게 되었다. 아마 그때는 그 임원도 당황해서 "상사가 그럴 수도 있지" 혹은 자기 합리화를 하며 그 일을 잊고 지내고 있었던 것 같다. 그러다 코칭 중에 "욕"이라는 단어가 나오자 고백을 하고, 여태까지 '카리스마'라고 생각했던 것이 자신을 좋은 리더로 만들지 않는다는 것을 깨닫게 되었다고 한다. 그날의 그를 그는 잊고 있었지만, 다시 기억이 살아나면서 본인이 정말 초라하고 못나게 느껴져 태도의 변화를 일으키게 되었다. 물론 필자는 그 세션에서 그런 것을 의도하긴 했지만, "욕"이라는 단어가 그것을 촉발할 줄은 몰랐다. 그러면서 그의 결정저울은 그가 카리스마를 내려놓고 부하직원들에게 더욱 다가가서 코칭적 대화를 사용해야겠다는 쪽으로 기울게 되었다. 그는 그러면서 자신의 대화법이 가정에서 아들과의 관계에 어떤 영향을 미쳤는지까지 스스로 터놓고 이야기했고, 스스로 변화를 다짐하였다.

　이렇게 코칭 중에 어떤 계기로 클라이언트가 마음을 열기 시작한다면, 행동의 변화가 뒤따르게 마련이다. 만약 이런 계기가 오지 않았다면 양가감정을 인정하고, 그것을 잘 들여다보는 것만으로도 변화의 단초를 찾을 수 있다. 이럴 때는 결정저울표를 적어보고 그것에 대해 코치와 이야기해보는 것이 도움이 된다.

결정저울표

변화 없이 계속해서 ____하기		변화하여 ____하기	
장점	단점	장점	단점

▋ 자율성

코칭에서 변화를 촉진하는 데에 자율성은 매우 중요한 개념이다. 사람들은 자율성이 침해되었다고 생각할 때 변화에 대한 의지가 꺾인다. 거실에서 TV를 시청하다가 이제 들어가서 공부를 할까 생각하는 순간 어머니가 "넌 공부도 안 하고 계속 TV만 보니"라고 이야기를 한 순간을 생각해 보라. "앗! 마침 내가 공부하려고 했는데 잘되었다"라고 생각할 수도 있지만, 많은 경우 반발심이 생기게 된다. 사람들은 자신의 행동을 자신이 오롯이 통제하고 결정하고자 하는 강한 욕구가 있다. 그래서 이 욕구를 좌절시키는 사람의 말에는 순응하지 않게 된다. 코치가 아무리 좋은 것이라도 클라이언트의 자율성을 침해한다는 느낌을 주어서는 안 된다. 조언이나 방법을 알려줄 수 있지만, 그것도 어디까지나 코치가 원해서 하는 것이어야 한다. 필자는 조직에서 고용되는 코칭도 하지만 개인의 요청에 의한 코칭도 진행한다. 만족도와 결과는 후자가 훨씬 높다. 왜냐하면 본인이 돈을 내고 시간을 내서 나를 찾아오는 수고를 하기로 마음먹은 사람은 이미 본인이 변화를 원하고 있으며, 그것을 본인이 선택을 했기 때문이다. 이런 클라이언트에게는 변화가 상대적으로 쉽게 온다. 10살 된 쌍둥이를 키우는 엄마는 단 2회 만에 한 아이의 5년 넘게 지속되던 만성적인 잘못된 습관을 고쳤다. 엄마의 행동을 바꿈으로써 말이다. 익숙하고 자동적인 방식이 아닌 새로운 방식을 사용하는 것은 쉽지 않다. 그러나 이미 본인이 변하기를 마음먹은 사람들에게는 이런 변화가 기적처럼 찾아오기도 한다.

심각한 생활습관병으로 당장 생활습관을 고치지 않으면 생명에 지장이 있는 사람들이 있다. 그런 사람들에게 의사가 "식이조절을 하지 않으면 큰일을 당할 수 있다"고 이야기 했을 때와 "지금 할 수 있는 일은 식이조절과 약 복용, 운동 등이 있는 데 어떤 것이 가장 좋으시겠냐"고 물어 선택하게 했을 때, 그것을 달성해 낼 확률이 후자가 크다. 다른 복권도 많은데, 로또가 사람들에게 선풍적인 인기를 끄는 것도 본인이 숫자를 선택할 수 있기 때문이다. 코칭에서도 마찬가지이다. 상대의 자율적 의지를 손상시켜서는 안 된다. 사실 그러는 순간 미묘하게 코치와 클라이언트 관계도 틀어지게 되고, 클라이언트는 코치의 말에 저항하고 싶어진다. 변화를 강요해서는 안 된다. 코치는 클라이언트가 변화하겠다고 스스로 이야기 할 때까지 기다려야 한다. 그리고 방법을 알려달라고 할 때, 방법을 선택할 수 있게 해주면 가장 변화의 확률이 높아진다. 사람들은 누군가에게 변화를 일으키려 할 때, 인간이 가진 저항하는 심리를 반드시 이해해야만 한다. 이는 마음의 추와 같은 것이다. 강압을 통해서 변화를 일으키려 한다면, 강압의 크기만큼 저항이 마음속에 커진다는 것을 알아야만 한다.

자율성에 관한 실험은 여러 가지가 있다. 직원들을 의사결정에 참여시켜 의사를 존중해주는 것이 어떤 결과를 보여주는 지에 대한 실험이다 (Bragg & Andrews, 1973). 병원 세탁실에서 실험이 시작되었다. 18개월에 걸쳐 세탁실에서 단순노동을 하는 작업자들에게 업무시간, 작업절차, 작업조건, 사소한 장비 변경, 안전 문제 등에 대해서 자체적으로 회의를 열고 결정하여 실행할 수 있게 하였다. 14개월 후 생산성은 42%가 향상되고 다른 부서에 비해서 결근율도 낮아졌다. 다른 부서에서도 실시하였더니 결근율이 줄고, 이직률이 감소하며, 민원 역시 감소하였다. 보통 자율성은 전문직이나 지식노동자들에게만 필요한 것으로 생각하는 사람들이 많다. 하지만 아주 단순한 노동을 하는 사람들도 효과적인 의사결정의 의지를 가지고 있으며 그것이 실현될 때 더 열심히 일하게 된다. 국가에서는 금연을 촉진하기 위해서 담뱃값을 올리고, 많은 공간을 금연구역으로 지정하고, 각종 혐오 광고를 만든다. 하지만 흡연율은 줄지 않는다. 오히려 금연 캠페인 기간에 흡연율이 올라간다. 사람들은 자율 의지를 억압하여 억지로 변화를 이끌어 내려할 때 오히려 그러지 않을 때보다 더 변화하지 않겠다는 생각을 하게 된다. 그것이 그들의 자율성을 지키는 길이라 생각하기 때문이다.

▌수용됨

변화촉진 코칭의 철학적 바탕은 인본주의이다. 칼 로저스는 어느 누구든 진정성, 무조건적인 존중, 정확한 공감으로 대한다면 더 좋은 삶을 살게 도와줄 수 있다고 하였다. 이러한 세 가지는 이런 태도를 가진 사람 앞에 앉아 있는 사람이 "수용된다", 즉 받아들여진다는 느낌을 받게 한다. 평가되고 내쳐지는 것이 아니라, 어떤 모순과 실수도 편안하게 이야기할 수 있고, 속내를 터놓는 것이 당황하게 하거나 그 자리를 떠나고 싶게 하는 것이 아니라 이야기를 터놓았을 때 위로와 격려를 받을 수 있다는 느낌이 이에 해당된다. 이 내용은 앞 장의 이론적 배경에 인본주의적 접근에서 다룬 것으로 대체하도록 하겠다.

이러한 수용적인 문화는 조직에서도 매우 필요하다. 도전과 혁신을 추구하는 기업들의 경우에는 실패와 실수를 두려워하지 말고 시도를 해볼 것을 장려한다. 여기에서 가장 기본이 되어야 할 기업 분위기는 수용되는 분위기이다. 숙고된 시도가 실패로 돌아갔을 때 결과가 아니라 과정을 인정하고 받아들이며 더욱 잘할 것을 격려하는 분위기가 생길 때 사람들은 조직에서 자신이 할 수 있는 것을 찾아 최선을 다하게 되고 그것이 혁신이 된다. 따라서 수용적인 태도는 코치뿐만 아니라, 상사가 조직원들에게 보여야 하는 태도이다. 사람들은 수용되지 않을 때 공격적으로 행동하는 경향이 있다. 누구 한 명에게라도 수용된다고 생각할 때 사람들은 삶의 방향을 잃지 않고 나아가게 된다. 코치가 클라이언트를 수용하게 되고, 그 수용으로 마음이 편해짐을 경험하는 상사는 부하직원들에게 수용적 태도를 보이게 된다. 수용적 태도는 회복 탄력성Resilience를 높여주는 역할을 한다.

1954년부터 하와이 카우와이 섬 주민을 대상으로 30년간에 걸친 흥미로운 실험이 진행되었다. 이 당시 이 섬은 지구상에서 가장 열악한 가정환경과 사회경제적 조건을 가지고 있었고, 그 안에서 자라는 아이들이 어떻게 성장하는지를 알아보고자 하였다. 연구 결과에 의하면 가정환경이 좋지 않을수록 아이들은 사회에 적응하기 힘들었으며 부모의 부정적인 성격이나 정신건강이 아이들에게 나쁜 영향을 끼치는 것으로 드러났다. 환경이 나쁠수록 더욱 나쁜 영향을 끼쳤다. 그러나 이 연구를 주도한 에미 워너Amy Werner가 주목한 것은 고위험군에 속한 201명 중 2/3는 사회 부적응자로 분류되었지만, 1/3에 해당하는 대상자들은 매우 바람직한 청년으로 성장한 것이었다. 이들은 높은 회복 탄력성을 가지고 있었다. 어려운 상황에서도 그것을 딛고 스스로를 바른 방향으로 성장시키는 힘 말이다. 그들의 성장 배경을 보니 그들의 회복 탄력성은 선천적 능력이 아니라 타인에 의해서 배양된 능력이었다. 이 72명은 그 사람의 입장에서 그를 무조건적으로 이해해주고 받아주는 어른이 적어도 인생에 한 명은 있었다는 것이다. 부모, 조부모, 삼촌, 아니면 주위사람이든 그 사람을 가까이서 지켜봐주고 무조건적인 사랑과 지지를 보내주며, 힘들 때 기댈 언덕이 되어주는 사람이 적어도 한 사람은 있었다는 것이다(Werner, 1993). 이러한 수용됨은 사람들의 회복 탄력성을 높여주어 고난과 역경 등을 이겨내고 다음 단계로 성장시키는 매우 중요한 역할을 한다. 많은 리더들이 매우 강인한 기질을 타고난 것은 사실일 것이다. 하지만 계속되는 사업적 압박 속에서 점점 회복 탄력성을 잃게 될 수도 있다. 이럴 경우 수용해주는 코치의 힘은 리더가 다음 단계로 나가는 데에 있어서 큰 힘이 될 수 있다. 사람들은 비난하고 지적하는 사람보다 자신을 수용해 주는 사람의 말에 더 귀를 기울이게 된다. 따라서 긍정적 변화와 성장을 위해서는 클라이언트가 수용되는 느낌을 받는 것이 중요하다. 이는 코치가 어떻게 하느냐의 문제가 아니라 클라이언트가 그렇게 느끼도록 해야 하는 것이다.

▌ 자기 효능감

조직에서 어떤 사람들이 성과가 좋을까? 수많은 학자가 연구를 해왔으나 일관된 결과는 나오지 않는다. 직위에 따라, 산업군에 따라, 문화권에 따라 다른 결과를 만들어낸다. 하지만 그 안에서도 몇 가지는 모든 상황에서 일관된 결과를 만들어내는데, 그 중에 하나가 자기 효능감Self-efficacy이 높은 사람이 성과가 좋다는 것이다. 자기가 할 수 있다고 믿는 사람이 성과가 좋다. 변화도 마찬가지이다. 자기가 변화할 수 있다고 믿는 사람이 변화를 만들어낼 수 있다. 또한 상대방을 변화하게 할 수 있다고 하는 믿음이 있는 사람이 결국 상대를 변화하게 만들 가능성이 높다. 따라서 변화를 만드는 코칭은 변화에 대한 자기 효능감을 높여주는 것이고, 그러기 위해서는 코치 스스로도 상당한 자기 효능감을 가져야 한다. 피코치의 자기 효능감을 높이는 데에는 몇 가지 방식을 사용할 수 있다.

첫째, 작은 경험을 스스로 하게 하는 것이다. 어려운 과제가 아니라, 작은 과제라도 성공의 경험을 통해서 자신감을 쌓아갈 수 있다. 금메달을 목표로 훈련하는 운동선수들은 대회에 나가기 전에 전력이 약한 선수를 대상으로 계속적으로 이기는 연습경기를 통해 자신감을 최상으로 끌어올린 상태에서 대회에 나간다. 승리의 순간을 경험할수록 그것을 추구하고 싶어 하며 그 방법도 체화할 수 있게 된다. 코치도 행동의 변화에서 너무 어려운 과제, 즉 커뮤니케이션 방식을 통째로 바꾸라는 제안을 해서는 안 된다. 그것은 좌절만을 불러올 뿐이다. 아주 작은 행동, 예를 들어 아침에 부하직원과 인사를 한다거나, "고맙다"는 말을 수시로 하는 것과 같은 행동을 통해서 역동이 무언가 변화되는 것을 감지해야만 한다. 두 번째는 사회적 설득이다. 이것은 그 사람이 할 수 있다는 것을, 그리고 우리 인간이 할 수 있다는 것을 설득하는 것이다. 그러기 위해서는 비근한 사례와 연구 결과들을 제시할 수 있다. 하지만 자칫하면 상대방에게 강요나 설교로 들릴 수 있기 때문에 주의해야 한다. 이럴 때는 "분명히 어려운 일이지만, 가능할 수도 있어요. 제가 몇 가지 사례를 공유해도 될까요?"라고 물어보고 제시하는 것이 좋다. 그 누구도 원하지 않는 설득을 당하고 싶지 않기 때문이다. 세 번째는 간접 경험이다. 조직 내에서 스스로 경험한 것이나, 다른 사람들의 성공을 관찰하고 거기서 자신이 잘 해 낼 수 있다는 자신감을 갖게 하는 것이다. 경제위기 때면, 해외에서 선전하는 운동선수들의 모습을 보면서 국민들이 희망을 내게 되는 것이 여기에 해당된다.

이런 경우는 클라이언트가 스스로 생각을 해내게 하는 것이 좋다.

코치도 자기 효능감을 유지하고 있어야 한다. 가장 중요한 것은 자신의 경험이다. 성공적인 코칭 경험이 많을수록 자기 효능감은 올라가고 코칭이 더 잘된다. 많지 않은 경험이라도 경험을 통해서 자신이 잘 하고 있는 것을 발견하고, 자신감을 갖는 것이 매우 중요하다. 필자는 상담교육을 받을 당시, 실습하는 동안 단 한 번의 지적이나 비난을 받아본 적이 없다. 내가 뛰어나서가 아니다. 나의 수퍼바이저들은 언제나 내가 한 상담에 좋은 점을 칭찬해주었다. 테이프에서 흘러나오는 나의 목소리를 듣는 것만으로도 쥐구멍에 들어가고 싶었지만, 어떻게 그렇게 좋은 점들을 보는지 긍정적인 피드백이 늘 있었다. 그리고 나서는 물었다. "어떻게 다르게 할 수 있었을까요?" 기본적인 교육을 받은 사람의 입장에서는 당연히 후회되고, 저렇게 하지 말았어야 하는 것들이 걸리게 마련이다. 그럼 그것을 이야기 하면 수퍼바이저들은 그런 면이 있냐면서 오히려 칭찬을 해주고, 큰 문제가 아니라고 해주었다. 그 덕분에 나는 자신 있게 상담을 시작할 수 있었고, 성장할 수 있었다. 그럼 나처럼 행운을 만나지 못한 사람들은 어떻게 해야 하는가?

학습과 연습이다. 수많은 사람들이 만들어 놓은 검증된 이론과 방식, 그리고 연구 결과를 학습하면서 자신이 하는 코칭에 자신감을 가져야 한다. 그리고 확률에서 벗어나는 상황, 상황의 특수성에서 오는 것들은 연습을 통해서 메꿔나가고, 그 과정에는 철저한 성찰이 이루어져야 한다. 앞에서 이야기 했듯이 배움은 경험이 아니라 좋은 성찰을 통해서 오는 것이다. 스스로 학습과 연습을 통해서 더 발전시켜 나가고 스스로 나아지는 것을 느낄 때 자기 효능감은 올라간다. 이것은 속일 수가 없다. 나는 속일 수 있어도, 클라이언트는 속일 수 없다. 정확하게 뭔지는 알 수 없지만, 저 사람을 신뢰할 수 있을 것 같은 느낌, 신뢰할 수 없는 느낌, 그것은 상대가 나보다 더 잘 알 수 있다. 따라서 스스로 100%는 아니더라도, 나는 사람들에게 변화를 불러오는 데에 꽤 능숙하고 진심을 가지고 최선을 다한다는 자기 효능감이 있어야 한다. 그리고 이것은 단순히 한 순간의 자신감이 아니다. 어린 천재의 자신감도 아니다. 수많은 인생의 경험과 임상 경험을 통해서 겸손과 인간에 대한 존중, 그리고 이해 등이 마음속에 녹아내릴 때 진정한 코치로서의 자기 효능감이 생길 것이다. 누구든 이해할 수 있다는 용기와 클라이언트의 저항, 때로는 공격에도 다치지 않을 수 있는 폭넓은 성숙감이 여기에 바탕이 될 것이다.

저명한 심리학자인 얄롬Yalom은 양가감정을 설명하면서 자신의 일화를 소개하였다. 그는 수련을 받는 수퍼바이저에게 "나는 어머니에게 특별히 나쁜 감정이 있는 건 아니지만 어머니가 돌아가시면 유산을 받기 때문에 어머니가 돌아가셨으면 좋겠어요"라고 이야기를 했더니, 수퍼바이저가 대수롭지도 않게 "인간이 다 그렇지요. 뭐"라고 대답했다고 한다. 여기서 소개하고자 하는 양가감정, 수용됨, 그리고 코치로서의 자기 효능감이 이 짧은 대화에서 다 드러난다. 사람들은 그런 감정을 실제로 느낀다. 그것을 코치는 알아야 한다. 그리고 수용해야 한다. 그런 마음을 먹는 것을 꾸짖거나 놀라는 수퍼바이저라는 느낌이 없었으니, 그도 그런 말을 할 수 있었을 것이다. 그리고 그 이야기 했을 때의 반응을 통해 자신이 인간적으로 상대에게 받아들여진다는 느낌을 받게 될 것이고, 그 사람과 마음을 터놓고 발전을 함께 고민하고 싶다는 느낌을 갖게 된다. 그리고 여기서 코치가 이런 상황을 이렇게 대처할 수 있다는 건, 사람의 본성에 대한 이해가 그만큼 깊기 때문에 가능하다. 우리는 누구든 나쁜 생각을 한다. 말을 안 듣는 어린 아이를 대하다 보면 등짝이라도 한대 때리고 싶은 생각과 감정이 든다. 생각이 나쁜 것도 아니고, 감정이 나쁜 것도 아니다. 그래서 아이를 때리느냐, 결국 그것을 어떻게 다루느냐가 윤리의 대상이 되는 것이다. 생각과 감정대로 하면 그것은 아동학대가 되는 것이지만, 어른으로서 성숙하게 그것을 인내하고 설득하여 좋은 행동을 할 수 있게 가르치면 된다. 하지만 나쁜 생각과 감정도 반복되게 내버려 두면 그것이 결국 행동으로 드러나기 때문에 우리가 생각과 감정도 다스려야 하는 것뿐이고 적절한 대처 방법도 학습해야 하는 것이다. 클라이언트가 어떤 이야기를 해도 저런 식으로 반응할 수 있다면, 당신은 이미 준비가 된 것이다.

프로세스

그럼 변화촉진 코칭은 어떤 프로세스로 진행되면 좋을까? 브룩필드의 비판적 사고의 틀에서 가지고 왔다. 이는 다섯 세션을 한다면, 다섯 세션에 걸쳐서 일어날 수도 있고, 한 세션에 다 일어날 수도 있으며 부분적으로 일어날 수도 있다. 변화의 크기를 어떻게 보느냐로 볼 수 있을 것이다. 하지만 변화를 목적으로 하는 여기서는 새로운 관점이나 행동이 새로이 통합되는 과정에서 최소한 한 사이클 이상은 일어나야 한다. 그리고 이것은 단계적이지도 않다. 이런 흐름으로 간다는 것이지 반드시 이것을 하고 다음에는 뭘 해야 한다는 정해진 규칙은 아니다. 코칭 장면에서 얼마든지 유연하게 사용할 수 있다. 이 프로세스를 본 서의 맨 앞에서 다룬 양상무의 이야기를 가지고 풀어볼까 한다.

▌ 촉발경험
'지금 무언가가 변화되어야 한다'라는 느낌이 촉발경험이다. 이전에 하던 방식이 어느 날 더 이상 먹히지 않는 당혹감이나 자신이 한 행동에 대한 각성이 느닷없이 드는 것, 아하 모먼트A-ha Moment 등이 여기에 해당된다.
양상무는 코칭을 시작할 때, 무엇을 코칭받고 싶으냐고 하자, 딱히 떠오르는 것이 없다고 했다. 하지만 그는 그가 문제가 아니라 문제가 있는 부하직원을 어떻게 코칭해야 하는지 알려달라며 코칭을 시작하였다. 그의 이야기를 듣던 필자는 양상무가 자신의 시각을 되돌아보고, 그 시각이 현실에서 어떤 행동을 만들어 내고, 실질적으로 어떤 결과를 만들어 내는지 보는 것이 가장 중요하다고 판단했다. 코칭을 할 수 있는 희망은 굉장히 많은 사람들이, 성공적으로 보이는 사람들조차도 자신의 경험과 멘탈 모델의 차이를 인식하고 있지 못한다는 것이다. 이것을 깨닫는 것만으로도 굉장히 많은 각성이 일어난다. 양상무 역시 그랬다. 자신이 가진 부하직원들을 바라보는 시각이 결코 조직 운영에 도움이 되지 않는다는 것을 깨달았다.

수많은 리더십 개발 워크숍에서 지위고하를 막론하고 사람들은 상사가 믿고 맡기고, 기대해주고, 인정해줄 때 능력의 100% 이상을 한다고 이야기 한다. 하지만 그들은 현실에서 부하직원을 의심하고, 작은 것까지 지시하고, 불안한 눈으로 지켜보고 있음을 암시하며, 성과가 나도 잘된 점보다 부족한 점을 지적해 주는 것이 좋은 리더십이라 생각하고 질책하고는 한다. 이러한 것을 성찰하고 깨닫게 해주는 것이 코칭이 해야 하는 가장 큰 역할이다. 이를 성인 교육학에서는 비판적 성찰이라고 하는데, 이런 비판적 성찰적 대화를 이끌어 나가고, 그를 통해 스스로 깨달을 수 있는 질문을 제공하여 아하 모먼트A-ha Moment를 만들어서 스스로 변화의 필요성과 동력을 만들어 낼 수 있도록 해야 한다.

브룩필드는 이러한 비판적 성찰을 일으키는 것을 촉발경험이라고 이야기 하였다. 보통 자신이 코칭비를 지불하고 찾아오는 클라이언트들 같은 경우는 이 촉발경험을 가지고 온다. 자신이 해오던 방식이 더 이상 문제해결을 하지 못할 때, 새로운 문제에 봉착해서 어떻게 문제를 풀어야 하는지 모를 때 그들은 누군가의 도움을 찾는다. 그런 사람들은 이미 새로운 방식을 찾고 있기 때문에 코칭이 비교적 쉽게 시작된다. 하지만 기업에서 일어나는 코칭은 대부분 피코치가 원하지 않은 상황에 일어나기도 하고, 별동기 없이 일어나는 일들이 많아 무엇을 코칭 받아야 할지 모르겠다고 하는 반응을 쉽게 만날 수 있다. 그럴 경우 코치가 단순히 열린 질문을 통해서 이야기를 끌어낸 후 그곳에서 촉발경험을 할 수 있는 부분을 이끌어 내어야 한다. 그가 하는 이야기는 흔히 듣는 투덜거림에 불과할 수 있다. 하지만 그러한 그의 사고가 리더십에 있어서 문제가 될 수 있다는 것을 코치가 알아채고 자연스럽게 자각이 일어날 수 있도록 안내해 주어야 한다.

▌평가

그렇게 아하 모먼트가 형성되어서 본인에게 변화가 일어나야 한다는 생각을 하게 되면 다음 단계는 상황에 대한 평가이다. 스스로 불편한 상황을 돌아보고 본인이 한 행동과 그 상황에 대해서 평가를 해보아야 한다. 또한 다른 사람들은 어떻게 하는지 궁금해질 수밖에 없다. 그런 것들을 전반적으로 둘러보는 것이다. 양상무는 본인이 부하직원을 질책하고 변화할 것을 주문하는 것이 잘못이라고 생각하지 않았으나 코칭을 통해 자각하고 그것이 옳은 방법이 아닐 수도 있다는 생각을 하게 되었다. 그리고 나서 자신의 경험을 돌아보았다. 그 안에서 자신이 부하직원들에게는 집에 가서 부인과 자식에게 100점을 주라고 이야기 하면서 본인은 정작 부하직원들에게 100점을 주지 않았다. 그리고 자신의 상사에 대해서 생각을 하기 시작했다. 본인도 질책과 지적만 하던 상사와 늘 칭찬하고 격려해주던 상사를 모두 경험했다. 그 경험이 자신에게 그리고 자기가 일하는 조직에 어떤 영향을 끼쳤는지 정확하게 인식할 수 있게 되었다. 이러한 평가를 통해서 자신이 비판적으로 생각하지 않고, 관성대로 혹은 다른 사람들이 하는 익숙한 방식을 그대로 차용해 왔음을 알게 되었다. 이 과정에서 사람들은 자신의 과오를 깨닫게 되기도 하고, 반성을 하기도 한다. 여기서 코치는 그것을 중립적이고 수용적으로 바라보아야 한다. 평가를 하거나 가르치는 태도는 이러한 평가에서 "나만 이러느냐?", "이렇게 해도 나는 여기까지 잘만 올라왔다"라는 반발을 만들어 낼 수 있다. 따라서 "상무님만 그러는 거 아니다", "이제부터 바뀌면 된다", "이걸 아는 사람도 얼마 없다"는 수용적 태도로 마무리해야 한다.

브룩필드의 비판적 성찰의 5단계

| 촉발경험 | 평가 | 탐색 | 새로운 관점개발 | 통합 |

1. **촉발경험**: 예상치 못한 어떤 일들은 우리 내부에 불편과 당혹스러움을 불러일으킨다.
2. **평가**: 상황에 대한 평가로 불편한 일에 대해서 깊이 있게 생각해 본다. 다른 사람들은 이 같은 상황을 어떻게 경험하고 있는 지 알아본다.
3. **탐색**: 우리에게 불편을 유발했던 경험을 설명하고, 받아들일 수 있는 새롭고 차별화된 방식을 탐색한다.
4. **새로운 관점개발**: 문제나 경험에 대한 새로운 역할/행동양식/사고방식을 시도한다.
5. **통합**: 새로운 생각하는 방식을 일상적 인색에 적용하고 통합한다.

▌탐색

세 번째는 탐색인데, 이는 불편한 경험을 설명하고 받아들일 수 있는 다른 방식을 탐색하는 것이다. 이제까지의 방식이 아니라면 어떤 방식을 차용해야 하는지에 관한 것이다. 여기서 코치의 전문성과 방향성이 드러나야 한다. 같은 문제라고 하더라도 상황과 개인의 특성상 여러 가지 설명법과 대안들을 탐색할 수 있다. 코치가 대안을 몇 가지 제시하기도 하고, 클라이언트에게 이것을 탐색해 올 것을 제안하는 것도 좋다. 풀어야 할 현실의 문제가 분명할 때에는 탐색을 통해서 몇 가지 대안을 만들어 내는 것이 좋은데, 코치가 주도할 수도 있고, 클라이언트가 주도할 수도 있다. 코칭관계에서 충분한 신뢰가 쌓이고, 클라이언트가 코치를 전적으로 믿고 따르겠다고 하는 경우에는 코치가 제시해도 좋지만, 가능하면 클라이언트가 자신이 할 수 있는 범위에서 대안을 만들어 오도록 하는 것이 더 바람직할 수 있다. 물론 그것이 얼마나 전문적인 분야이냐에 따라서도 다르다. 예를 들어 기술이나 전략상에 있어서 어떤 것을 사용할 것인지에 대한 대안이나, 커리어 코칭에서 대기업 입사에서 벗어나 본인이 진정 원하는 일이 무엇인지 생각해 내거나, 그런 일을 하고 있는 사람들을 만나보는 것 등은 클라이언트가 직접 하는 것이 훨씬 좋다. 자율성을 지켜주는 것이 필요하기 때문이다. 본인이 선택하고, 본인이 가지고 온 옵션 중에서 본인이 코치와 다시 돌아보고 결정을 한다면 이것은 변화를 일으킬 가능성이 훨씬 커지기 때문이다.

▌새로운 관점개발

네 번째는 새로운 관점을 개발하는 것이다. 탐색과정에서 생성된 대안이나 코치가 제시한 대안 중에서 지금 실행이 가능한 것을 실행해 보는 것이다. 새로운 역할이나, 행동방식, 사고방식이 모두 해당될 수도 있다. 양상무는 관리·감독·지시하는 리더가 아니라 조력자로서의 역할을 한다는 리더의 새로운 역할을 새길 수도 있다. 그간 그가 해 왔던 일방적 지시를 물어보는 형식으로 바꿔서 시도해 볼 수 있다. "해라"가 아니라 "할 수 있겠느냐?"라고 묻는 것이다. 그리고 저성과자를 바라보던 관점을 전환하여 "못 한다"가 아니라, "잘하는 일을 찾아주자"라고 생각하고, 회사를 떠날 때 떠나더라도 함께 하는 동안 잘 지내다가 아름다운 이별을 하자고 생각을 달리할 수도 있다. 이러한 관점전환은 행동의 변화를 일으킬 수 있다. 반대로, 관점전환이 되지 않은 상태에서 행동 양식부터 바꿔보면서 실험할 수도 있다. 실제로 필자가 하는 코칭에서 매우 성공률이 높은 행동이 있다. 직원들을 부를 때 앞에 "사랑하는", "존경하는"을 붙여서 부르는 것이다. 아무리 화가 난 상황이라도 "사랑하는 김대리"라고 부르면 그 다음에는 부정적인 이야기를 하기가 어렵다. 하더라도 그 강도가 매우 줄어들게 된다. 회사에서 쓰기 어려우면 집에서 실험을 해보도록 한다. "사랑하는 아들"이라고 부르고 부인에게 아침에 일어나자마자 "사랑한다"

는 말로 하루를 시작하는 것이다. 이것을 실천한 한 대기업의 팀장은 8주가 지난 후, 매일 싸우고, 병문안이 와도 할 말이 없어서 5분 만에 쫓아내듯 보내는 아들과 한 번도 싸운 적이 없고, 심지어는 아침마다 뽀뽀를 하고 등교를 한다고 한다. 잦은 싸움에 돈 벌어 오는 기계로나 살자던 부부 관계에도 변화가 왔다. 용기를 얻어 직장에서도 실행했다. 2개월 후 그는 직장에서 20대 직원들이 술을 사달라는 선배가, 동네에서는 소문난 롤모델 가장이 되었다고 한다. 이는 행동의 변화를 시도한 후에 관점의 변화가 온 경우이다. 무엇을 먼저 실행하면 될지는 케이스마다 다르다. 그러나 결국에 변화는 행동에서 드러나게 되어 있다.

▌통합

마지막은 통합이다. 이렇게 새로운 관점과 행동이 삶에 통합되는 것이다. 직장과 가족, 그리고 일반적 인간관계에 널리 적용되는 단계이다. 로저스 등의 심리학자는 삶의 일치와 통합을 강조하였다. 이러한 시도는 행동이나 사고방식이 바뀐 이후로 바로 뿌리를 내리는 경우도 있지만, 시행착오를 통해서 본인에게 가장 맞는 방식으로 통합된다. 또한 발전적 방향으로 가다가 퇴보하는 경우도 있고, 포기하는 경우도 있다. 그럴 때 코칭에서는 변화의 수위를 조절하여 너무 어려워서 좌절하지 않도록 해주고, 격려와 지지를 통해서 변화가 삶에 녹아내리도록 응원을 해주는 것이 필요하다. 그리고 안 되는 핑계가 아니라, 변화에 대한 의지를 유지할 수 있도록 하는 것이 중요하다.

앞서 말했듯이 이러한 사이클은 크게 돌아가기도 하고, 작게 돌아가기도 한다. 이런 프레임이 있다 하더라도 코치는 여기에 얽매여서 클라이언트를 몰아세우거나 하면 안 된다. 동기강화 대화는 꽤 강력한 변화의 툴인데, 여기에도 일정의 프로세스가 있다. 실험 결과에 의하면 프로세스를 따랐을 때와 프로세스보다 클라이언트의 리듬에 맞추었을 때 효과가 2배가 차이가 난다고 한다. 즉 프로세스에 갇힐 때 효과는 반감되는 것이다. 따라서 이런 흐름을 유지하는 것이 중요하지, 여기에 억지로 맞춰서는 안 된다. 필자가 하는 코칭도 이 프레임에 딱 맞아 떨어지는 경우가 그다지 많지 않다. 그리고 돌아봤을 때, 큰 그림에서 그런 흐름일 갖는 것이 보이지 세션 중에는 클라이언트와의 관계에 집중하는 것이 더 좋다(Miller & Rollnick, 2013).

대화 기법 : OARS 대화법

전체적인 그림을 이해했다면 이제 실제로 클라이언트와 앉아서 어떤 이야기를 어떻게 해야 할지 알아보자. 보통 코칭 교육에 가면 이 기법부터 가르치는 경우가 많지만, 이런 배경을 이해하지 못하는 기법은 공허하고, 잘 체화가 되지 않는다. 따라서 본 서에서는 이것을 맨 뒤에 놓았다. 기법으로는 중요한 질문들과 그리고 대화법을 소개하고자 한다.

여기서 대화법은 동기강화 대화의 OARS 대화법을 차용하기로 하였다. 사실 이 기본 대화법은 기존에 상담에서 사용하는 대화법과 상당부분 유사성을 지니고 있어 용어는 다르나 비슷한 기법인 경우가 있을 것이다. 여기서는 동기강화 대화의 용어를 사용하겠다.

우리가 무언가를 배울 때 우선 기본기부터 배운다. 코칭 대화법에도 기본기가 있다. 기본기만 잘 익혀서 실행한다면 중간은 해낼 수 있다. 동기강화 대화에서 사용하는 대화법은 심리학자들이 중독 환자들을 치료하기 위해서 기존 연구들을 바탕으로 개발하였으며 그 후 30년간 꾸준히 임상연구를 통해 효과성을 증명하고 있으며, 지금은 중독 환자들뿐만 아니라, 변화가 필요한 사람들을 대상으로 광범위하게 사용되고 있다. 치예방의학에서도 치위생을 강화할 수 있는 유일한 방법으로 인정되고 있으며, INSEAD의 코칭 프로그램에서도 이를 기본 대화법으로 교육하고 있다. 즉 지금 소개하는 내용은 경험적이거나 추론적인 접근 방법이 아닌 과학적으로 증명된 방식임을 강조하고자 한다.

이 대화법은 OARS 대화법이라고 하는 데, 열린 질문Open Question, 인정하기Affirming, 반영하기Reflections, 그리고 요약하기Summarizing의 약자이다. 어떤 코칭 접근법을 쓰건 유용한 대화법이고, 일반적 상황에서도 매우 좋은 대화법이다. 먼저 이 대화법의 목표는 뚜렷하다. 목표는 피코치가 자신이 변하겠다고, 혹은 어떻게 변화하겠다고 스스로 말을 하게 하는 것이다. 코칭의 하수는 변화를 하라고 설득하고, 고수는 피코치가 스스로 "변화하겠다"고 주장하며 코치를 설득하게 한다. 이 대화법은 네 가지 기술을 포함한다. 내용은 《동기강화 상담》 3판을 기본으로 하여 코칭 상황에 맞게 정리 재해석하였다.

▌열린 질문

우선 열린 질문Open Question은 이야기를 시작하는 방향성을 전혀 알 수 없는 질문이다. 보통 코칭에서 간단한 소개를 제외하고는 아마 첫 질문이 여기에 해당할 것이다. 이는 코칭을 위한 문을 열어주는 것이다. "코칭 받고 싶은 부분은 생각해 보셨나요?", "오늘 기분이 어떠세요?", "오늘은 어떤 이야기를 하고 싶으신가요?", "요즘 어떻게 지내세요?"와 같은 질문이다. 대화법에서 질문은 질문의 형태를 띠었지만, 말투는 평서문의 말투를 사용한다. 끝을 내리면서 질문하는 것이다. 그것이 상대방에게 더 부드럽게 다가갈 수 있고, 꼭 대답해야만 한다는 부담감을 줄일 수 있다. 열린 질문은 우리가 보통 이야기 하는 열린 질문과는 약간 다르다. 일반적으로 '예'나 '아니오'로 대답하거나, 단답형으로 대답이 나오는 것을 닫힌 질문이라고 하고, 그 외의 질문을 열린 질문이라고 한다. 하지만 여기서는 그 이상의 의미를 가지고 있다. 예를 들어, "양상무님의 태도가 부하직원들에게는 어떻게 느껴질 것 같으신가요?"라는 질문은 일반적인 열린 질문이다. 하지만 이 질문은 일종의 '어떻게 대답해야 할 것 같은 느낌'을 준다.

즉 '내 태도가 부하직원들에게 부정적으로 느껴질 수 있나?'와 같은 느낌을 들게 하거나, '아 이제 나의 태도에 대해서 이야기 하겠구나'와 같은 느낌을 가질 수 있다는 것이다. 이렇게 되면 열린 답변이 나오기가 어렵다. 여기서 열린 질문이란 어떤 대답을 하는 것이 좋을지 전혀 알 수 없는 질문이며, 코치도 무슨 이야기가 나올지 전혀 예상을 할 수 없는 질문이 된다. 코치는 여기서 나오는 대답을 통해서 그날 어떤 식으로 코칭을 진행할 지에 대한 힌트를 얻게 되기도 하고, 정말 중요한 문제가 무엇인지를 눈치 챌 수도 있다.

이러한 열린 질문을 통해서 자유롭게 이야기 하는 것이 관계를 형성하는 데에도 유리하다. 닫힌 질문은 사용을 최소한으로 하는 것이 좋다. 일련의 닫힌 질문은 관계 형성에 악영향을 준다. 취조 받는 기분이 들기도 하고, 한 시간 동안 무슨 이야기를 끌고 가려고 이러나 하는 마음에 서로가 불안해 질 수도 있다.

▌인정하기

다음은 인정하기Affirming이다. 이는 긍정적인 부분을 강조하는 기술이다. 앞에 설명한 인본주의적 관점을 가지고 상대방의 긍정적인 면을 부각시켜서 변화에 대한 희망과 확신을 갖게 하는 것이다. 그러기 위해서는 그 사람 자체에 관심을 가지고 인간 대 인간으로 만나 그 사람이 한 인간으로서 내재된 가치를 포함하는 좋은 면들을 알아보고 인정해 주어야 한다. 또한 어떤 행동이나 시도를 했을 때, 그것을 지지하고 격려해 주는 것이다. 사람들은 자신의 감정을 알아봐 주고 인정해 주는 사람에게 더욱 마음을 열고, 더 귀담아 들으며, 더 신뢰하고, 더 함께 시간을 보내려고 한다. 따라서 이는 관계 형성에 매우 중요한 역할을 하는 기술이다. 사람들은 자기가 부족한 사람이고, 바뀌지 않으면 나쁜 결과가 올 것이라는 두려움과 슬픈 감정으로 큰 변화를 마음먹지 않는다. 마음은 먹더라도 실행에 옮길 확률이 낮다. 희망과 자신감을 가지고 있을 때 변화를 하겠다는 동기가 유발된다.

인정하기는 이러한 긍정적인 감정을 불러일으키는 역할을 한다. 이는 자신에 대한 방어를 감소시킨다. 어느 정도 코치에 대한 신뢰가 형성되면 코치가 어떤 변화를 제안하더라도 그것에 대한 자기 방어를 덜 하게 된다. 보통 변화하라고 하는 것은 지금 하고 있는 것이 잘못되었다는 의미를 내포한다. 그래서 누구든 변화에는 방어하고자 하는 마음이 있다. 그러나 상대가 나의 가치를 인정해주고, 나의 노력을 알아봐 준다면 기꺼이 변화를 시도하겠다는 마음을 갖게 된다. 또한 이는 개방성을 촉진시킨다. 칭찬이나 인정의 말을 들으면 사람들은 자신에 대해서 더 이야기를 하고 싶어 한다. 반대로 지적을 하게 되면 더 이상 자기 이야기를 하고 싶어 하지 않는다. 자기 개방은 자기 인식에 매우 중요하다. 코칭에 있어서 자기 인식은 결국 대화를 통해서 넓어져야 하는데, 이러한 인정하기 기술은 사람들의 자기 개방을 촉진하고, 자신을 더 많이 알게 한다. 물론 자신의 긍정적인 면도 보게 될 것이고, 부족한 점도 이야기하게 된다. 특히 이런 자기 개방성은 친밀한 관계를 맺는데 매우 중요한 자산이 된다. 따라서 코칭관계에서 이러한 자기 개방성이 높아졌다는 것은 코치와의 친밀한 관계를 통한 코칭의 만족도와 결과에 긍정적인 신호이다. 이는 평소의 태도에도 영향을 미치게 된다. 많은 리더들이 자신의 이야기를 하지 않는다. 그러다 보니 자신에 대한 인식이 떨어진다. 코칭 중에 자기에 대한 이야기를 하기 시작하면 외부에서도 자신의 이야기를 할 수 있는 훈련이 되므로 혜택이 매우 크다.

인정하기를 잘하기 위해서는 코치는 피코치의 좋은 점에 대해 언급할 때 "당신"에게 초점을 맞춘다. "사장님은 정말 직원들을 많이 생각하시는군요", "부장님은 정말 긍정적이면서도 포용적인 마음을 가진 분이시네요"와 같이 상대에 초점을 맞추는 것이다. 코치가 "제 눈에는"이나, "다른 사람들이 봤을 때"가 아니라, 그 사람이 그런 장점을 갖고 있다는 것에 초점을 맞추는 것이다. 반대로 만약에 필요하다면 부정적인 이야기를 해야 할 때 코치가 나－메시지를 사용하는 것이 좋다. "제 생각에는 부하직원들은 다르게 생각할 것 같아요"라고 이야기를 해서 이것은 어디까지나 나의 지협적인 판단이고, 틀릴 수도 있다는 견지를 계속 유지해야 한다.

인정하기는 클라이언트의 행동이나 상황을 긍정적인 방향으로 재구성이 가능하게 한다. 이를테면, 몇 차례의 실패를 경험했다고 하면, 그것을 실패가 아니라 "시도"에 초점을 맞추게 하는 것이다. "해 봤는데 잘 안되요"라고 이야기하면 "시도를 해봤다는 게 의미가 있는 거 아닐까요. 점점 좋아지고 있음이 분명해요. 그런 시도를 한 부장님은 정말 용기 있는 분이네요"라고 상황을 재구성하는 것이다. 어떤 사장이 "내가 믿고 일을 맡기는데 결과가 안 나온다는 말이죠. 저도 직원들이 능력이 안 되서 힘들어요"라고 말을 한다면, 코치는 긍정적인 방향으로 재구성 할 수 있다. "부하직원을 믿고 일을 맡기는 게 쉬운 일이 아닌데, 그걸 하고 계시다니 이미 반은 오신 거예요. 하시는 방식을 조금만 더 하시거나 조금만 바꾸시면 곧 결과가 나올 거예요"라고 이야기 해주는 것이다. 물론, 사장의 태도가 좋지 않다. 코치가 안다. 그러나 그것이 문제라고 말하지 않고 다른 방식으로 안내하는 것이다. 그런 관점은 도움이 되지 않는다고 말하는 것이 아니라, 이런 식으로 인정하기를 통해 새로운 관점을 제시하는 것이다. 만약 코칭에서 어떤 액션플랜을 짜고 실행하지 못했다고 고백을 할 때에도 "그래도 계속 그것을 마음에 두고 계셨네요"와 같이 긍정적인 면을 보고 인정해 주는 것이다. 그리고 "양상무님은 본인의 행동에 대한 성찰과 새로운 방향설정이 굉장히 빠르시네요"와 같은 것이다. 앞에서 이야기 했듯이 변화촉진 코칭은 방향성이 분명하다. 따라서 방향에 맞는 시도나, 아이디어나, 혹은 실패도 그 방향으로 나갈 수 있는 희망의 메시지로 코치가 끊임없이 재해석해 주는 것이 필요하다. 또한 변화의 방향으로 가는 클라이언트의 긍정적인 성향이나 기술이라고 여겨지는 것에 대해 언급하는 것이 좋다. 코치는 정말 기민하게 인정할 수 있는 기술, 자질, 행동 같은 것들을 대화 속에서 찾아내야만 한다.

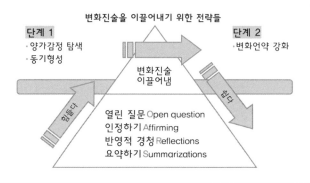

변화진술을 이끌어내기 위한 전략들

단계 1
· 양가감정 탐색
· 동기형성

단계 2
· 변화언약 강화

변화진술
이끌어냄

들다

쉽다

열린 질문 Open question
인정하기 Affirming
반영적 경청 Reflections
요약하기 Summarizations

　　그렇다고 인정하기를 남발하는 것을 삼가해야 할 면이 있다. 우선 거짓 칭찬은 절대로 해서는 안 된다. 하지도 않거나, 그런 특성을 가지고 있지도 않은데 무조건 하는 인정하기는 코칭 자체에 대한 신뢰성을 떨어뜨린다. 선택적으로 부각시켜 더욱 칭찬하는 것은 가능하지만 드러나지 않는 것을 인정해서는 안 된다. 그리고 인정하기가 구체적일수록 좋다. 무조건적으로 "훌륭하세요", "대단하세요"와 같은 말을 남발하는 것은 처음에는 듣기 좋을지 모르지만 계속 들으면 공허하기 짝이 없고, 코치가 전문성이 없는 것처럼 보이거나, 이야기를 잘 듣고 있지 않다는 느낌을 줄 수도 있다. 가능하면 인정하기의 근거가 어떤 것인지를 설명해 주는 것도 좋다. 양상무가 "내가 직원들한테 부인에게 100점, 자식에게 100점을 주라고 하고 나는 못하고 있었네요"라고 이야기를 하면, "정말 공부 많이 하시네요. 사람들은 대접받는 만큼 해내고 싶어 하는 욕구를 가지고 있잖아요. 피그말리온 효과라는 것도 있고요"라며 근거를 대주어서 인정하는 것이다. 뒤에서도 말하겠지만, '그걸 못하고 있다'라는 데에는 별 반응을 하지 않아도 된다. 여기서는 변화하는 쪽에만 초점을 맞추는 것이지 못하는 것을 질책할 필요도, 지적할 필요도, 또 그것을 사실화 하여 받아들일 필요도 없기 때문이다. 굳이 반응을 해야 한다면 "이제부터 하실 거잖아요"라는 정도의 반응이면 된다. 클라이언트에게 코치가 그의 변화를 믿고 기대하고 있다는 것을 드러내는 것도 인정하기의 한 방식이 될 수 있다.

▌반영적 경청

반영적 경청Reflections은 경청을 하는 것인데, 수동적으로 듣는 것이 아니라 거울이 되어 반응을 해 주는 것이다. 아마 이것이 가장 많이 쓰이는 대화 기술일 텐데, 이는 경청을 상대방이 경청하는 것을 알게끔 드러내는 기술이라고 생각하면 된다. 즉 "나는 지금 당신의 이야기를 아주 귀 기울여 듣고 있습니다"를 간접적으로 계속 알려주는 것이다. 여기에는 상대방의 이야기에 적절한 언어적(맞장구치는 말)·비언어적 반응(눈맞춤, 표정, 제스처 등)이 있다. 이는 남성들보다 여성들이 더 능한 편이다. 여성 둘이 이야기를 하는 것을 들어보면 누가 이야기를 하고 누가 듣는 사람인지 모를 정도로 둘 다 적극적인 모습을 볼 수가 있다. 가장 무난한 반응은 "그랬군요", "그렇군요", "그럴 수도 있겠군요"와 같은 말이다. 이러한 반응은 내가 듣고 있다는 것을 드러내지만, 동의를 하는 것도, 안 하는 것도 아니며, 특정 의견이 없다는 것을 뜻하기도 한다. 코칭 초기에는 특히 더 그렇고, 코칭이 진행되면서 클라이언트의 행동이나 사고방식을 지적하고 싶은 경우가 많이 있을 것이다. 그럴 때는 우선 이렇게 반응하는 것이 좋다. 그리고 나중에 이런 저런 질문을 통해 스스로 그것을 자각하게 하는 것이 좋다. 따라서 가치중립적인 태도를 유지하는 맞장구 쳐주는 말을 계속 사용하는 것이 좋다.

비언어적 경청에는 여러 가지가 있지만 가장 중요한 것은 눈맞춤이다. 임원들의 코칭 스킬을 롤 플레이나 비디오 촬영을 하고 커멘트를 하는 코칭을 하게 될 때가 있다. 그럴 때 필자가 가장 많이 보는 것은 청자의 눈맞춤 정도이다. 화자가 아니다. 부하직원이 상사와 눈을 맞추면서 대화를 할 수 있다는 것은 둘 사이의 관계가 좋다는 뜻이다. 눈을 맞춘다는 것은 마음을 맞추는 것이라는 표현도 있듯이, 눈을 바라보고 이야기 할 정도면

서로가 꽤 편한 관계라는 것을 의미한다. 반대로 눈을 못 맞추는 것은 관계가 불편하다는 뜻이고, 눈을 안 맞춘다는 것은 '내가 당신이 불편하다'라는 메시지로 읽히게 된다. 따라서 코치는 눈맞춤에 특히 신경 쓰는 것이 필요하다.

다음 기법은 이야기의 내용을 비슷한 말로 옮기는 것이다. 이것을 다른 말로 바꾸어 말하기Paraphrasing라고 하는데, 이는 상대방이 하는 말을 비슷한 정도의 뉘앙스를 가진 말로 바꾸어주는 것이다. '내가 그때 너무 속상했다'라고 이야기 하면 '상심이 되셨겠어요'라고 바꾸어 말하는 식이다. '내가 그때 승진을 했다'라고 하면 '결국 원하던 일을 인정받았군요'와 같이 표현해주는 것인데, 이런 것을 통해서 화자는 청자가 정확하게 본인이 하는 말을 이해하고 있다는 믿음을 갖게 된다. 그리고 이렇게 누군가가 내 이야기를 열심히 듣고 있다고 생각하면 그 사람에게 더 많은 것을 털어놓고 싶어지게 된다. 이런 다른 말로 바꾸기는 또한 "내가 지금 당신의 말을 정말 열심히 듣고 있어요. 내가 이해하는 것이 맞나요?"라는 의미도 된다. 즉 정확하게 이해하고 있는지를 확인할 수 있는 기회가 되기도 한다.

또한 이러한 방식은 실험적으로 이야기의 방향을 전환하기도 한다. 감정을 반발자국 반감시켜 읽어보는 것이다. "내가 그때 엄청 화를 냈다"고 이야기를 했는데, "정말 짜증이 나셨겠어요"라고 이야기 하면, 상대방은 "짜증이 난 정도가 아니에요"라고 하면서 그 감정에 대해서 이야기를 더 하게 된다. 또한 "이번에 내가 제대로 인정을 받았어요"라고 이야기 할 때 "정말 뿌듯하시겠어요"라고 이야기 하면 "뿌듯하긴 한데, 마음이 무거워요"라면서 이야기를 더 심도 있게 들여다 볼 수 있는 기회가 된다. 그러나 여기서 주의할 것은 반응을 더욱 세게 하는 것은 조금 위험할 수 있다. "인정받아서 기뻤어요"라고 하는데, "기분이 최고셨겠는데요"라고 한다면, "아니 그 정도는 아니에요"라고 반응할 수 있고, 그렇게 되면 대화의 분위기가 미묘하게 어색해 질 수 있다. 따라서 이때에는 조금 강도를 약하게 반응하는 것이 좋다. 사실 이렇게 강도를 조절해가면서 이야기를 끌어가는 고도의 방법이 있는데, 이 이상은 동기강화 대화도서나 훈련을 참고하기 바란다.

경청은 사실 경청만으로 모든 것을 다 하는 코칭도 많다. 누가 내 이야기를 들어만 주는 것으로 위안을 받을 수도 있고, 이야기를 하다보면 스스로 정리가 되고 계획까지 나오는 경우가 꽤 많다. 사실 경청은 질문보다도 훨씬 수준 높은 기술이다. 상담가들은 이것을 수퍼비전 받아가면서 계속적으로 수년에 걸쳐 수련을 받는다. 그 어떤 질문보다 경청이 주는 효과가 크기 때문이다. 그러나 경청을 실행하기 어렵다고 하는 이야기를 자주 듣는다. 상사들은 물론이고, 전문직에 종사하는 사람들도 그렇다고 한다. 짧은 시간에 많은 환자들을 상대해야 하는 의사들은 경청의 중요성을 알지만 시간이 없어서 경청하지 못한다고 한다. 하지만 연구에 의하면 경청하는 의사들이 경청하지 않는 의사들에 비해서 환자를 대면하는 시간이 더 짧았다. 경청하면 더 필요한 정보에 집중하여 이야기를 나눌 수가 있고, 환자 입장에서는 의사가 내 이야기를 잘 안 듣는다는 불안함에 더 장황하게 반복적으로 설명을 하게 된다. 의사 입장에서도 정확하게 니즈가 파악되어서 필요한 말만 하면 되는 것이 아니라, 제반 사항까지 다 이야기를 하게 되므로 대화의 양이 많아질 수밖에 없다. 따라서 시간이 없을수록 더 경청해야 한다. 코치가 실컷 특정 행동법을 설명했는데 클라이언트가 "그건 제가 잘하고 있는데요"라고 말하면 어떨까? 코칭도 마찬가지이다.

▌요약하기

마지막으로 요약Summarizing은 클라이언트의 이야기를 요약해 주는 것이다. 이는 이야기가 어떻게 전개되었는가를 확인하는 기능이 있고, 나아가야 하는 방향을 제시하는데 사용이 된다. 코칭에서 피코치가 변화의 어려움을 토로하는 경우가 많다. 내용이 부정적일 수 있다. 그러나 코치는 요약을 통해서 "변화가 어렵지만, 시도를 꾸준히 해왔으며 작으나마 성공을 경험했다"라는 내용을 강조해줄 수 있다. 그런 요약을 통해서 피코치는 부정적인 면이 아니라 긍정적인 면을 볼 수가 있고, 변화의 희망을 가질 수가 있는 것이다. 따라서 요약은 단순히 내용의 요약이 아니라 코치가 가고자 하는 방향에 맞추어 재편집되는 것이다. 이는 '저항과 유지대화'에서 조금 더 다루도록 하겠다.

필자는 교육을 위해서 데모 코칭을 진행할 때 이 네 가지 기술만을 사용하여 대화를 진행하고는 한다. 그런데 놀라운 것은 이 간단한 기술만으로도 코칭이 온전하게 진행된다. 대화를 통해 피코치는 자신 스스로 변화의 방향을 설정하고 계획까지 짜고 다짐까지 하고는 한다. 마치 대본을 짜고 하는 것과 같은 느낌이다. 그러나 이는 연구에 의해서 반복적으로 확인이 되었다(Amrhein, Miller, Yahne, Palmer, & Fulcher, 2003). 이 대화법과 몇 개의 중요 질문만으로도 코칭이 완성된다. 뭐든 그렇다. 기본기가 훌륭하면 잔재주 없이 무언가를 이룰 수 있지 않은가. 이런 대화법만이라도 충분히 숙지하고 훈련을 한다면, 코칭의 상당한 전문가라고 할 수 있을 정도로 중요한 기술이다.

가치와 비전 탐색

대화법 다음으로 생각해 볼 것은 질문이다. 코칭은 질문이 주인공처럼 등장하는 경우가 있다. 요즘 컨설팅은 솔루션을 주는 것이 아니라, 그들이 풀어야 할 문제를 던져주는 것이라고 한다. 따라서 100만 달러짜리 질문을 하는 것이 필요하다. 즉 질문을 남발하는 것이 아니라, 정말 중요한 질문을 던져서 당사자들이 그것을 고민하게 해야 한다는 것이다. 코칭도 마찬가지이다. 앞에 이야기한 열린 질문을 통해서 이야기를 시작할 수 있다. 그러나 진행이 되는 요소요소에 주요 질문들이 나와서 지렛대 역할을 해야 할 경우가 있다. 그 주요 질문은 보통 가치와 비전에 관한 것이다. 변화촉진 코칭에서 중요한 몇 가지 질문을 포함한 가치와 비전 탐색을 사례를 통해 이야기 해보겠다.

█ 비전 창조

"미래에 대해서 어떤 환상을 가지고 있습니까?" 4 반세기 동안 INSEAD에서 코칭 프로그램을 운영해온 맨프레드 케츠 드 브리스 교수에게 사사받으며, 15년간 장수해온 코칭 프로그램을 연구하기 위하여 근 20시간을 걸려 학교에 도착한 필자에게 한 교수님의 첫마디였다. 그 흔한 인사 한마디 없이, 사람들이 바글바글한 리셉션 장소에서 그렇게 물었고, 나는 그 어떤 말로도 대답할 수가 없었다.

이 질문은 사실 필자가 코칭에서 가장 많이 하는 질문이며, 여러 경영학과 심리학 이론에서 사람들의 변화를 불러일으키는 주요한 질문으로 제시하고 있다. 다음은 이 질문으로 임원진 코칭을 시작한 회사가 연매출이 300% 가량 성장을 이룬 사례이다.

어느 날 내 코칭 수업을 들었던 한 분이 필자를 찾아왔다. 그는 90명 정도의 직원을 둔 중소기업을 인수 합병했다며, 간부교육과 임원코칭을 부탁했다. 당시 회사는 합병이 3~4차례 좌절되어 일을 좀 한다는 직원들은 이미 회사를 떠나버린 상황이었고, 조직 분위기는 매우 절망적이고 패색이 짙었다. 그들은 회사가 살아날 수 있을까 하는 의구심을 가지고, 새로운 경영진을 맞았다. 간부교육을 하고 나서 대표에게 나는 신신당부를 하였다. 지금 회사에는 비전이 절대적이다. 그러니 꼭 비전을 만들어서 제시하라고 말이다. 대표는 필자에게 배운 대로 하겠다며, 비전 선포식 날짜까지 잡아놓았다.

그러던 어느 날, 경영이사의 다급한 전화 한 통을 받게 되었다. "교수님 큰일 났습니다." "왜요?" "내일이 비전 선포식 날인데, 비전이 아직 없습니다. 도와주세요." "아이고야…" 일단 알았다고 하고 전화를 끊었다. 그리고 나는 다시 전화를 했다. "회사 전년 매출이 얼마나 되지요?" "201억원입니다." 그리고는 문자로 몇 가지 비전이 될 만한 문구를 보냈다. "2013년 연 매출 500억원 달성, 2020년 대기업 입성" 나는 그 회사의 재무제표를 본적도 없으며, 시장상황도 모르고, 심지어는 기술 집약 사업인 까닭에 정확하게 무엇을 만드는 회사인지도 몰랐다. 그러나 이것을 예로 삼아 적당히 비전선언문을 만들어 선포하면 괜찮을 거 같다고 제시하였다. 그리고 그는 토씨 하나 바꾸지 않고, 내가 보낸 문자를 비전으로 선포하였다. 그러나 더욱 놀라운 것은 그 해 매출을 576억원으로 마감했다는 점이다. 1년만에 매출이 300% 가량 뛰었다. 경영진이 바뀐 것 말고는 바뀐 것이 없는 회사에서 일어난 기적과 같은 일이다.

이는 짐 콜린스가 이야기한 BHAG, 즉 크고Big, 솜털이 쭈뼛 솟고Hairy, 담대한Audacious한 목표Goal였다. 이 비전은 당시 직원들에게 원대하기는 했지만, 현실 가능성이 떨어지는 그저 장식품과 같은 비전 선언문으로 비쳐졌다. 훗날 대표에게 물었더니, 그 역시도 매출로 가능한 숫자가 아니어서, 다른 회사와의 합병을 통해서 비전을 달성하는 것이 유일한 길이라고 생각할 정도였다고 했다. 그러나 이루어졌다. 경영진은 비전을 제시하고, 합병이든 무슨 방법이든 이를 달성하기 위한 아이디어를 내고 코칭을 통해 효과적인 리더십을 학습하고 실천하였다. 나는 임원들에게 "이 회사는 중소기업이라서 직원들이 대기업으로 이직할 수가 없다. 하지만 회사가 대기업이 될 수는 있다"고 비전선언문을 해석해 주었다. 그들이 흔한 슬로건처럼 내건 비전 선언문은 직원들에게 비현실적이면서도 아름다운 목표로 다가왔고, 임원들은 그들이 그 목표를 이루는 것이 단순히 내가 돈을 많이 벌기 위함이 아니라, 성실하게 회사를 버리지 않고 일해 온 직원들에 대한 인간적인 예의이고, 우리의 가슴을 뛰게 하는 지향점이라는 것을 강조하였다. 코치가 한 역할은 이것이 다였다. 코치가 제시한 비전을 대표가 받아들였고, 대표는 그것을 재해석하여 직원들에게 설파하고, 그것을 이루기 위해 온 직원이 하나로 똘똘 뭉쳤다. 성취가 조금씩 가시화 되면서 직원들은 더욱 자신감을 가지고 새로운 시도를 해 나가면서 폭발적인 성장을 이루었다.

임원진 그룹코칭 때는 이 비전을 임원진들 스스로 확신을 가지고 직원들에게 설파하고 추구하기 위한 작업을 했다. 대표에게 10년 후에 어떤 회사가 되었으면 좋겠냐고 물었다. 그는 말했다. "금요일이면 사옥 옥상에서 바비큐 파티를 하며 직원 모두가 즐거운 시간을 가졌으면 좋겠다. 맥주나 샴페인 한 잔씩 들고 노을을 바라보며 유쾌한 시간을 가지고 난 뒤 주말에는 푹 쉬고 다시 월요일부터 신나게 일하는 회사였으면 좋겠다." 이는 코칭에 참여한 임원진들을 자극하고, 그들은 비슷한 버전의 비전을 선명하게 상상하고 그렸다. 이렇게 비전은 현실이 되어가고 있었다.

이것은 리더가 가진 미래에 대한 환상이다. 이런 환상이 있을 때, 그 이후에 실행 계획은 저절로 따라오게 된다. 시행착오를 통해서 점점 정교화 되고, 작은 일에도 절박함을 가지고 매달리게 된다. 나는 비전을 만들고, 정교화하고, 상상하는 일에 대한 이야기 외에는 경영에 전혀 참여하지 않았다. 세부적인 사항들은 직원들의 자발적 아이디어와 벤치마킹으로 시작되고, 엄청난 실행력으로 달성이 되었다. 그리고 그것들은 비전을 이루는 데 모든 것이 전략적 일치Alignment를 이루었다.

코치는 리더가 비전을 만들고, 그것을 설파하고, 이루어 나가는 과정을 돕는 역할을 해야만 한다. 나는 개인과 조직을 코칭하면서, 남들이 들으면 불가능하다 할 일들이 실제로 일어나는 것을 수없이 보았다. 따라서 이제는 누가 무슨 말을 해도, 그가 그것을 꼭 이룰 수 있을 것이라고 나조차도 믿고 열렬한 응원을 보낸다. 그러면, 몇 년이 걸리더라도 그 일이, 혹은 그 이상의 일이 꼭 일어나고 마는 수많은 사례를 가지고 있다. 필자도 우연히 케츠 드 브리스 교수의 책을 읽고, 그에게 그룹코칭을 배우기를 꿈꾸기 시작한 지 10년 후 그의 연구실 옆방에서 연구원 생활을 시작하였다.

그러기 위해서는 무엇보다 비전을 코치가 함께 탐색해 보는 것이 필요하다. 수용과 경청을 통해 어느 정도 라포가 형성되면, 비전을 만들어 보자. 지협적인 의사결정이나 기술 습득에 앞서서, 그것이 가지는 큰 그림을 인식하는 것이 매우 효과적인데, 이것이 비전인 경우가 많다. 비전은 만들어지는 것이다. 즉 상상의 결과이고, 내면 깊숙한 곳의 바람이어야 한다. 일반적 경영과 리더십에서 사람들은 비전에 대한 중요성과 기업이 가지고 있는 내재적 가치에 대한 중요성을 강조하고 있다. 짐 콜린스의 《성공하는 기업의 여덟 가지 습관》에서도 성공하는 기업이 가지고 있는 비전과 그들의 핵심가치가 성공의 원인이라고 제시하고 있다. 전 분야와 문화에 걸쳐 효과성을 인정받고 있는 변혁적 리더십에서도 비전을 제시함으로써 영감적 동기부여를 하는 것이 굉장히 중요한 리더십 요소임을 강조하고 있다. 이외에도 수많은 리더십 전문가, 전략가가 이러한 것을 제시하고, "한 단계 높은 도덕적 이상을 제시함으로써 동기 부여하라"고 이야기 한다. 이 모든 것이 리더십과 경영에서 매우 중요한 이야기라면, 코칭에서도 매우 중요한 부분이 되어야 하고, 리더가 개인적으로 가진 내재적 가치와 비전이 회사의 가치와 비전과 어떤 역동을 가지고 있는지에 대해서 살펴보고, 부하직원들에게도 이 부분을 코칭하는 것이 매우 중요해진다.

그렇다면 비전은 어떤 것이어야 하는가? 우선 우리가 흔히 쓰는 비전이라는 말을 생각해 볼 필요가 있다. 비전의 첫 번째 해석은 시야, 시각과 같이 보는 것이다. 2차적 해석은 보이지 않는 것을 보는 것이다. 즉 미래는 보이지 않는다. 하지만 보이지 않는 것을 보는 것이다. 제시된 그림 속 아이는 매우 예쁜 그네를 보았다. 그네만 보았다면 그 아이는 거기서 해질 때까지 그네를 탈 것이고, 조금 있으면 실증이 나서 뭘 해야 하나 고민을 할지도 모른다. 하지만 그네 옆에 숲을 지나면 회전목마가 있는 놀이동산이 있다고 가정해보자. 그리고 그것을 아이가 알고 있다면 아이는 어떨까? 많은 경우 그 숲을 지나갈 것이다. 숲은 어둡고 두려울 수 있고, 길을 잃고 헤맬 수도 있으며, 돌아 나가고 싶을 수도 있다. 그리고 실제 돌아 나올 수도 있다. 하지만 숲 너머에 있는 놀이동산에 정말 가고 싶다면 다시 들어가서 모든 것을 감내하게 될 것이고, 놀이동산에 별 흥미를 느끼지 않는다면 아예 숲 속으로 들어가지 않을 것이다. 따라서 비전은 사람들에게 불확실성과 실패, 좌절을 극복하게 하는 힘이 있다. 뿐만 아니라 의사결정에 좌표가 된다. 박인비의 회전목마는 박세리이고, 김연아의 회전목마는 올림픽 메달이었다.

∥ 가치탐색

비전과 함께 중요한 개념은 가치이다. 내가 무엇을 중요시하느냐 하는 것이다. 양상무 사례에서도 가치에 대한 질문을 했다. "회사를 떠나면 후배들이 나를 어떤 모습으로 기억하면 좋으시겠어요?" 성공적인 사람, 실적을 잘 내던 사람, 돈을 잘 벌던 사람 등 다양한 대답 속에 그가 중요하게 여기는 가치요소가 들어 있기 마련이다. 조직의 생리이기 때문에 일을 못하는 직원은 결국 도태되기 마련이고, 거기서 본인이 할 수 있는 일은 없다고 말하던 사람이었다. 그런데 그가 이 질문에는 "결국 사람이 남는 거겠죠"라는 대답을 했다. 실제 코칭에서 실적을 운운하는 많은 리더들이 이 질문에는 이러한 대답을 하는 것을 목격했다. 그러면서 양상무는 결국 사람을 남겼던 선배와 실적과 화려한 경력을 가지고 있었지만 직원들에게 지적과 독설, 마이크로 매니지먼트로 악명 높았던 선배를 상기하며, 본인이 어떤 상을 지향해야 할지에 대해서 스스로 그림을 그리게 되었다. 그러면서 사람을 남긴 선배가 실적도 남기더라고 하였다. 그리고 나면 어떤 행동으로 리더십을 발휘해야 할지에 대한 고민이 생기기 마련이다. 일상에 치이고, 조직의 장이라는 무거운 짐을 지고 있다 보면 자신이 진정으로 중요하게 생각하는 것을 잊게 되는 일이 많다. 따라서 코칭에서는 이런 가치를 탐색하고, 확인하며, 지금 하는 행동과 의사결정에 어떻게 연결되어야 하는 지에 대해서 스스로 안목을 갖게 해 주어야 한다. 그리고 상반된 가치의 유혹에 빠질 때, 중심을 가지고 그것을 지켜낼 수 있는 용기를 가질 수 있도록 해 주어야 한다.

가치탐색을 하는 질문으로는 다음과 같은 것이 있다.

- 나는 어떤 가치관을 가지고 사는 사람인가요?
- 삶에서 가장 중요한 게 무엇이라고 여기시나요?
- 일정 시간이 흐른 후 나를 상상한다면, 어떻게 바뀌길 바라나요?
- 삶의 원칙이 있으시죠. 어떤 것들을 지키고 싶으신가요?
- 인생에 있어서 가장 중요한 다섯 가지, 어떤 단어들인가요?
- 삶의 목표와 목적, 어떻게 이야기 할 수 있을까요?
- 나의 가까운 사람들이 나는 무엇이 가장 중요한 사람이라고 생각하고 있을까요?

변화대화와 유지대화

이렇게 기본 대화법을 가지고 이야기를 나누고, 비전과 가치를 다루는 것은 결국 변화하겠다는 이야기를 클라이언트가 하게 하기 위함이다. 즉 변화의 의지와 방향성에 관한 것이다. 앞에서도 이야기하였듯이 코치가 답을 가지고 있더라도 있는 그대로 꺼내놓으면 안 되고, 클라이언트가 직접 이야기하고 스스로 다짐을 해야 한다. 이런 변화에 대한 저항이나 두려움을 이야기하기도 하는데, 그것을 효과적으로 다루는 것도 매우 중요한 부분이 된다. 계속 강조하지만 이 접근법은 변화를 하는 것이고, 그러기 위해서는 클라이언트 스스로가 변화를 하겠다는 말을 해야만 한다. 변화를 찬성하는 대화가 "변화대화"이고, 변화하지 않음에 대해 이야기 하는 것이 "유지대화"이다. 코칭에서는 변화대화의 비중을 늘려서 결국 변화진술(스스로 변화를 주장하는 것), 변화행동을 이끌어내는 것이 목적이다.

변화대화를 이끌어 내기 위해서는 먼저 사람들이 변화를 어떻게 이끌어 내는지에 대한 통찰이 필요하다. 이는 초이론적 모델The Transtheoretical Model이 잘 제시해주고 있다(Prochaska & Velicer, 1997). 사람들은 건강한 행동, 예를 들면 금연이나 비만 환자의 식이요법 등이 이루어질 때 몇 가지 단계를 거치게 된다. 첫 번째 단계는 전숙고 단계로, 변화의 의지가 전혀 없는 상태이다. 자신이 하는 행동이 문제가 있건 없건 바꿀 생각이 없다고 생각하는 단계로 변화가 고려대상이 아니다. 이런 상태의 사람들은 자신이 변화가 필요하다는 이야기를 들어도 6개월 이상 변화를 고려하지도 않는다. 따라서 이런 상태에서 코칭을 할 경우에는 특정 행동을 할 것을 제시하는 것이 귀찮고 의미 없이 여겨지기 마련이다. 이런 상태가 있음을 존중해 주어야 한다. 그렇다고 해서, 그 사람의 행동이 구제불능인 것은 아니다. 관계가 잘 형성된 코칭관계에서도 코칭 초기에는 이슈가 없다고 이야기 하는 클라이언트도 코치가 열린 질문을 통해서 촉발경험, 즉 아하 모먼트를 만들어서 변화에 대한 니즈를 만들 수도 있다. 만약 조직이 지향하는 행동이나 활동을 해야 하는 경우에는 앞에 제시한 결정저울표를 통해서 변화에 대한 어떤 인식을 가지고 있는지 살펴보는 것도 도움이 된다.

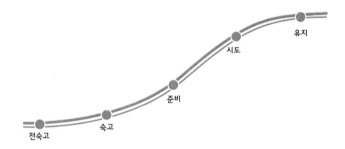

단계	전숙고	숙고	준비	시도	유지	재발
시간	6개월 이상	6개월	1개월 이내	지금	최소 6개월	언제든

　코칭이 잘 진행이 되는 경우, 즉 코치와 좋은 관계가 형성이 되었을 때 변화의 의지가 없던 사람도 변화에 관심을 가지게 될 수 있다. 사실 코칭을 받는 임원들 중에는 그간 수많은 서적과 교육에서 바람직한 행동에 대해 많이 접해봤으나, 그것이 자신이 할 수 있는 변화라고 느끼지 못한 경우가 많다. 그러다가 코칭을 계기로 변화를 해볼까 하는 상태를 경험하게 되는데, 이런 상태를 숙고 단계라고 한다. 이것이 두 번째 단계이다. 이 상태에서는 많은 경우 클라이언트들은 양가감정을 경험하게 된다. 양상무의 경우, 이제 부정적 피드백을 주고 변화의 방향성을 주입하는 행동을 멈추고 칭찬을 주로 하는 것이 자신의 리더십에 유리하다는 것을 깨닫게 되어 숙고 단계로 들어갔다. 그러나 이때 양가감정이 생긴다. 외부에서 보면 이러한 자명한 명제를 이제 실행만 하면 될 거라 생각하고 빠른 변화를 채근한다. 하지만 숙고 단계에서는 실행이 아니라, 양가감정을 다루는 일이 더 큰 일이 된다. 양상무는 바뀌고 싶지만, 바뀌고 싶지 않은 마음을 둘 다 가지고 있다. 일단 머리로는 충분히 이해했다. 관점전환도 일어났다. 하지만 어제까지 큰소리 치고, 학생주임 선생처럼 부하직원을 나무라던 자신의 행동을 하루아침에 바꾼다는 것이 쉽게 되는 일이 아니다. 그리

고 그것은 자신이 여태까지 해왔던 행동이 잘못된 것임을 인정하는 것과 같은 죄책감과 수치심을 느끼게 한다. 결정적으로 지적이나 야단이 아니고, 칭찬을 많이 해보지 않았기 때문에 이게 과연 먹힐까 걱정한다. 그러나 이런 고민은 매우 긍정적인 신호이다. 양가감정이 생겼다는 것은 변화를 하겠다는 의미이다. 변화에 대한 생각이 전혀 없는 사람은 양가감정을 느끼지 않는다. 코치가 뭐라든 "예. 그렇군요. 알겠습니다"하고 넘어가거나 화를 낸다. 걱정을 하고 고민을 한다면 그것을 잘 지지해 주어야 하고, 공감해 주어야 한다. 그리고 이제까지의 행동이 나쁜 행동이 아니라 우리 문화에서 자연스러운 행동이었고, 변화를 꾀하는 자세가 매우 용기 있음을 인정해주고 응원해 주어야 한다.

양가감정을 어느 정도 성공적으로 다루게 되면 변화에 대한 준비를 하게 된다. 실질적으로 실행에 옮기기 위해서 어떤 행동을 구체적으로 해야겠다 라고 다짐하는 것이 여기에 해당된다. 그리고 나서는 시도를 하게 된다. 우리는 바른 행동을 알게 되면 바로 시도가 될 것이라고 생각하지만 사실 변화에 있어서는 전숙고와 숙고, 그리고 준비 단계를 모두 거쳐야 한다. 이는 생각보다 오래 걸리는데, 희망적인 것은 이것을 단축시킬 수 있는 방법이 있다는 것이다. 그것은 바로 코치와의 관계이다. 지지적이고, 신뢰할 수 있는 코치를 만나게 되면 이 기간이 짧아지게 된다. 나를 공감해주는 사람과는 더 많은 시간을 함께하고 싶어 하고, 방어도 낮아지며, 그 사람의 말을 따르고 싶어 한다.

이 변화의 주기에서 꾸준히 코치가 주목해야 할 것은 대화의 질이다. 즉 대화가 변화를 찬성하는 변화대화인지, 변화하지 않고 지금의 상태 유지를 찬성하는 유지대화인지이다. 코치의 목표는 변화대화의 비율을 늘여가는 것이다. 따라서 대화에 있어서 변화대화가 유지될 수 있는 OARS 대화, 즉 열린 질문, 반영하기, 인정하기, 요약하기를 해야 한다. 여기서 중요한 것은 코치가 클라이언트의 대답을 어느 정도 예상하고 변화대화 쪽으로 나가도록 질문과 반응을 디자인해야 한다는 것이다. 양상무의 사례에서 관점변화가 일어난 후 2회차 세션을 한 번 보자. 모든 직원에게 1일 1칭찬을 실시해보겠다고 액션플랜을 짰다. 2회차에 그것을 확인해보는 것으로 세션을 시작할 수 있다. 그때 "지난주 액션플랜을 실행하셨나요?"라고 물어볼 수 있을 것이다. 여기서 "네, 실행했고, 아주 결과가 좋았습니다"하면 끝이다. 그러나 그렇지 않을 가능성도 염두에 두고 질문을 해야 한다. 실행이 제대로 안 된 경우에는 숙제를 안 해온 어린 학생이 되어버린다. "잘 못했어요. 어려워요"하고 어려웠던 이유에 대해서 설명을 하게 된다. 나름 반성이다. 하지만 잘 해내지 못한 데 대한 자책과 변명만이 나올 뿐이다. 이것은 유지대화일 가능성이 크다. 그럼 어떻게 하면 좋을까?

우선 열린 질문이어야 한다. 했나 안 했나를 묻는 건 열린 질문이 아니다. 예시를 통해서 보자.

코치: 상무님 지난주에 1일 1칭찬하기로 하셨는데, 어떻던가요? (열린 질문: 결과를 물어보는 것이 아니라, 느낌이나 생각 등을 물어보는 것이다. 따라서 안 했더라도 액션플랜이 과도했다거나, 다른 사정이 있다거나 등 다른 이야기를 할 수 있다.)

클라이언트: 참 그게 쉽지가 않더라고요. 좀 해보긴 했는데…

코치: 그럼요. 어려운 일이예요. (반영하기) 그런 일을 이렇게 도전하시는 게 그래서 대단하신 거예요. 마음먹는 것만으로도요. (인정하기)

클라이언트: 몇 명한테 해봤는데, 좀 쑥스럽기도 하고, 나도 모르게 불쑥 안 좋은 말이 튀어나와서 칭찬하기 어색해 지기도 하고…

코치: 그러게요. 하루아침에 태도를 바꾸는 것이 잘 안 되고, 예전에 하던 습관도 무시할 수 없어요. (반영하기)

클라이언트: 잘 하고 싶었는데… 지난번에 이부장한테 좀 심하게 한 거 같기도 하고 미안한 생각이 들기도 하고 해서 잘 해주고

싶은 마음이 들더라고요. 그런데 그간 해놓은 게 있어서 그런가, 그 친구한테는 그게 참 말이 유독 잘 안 나가요. 그래도 나름 한다고 몇 번 시도는 했는데, 그 친구가 내가 시도한 걸 알려나 모르겠어요.

코치: 그래도 꽤 여러 차례 시도를 해보셨나 봐요? (반영하기)

클라이언트: 아니 몇 번…

코치: 처음부터 너무 부담가지고 시작하시면 금방 지치세요. 빨리 변화하시고 싶은 마음은 제가 잘 알아요. 지금 생각보다 빨리 변화하고 계셔요. (인정하기)

클라이언트: 아. 그런 건가요? 잘하고 있는 건가요?

코치: 그럼요. 점점 좋아지실 거예요. (희망주기)

여기서 코치는 액션플랜을 지키지 않은 것을 전혀 나무라지 않고, 시도에 대해서 인정하기를 하고 있다. 코칭의 목적은 자기가 한 말을 지키게 하는 것이 아니다. 계속적으로 변화를 시도하겠다는 의지를 포기하지 않게 하는 것이다. 아무리 작은 시도라도 의미를 부여하고, 지지하고 인정해주는 것이 필요하다. 그렇게 되면 자신감을 가지고 조금 더 시도해 보고자 하는 마음이 생기고, 어느 순간에는 코치가 잘하고 있다고 하는 수준을 넘어서고자 하는 의지를 갖게 된다. 무조건 그가 한 작은 시도에 큰 의미 부여를 해주는 것이 필요하다. 그리고 중요한 것은 유지대화가 나올 만한 대화는 시작하지 않는 것이다. 즉 "뭐가 어려웠나요?", "하기 어려웠던 이유는 무엇인가요?"와 같은 것들이다. 변화를 하지 못하는 이유는 중요하지 않고, 탐색할 필요도 없다. 당연히 이유가 있을 것이다. 그러나 그것을 말로 하게 되는 순간 상황은 더 안 좋아진다. 말을 하기 전에는 막연하게 어렵다, 잘 안 되었다 라는 식으로 생각을 하게 된다. 그러나 이유를 말로 하는 순간 그 이유는 부동의 것이 되어버리고, 그 말을 하는 동안에 스스로 설득이 되게 된다. 예를 들어보자.

코치: 액션플랜을 실행하셨어요?

클라이언트: 아. 몇 번 시도했는데 참 어렵더라구요.

코치: 그렇지요. 어렵지요. 어려운 거니까 우리가 시도를 해야 경쟁력
이 생기겠지요. 뭐가 어렵던가요?

클라이언트: 일단 일이 너무 바빠서 칭찬거리를 찾기도 어렵고, 현업에
서는 일이 당장 돌아가야 하다 보니 지적이나 야단을 치지
않으면 일이 누락되는 경우가 생겨요. 여기가 엄청나게 빡
빡하게 돌아가는 조직이거든요.

코치: 그렇지요. 산업 현장은 일이 급박하게 돌아가죠. 그래도 부하직
원과의 관계는 중요한 부분인데요.

클라이언트: 네. 잘 알고 있어요. 그래도 몇 번 시도는 했어요. 그런데,
해도 부하직원이 내 노력을 알아주는 것 같지도 않고, 소용
이 있는 시도인지 모르겠네요. 나랑은 안 맞는 것 같아요.

　

이렇게 이야기가 흘러가게 되면, 양상무는 계속적으로 변화에 대한 회
의적인 이야기를 하게 되고, 진짜로 변화에 대한 회의적 시각을 갖게 된
다. 변화를 어떻게 할 것인가가 아니라 왜 변화가 안 되는지에 대한 이유
를 찾는 데에 에너지를 쏟게 된다. 액션플랜을 시행하지 못하는 건, 아주
가벼운 이유로 흔히 일어난다. 쑥스럽기도 하고, 진짜 바빠서 못하기도 한
다. 숙고 단계의 특징이기도 하다. 하지만 그것을 왜 못했는지 따져 물으
면 이런 사소한 대답이 아니라, 근본에 대한 질문을 던지거나 "난 못해"라
고 하는 등 유지대화 쪽으로 흘러가게 될 가능성이 높다. 양가감정의 저울
에서 변화의 단점 쪽으로 저울이 훅 내려가게 된다. 유지대화는 한 마디
더 나올 때 마다 더 많은 변화대화를 끌어내야 한다는 부담이 생기게 되
고, 가장 중요한 것은 코치와의 관계가 안 좋아진다. 사람들은 자신이 상
대의 기대에 부응하지 못했다고 생각하면, 상대를 깎아 내리는 것으로 자
신의 자존심을 보존하고자 하기 때문이다. 따라서 유지대화는 안 나오게

하는 것이 좋다. 그럼 왜 못 했는지 이유를 묻지 말라는 것인가? 그렇다. 클라이언트가 스스로 어려운 이유를 이야기 하고, 그것에 대한 도움을 구하기 전까지는 말이다.

특히 요약하기는 변화에 도움이 되는 이야기들로만 구성할 필요가 있다. 열린 질문을 하며 시도했지만 안 된 이야기, 어려웠던 상황이나 조직 내에서의 역동 등에 관해 두루두루 이야기 하게 될 것이다. 이런 것들은 적당히 반영하기만 하면 된다. 변화의 방향으로 눈썹만 움직였어도 그것은 인정하기로 강화해주고, 전반적인 이야기는 요약하기를 해 주는데, 여기서도 변화의 방향에 긍정적인 부분이 두드러지도록 해야 한다. 위에 제시한 예시의 대화를 이어가보자.

> 클라이언트: 그렇게 말씀해주시니 희망이 생기는 거 같네요. 그런데 정말이지 쉽지 않았어요. 특히 이부장이 참으로 껄끄럽더라고요. 잘하고 싶은데 말이예요. 지난주에 한 번 더 면담을 했어요. 칭찬을 좀 많이 해주려고요. 그런데 이 친구가 뭘 말 해도, 다 자기가 부족해서 그렇다고 하고, 나랑 눈도 안 마주치고, 그런데다가 느닷없이 "너 잘하고 있다" 뭐 이렇게 이야기 하는 것도 그렇고, 얘기가 겉도는 느낌이 들어요.
>
> 코치: 어떻게 이야기 하셨어요?
>
> 클라이언트: 일반적인 보고를 듣고서는 "수고했다" 말하고, 내 딴에는 정말 고민 많이 해서 몇 가지를 잘했다고 칭찬해줬어요.
>
> 코치: 긍정적 이야기만 해 주셨단 말씀이죠?
>
> 클라이언트: (웃음) 그럼요. 그런데 그 친구가 칭찬을 해줬는데 대구가 없어요. 내가 뭘 잘못했는지, 아니면 마음에 상처가 커서 그랬는지, 그냥 그렇게 어색하게 미팅하고, 쉽지 않네요.
>
> 코치: 아. 그러셨군요. 지금 이야기를 듣고 보니까 상무님이 지난번에 액션플랜으로 칭찬하기를 계획하시고 많은 시도를 하셨어요. 잘

된 것도 있고, 특히 관계를 개선하고 싶으신 마음을 가지고 이부장과도 스스로 미진하다 느끼신 부분이 있기는 하지만 이전과는 다른 미팅을 진행하셨어요. 바로 엄청난 효과가 드러나는 것은 아니지만 상무님께서 생각하신 것을 실천하고 별 무리는 없었다는 걸로 들리는데, 제가 맞게 이해했나요? (요약하기)

여기서 코치는 잘못된 것이나, 계획만큼 실천되지 않은 부분 등에 대해서는 전혀 언급하지 않고, 변화의 방향으로 나아가는 이야기들만 체로 거른 듯 요약하기를 하고 있다. 변화의 어려운 부분은 "스스로 미진하다 느끼신 부분이 있기는 하지만"이라고 축소하여 요약하였다. 이러한 것들은 계속적으로 클라이언트가 희망을 가지고 변화를 시도하게 하기 위함이다. 당장 계획대로 해내고, 정확하게 해내며, 결과를 내는 것이 목적이 아니다. 변화는 어려운 것이다. 사람들마다 그 움직이는 행태와 속도가 다르다. 어떤 사람들은 전숙고에 오래 머물고 숙고와 시도를 하루만에 가는 사람이 있는가 하면 숙고에서 실행으로 가는데 시간이 많이 걸리는 사람도 있다. 따라서 클라이언트의 속도에 맞추어주는 것이 가장 중요하다.

이야기 하는 테크닉을 소개하긴 했지만, 초심자가 이러한 대화 기법을 모두 기억하고 코칭에서 사용하기란 쉽지 않다. 그래서 마음가짐과 태도가 매우 중요하다. 클라이언트가 본래적으로 가지고 있는 변화 행동에 호기심을 가지고 경청해주는 것이 가장 중요하다. "변화할 수 있습니다. 언젠가 완성이 될 것이고, 지금은 그 방향이기만 하면 됩니다"라는 마음가짐을 가지고 들어주는 것이다. 그리고 그것에 부합하는 말들을 조금 더 강조해서 반응해 주면 좋다.

위에 나온 것들만 잘 지키면 웬만하면 시간은 걸리더라도 변화의 방향으로 가게 된다. 동기강화 대화의 경우, 콜롬비아 대학 정신과 교수에게 동기강화 대화 세션 녹음테이프를 들려주었는데, 각본에 짜인 것 같다는 반응을 보였다. 하지만 여러 개의 녹음테이프를 들은 후에는 각본이 아니라 이 기법을 통해서 마치 짜고 말하는 것과 같은 결과가 나오는 수준의 변화를 일구어 낸 것을 인정하게 되었다(Amrhein, Miller, Yahne, Palmer, & Fulcher, 2003). 이렇듯 클라이언트가 변화에 대한 이야기(변화진술)를 하게 되면 그 다음 코칭은 별 어려움 없이 진행된다. OARS 대화법을 사용하여 진행상황을 지지하고 응원해주며, 실질적인 도움이 필요한 부분에서 변화를 위한 솔루션을 제공해주면 된다. 이 대화에서 중요한 것은 코치가 어떻게 하라고 일방적으로 설득해서는 절대 안 된다는 것이다. 반대로 클라이언트가 변화의 필요와 의지를 코치에게 설득하게 해야 한다.

저항과 유지대화

그러나 모든 코칭이 이렇게 술술 풀리는 건 아니다. 코칭 중에, 혹은 클라이언트의 특성상 유지대화를 계속하고 저항이 센 경우를 마주하게 된다. 그럴 때는 어떻게 해야 할까? 저항이 강한 비자발적 코칭 사례를 제시하고자 한다. 고전무는 이전에 회사에서 실행한 코칭을 몇 차례 받은 적이 있었고, 필자와는 첫 번째 만남이었다. 간단히 인사와 소개를 하고 시작하였다. 그러자 그는 매우 불편하게 첫 마디를 떼었다.

클라이언트: 코칭이 소용이 있나요? 나이 50이 넘은 사람을 어떻게 바꿉니까? 그게 말이 되나요?
코치: 아. 전무님. 코칭이 사람을 바꾸기 위한 것이라고 알고 계시군요?
클라이언트: 나 바꾸려고 온 거 아니에요?
코치: 아. 그런 종류의 코칭도 있긴 있습니다. 하지만 제가 누구를 바꾸겠습니다. 세상에 다른 사람을 바꿀 수 있는 사람은 아무도 없습니다. 특히 이렇게 엄청난 성취를 하신 분께 그렇게 한다는 게 저도 잘 이해가 가지 않네요.

클라이언트: 그럼 코칭이 뭡니까?

코치: 코칭은 코치마다 다양한 정의를 가지고 있긴 합니다만, 제가 하는 코칭은 전무님께서 원하시는 목표가 있다면 그것을 이루시는 데에 제가 할 수 있는 것이 있다면 도와드리는 겁니다. 저도 누군가 저를 바꾸겠다고 이렇게 찾아오면 기분이 별로 좋지 않을 것 같아요.

클라이언트: 그래요?

코치: 그럼요. 제가 코칭 들어오기 전에 인사카드를 보여줘서 그냥 얼핏 보고 들어왔습니다. 보니까 얼마 전에 법인장 근무하시고 승진하셔서 복귀하셨더라구요. 맞나요? (화제전환)

클라이언트: 아. 네.

코치: 축하드립니다. 그리고 제가 정말 영광입니다.

클라이언트: 고맙습니다.

코치: 해외 법인장 하시다가 한국 들어오시니까 어떠세요? (열린 질문)

국내 이그제큐티브 코칭은 회사에서 일괄 시행하는 경우가 많기 때문에 코칭에 비협조적인 경우도 있고, 안 좋은 인상을 가진 사람들도 있다. 위의 경우에는 해외생활을 오래하다가 복귀하여 재적응의 어려움으로 심리적으로 편하지 않은 상황에서 바뀌라는 말을 들어 더욱 감정이 악화된 경우이다. 이런 경우에는 클라이언트의 태도에 수용적이면서도 협력적으로 반응하는 것이 정말 중요하다. 이 사례에서도 "그래도 바뀌셔야 합니다"와 같은 태도를 유지하는 것은 전혀 도움이 되지 않으며 코칭 시간 자체가 모두에게 고문이 될 수도 있다. 강한 저항도 일단은 수용을 하고 협력적으로 어떻게 풀어갈 것인가에 대해서 이야기 하는 것이 좋다. "원하시는 목표를 이루시는 데에 제가 할 수 있는 것이 있으면 도와드리려고 온 겁니다." 이 말에는 행동의 변화도 포함된다. 하지만 우회적으로 표현하고 "변화"라는 단어에 저항이 큰 클라이언트에게 "도움"이 되는 과정이고

"원하시는 목표"에 부합하는 과정임을, 이 코칭의 주체와 수혜자는 클라이언트임을 강조하였다. 변화촉진 코칭은 코치가 클라이언트의 반 발짝 뒤에 있다고 생각해야 한다. 코치가 앞서 나가는 순간 클라이언트는 자율성을 잃었다는 느낌에 저항을 가지게 된다. 그러나 때로는 클라이언트의 고유의 이유로 저항에 부딪히게 될 수 있다.

코칭 도중 유지대화가 계속 되는 경우도 있다. 이럴 때 코치는 "변화가 코칭 회기 중에 이루어지지 않아도 된다. 즉 변화의 발자국을 떼지 않아도 된다. 하지만 그쪽으로 몸의 방향만 바꾸어도 성공이다"라는 태도를 갖는 것이 도움이 된다. 코치의 조바심이 역효과를 낼 수 있기 때문이다. 단, 변화의 방향은 포기해서는 안 된다. 다음은 변상무의 예로 변화에 대한 필요성에 전혀 동의하지 않는 경우이다.

코치: 제가 오늘 회사에서 전달 받은 것은 성과관리 부분이에요. 무슨 이야기를 나누면 좋을지 아이디어가 있으신가요?

클라이언트: 글쎄요. 성과관리가 결국 성과를 잘 평가해서 그에 대한 대우를 해주라는 거잖아요? 성과는 공정하게 평가되어야 하고요. 그 부분이 어렵지만 잘 되고 있는 거 같아요. (변화의 필요성 외면, 유지대화, 코치는 이 생각에 동의하지 않음)

코치: 어렵다고 하는 부분이 뭔지 조금 더 설명해 주실 수 있을까요?

클라이언트: 나는 최대한 공정하게 평가하는데 불만을 가지는 직원들이 있어요. 어차피 하위 고과자는 있잖아요. 그 사람들이 불만이지요. 그런데 어쩌겠어요. (유지대화) 회사의 방침인데 말이에요.

코치: 회사의 시스템 때문에 불만인 분들이 있단 말씀이시군요. 보통 어떻게 불만에 대응하시나요?

클라이언트: 뭘 뭐라겠어요. 내년에 더 잘해서 좋은 고과 받으라고 하지요.

코치: 그럼 부하직원도 할 말이 없겠어요.

클라이언트: 그렇죠. 그리고 자꾸 일로 속 썩이고, 그래서 어디 내년에
도 좋은 고과 받겠어요? (초점을 부하직원에게만 둠. 본인은
변화의 대상이 아님. 유지대화)

코치: 그래도 부하직원이 속상할 거 같은데요. 상사가 좀 몰라준다고
섭섭해 하고 그러진 않나요?

클라이언트: 그러게 직원들을 공감해주고 소통하라고 하는데, 해봤는데
별 효과가 없어요. 억울할 수 있는데, 내가 어쩔 수 없잖아
요. (성과관리 부분에서 개선의 여지가 전혀 없음에 관한 유지대
화)

코치: 그래도 상무님은 부하직원들이 억울한 마음도 알고 계시고, 공감
하고 소통하려는 시도도 여러 차례 해오셨나 봐요. (인정하기)

클라이언트: 그랬죠. 그런데 조직이라는 데가 그렇잖아요. 나도 책도 많
이 읽어서 요즘 리더들이 소통 이런 게 정말 중요하다는 거
알아요. 다 알고 시도해도 안 되는 건 안 되는 거지요. (유지
대화)

코치: 참 조직의 시스템이 리더들을 힘들게 하는 면들이 있어요. (반영
하기)

클라이언트: 그렇죠. 내가 하는 말이 그거예요.

코치: 왜, 그래도 고3 수험생이 힘들잖아요. 그렇다고 부모 입장에서 고3
힘든 거니까 당연한 거다 나 몰라라 하지 않잖아요. 아이가 밤 늦게
까지 공부할 때 부모가 거실에서 있어주기도 하고, 힘내라고 격려도
해주고, 맛있는 것도 사주고, 저는 그 그림이 떠올라요. (은유사용)

클라이언트: 그러니까요. 시스템이 이렇게 되어 버리면 내가 해줄 수
있는 게 굉장히 작아지는 거지요.

코치: 그래도 상무님은 어떻게 해야 하는 지도 알고 계시고 시도도 많
이 하신 거 같아요. (인정하기)

클라이언트: 내가 책을 많이 읽어요. 회사에서 추천하는 필독서는 꼭

다 읽어요.

코치: 이 바쁜 와중에도 독서를 많이 하시는군요. 제가 이야기 하는 거 들어보니까 진짜 책에서 나오는 단어들을 쓰시네요. (인정하기)

클라이언트: 그래요?

코치: 네. 많은 걸 알고 계세요. 그런데 안다고 다 바로 실행이 되는 건 아니고, 많이 알고 있다가 어느 순간에 그게 행동이 되는 거잖아요. 지금 그 단계가 아닌가 싶어요. (인정하기)

클라이언트: 잘 안되던데. (흔들리기 시작)

코치: 그게 잘 안 되요. 잘 되면 왜 그렇게 많은 전문가와 저자들이 그런 책을 쓰겠어요. 열심히 일하라는 책은 안 나오잖아요. 요즘 다 열심히는 하니까요. 잘 안 되니까 그런 책 나오는 거고, 힘드니까 그런 거예요. (수용적 태도)

클라이언트: 그렇겠네요.

코치: 그럼요. 그런데 책에 나온 내용들은 다 너무 거창해서요. 일반인들 수준에서 할 수 있는 것들을 좀 찾는 게 필요하긴 해요. 책 한 권 읽고 환골탈태하는 사람은 없어요. 많이 아시니까, 그 중에서 이건 좀 시도해봐야지 했다가 안 된 거 있으면 제가 좀 도와드릴 수 있을까 싶어요. (협력적 태도)

클라이언트: 그럼 하위 고과자들에게 하위 고과 주고 뭐라고 얘기를 해야 하나요?

코치: 상무님은 보통 어떻게 하셨는지 궁금해요.

변화의 필요성은 있다고 학습하였지만, 그것을 체감하지 못하고 변화에 대해서 회의적인 클라이언트의 사례이다. 계속 변화가 어렵고, 필요도 없다고 하고, 코치가 무슨 말하는지도 다 안다고 말문을 막아버린다. 여기서 코치는 시스템과 그 안에서 어려움을 겪는 사람들을 고3 수험생 은유를 사용해서 현안에서 한 발 떨어져서 상황을 보도록 했다. 그리고 변화가 매우 어렵다는 것을 공감하고 수용해주었다. 코칭에서 '코치의 아젠다'가 아니라 클라이언트가 원하는 것을 다루겠다는 협력적 태도를 보였다. 이 과정이 꽤 길어지는 경우도 많다. 이럴 때 코치는 두 가지 전략을 가지고 갈 수 있다. 하나는 계속적으로 위의 사례처럼 변화대화 쪽으로 유도를 하는 것이다. 그러나 그 시도가 너무 길어지면 클라이언트가 지치고 저항하게 된다. 화를 내기도 한다. 그럴 때는 아예 다른 차원의 이야기를 시도하는 것이다. 예를 들면, "제가 회사에서 들은 오늘 코칭 주제는 성과관리인데, 별 어려움이 없으시다고 하니 다른 이야기를 나누어도 될 거 같습니다. 혹시 이야기 나누고 싶으신 부분이 있으신가요? 어려운 부하직원이 혹시 있으신가요?"라고 말이다. 어려운 직원 없는 상사 없고, 어려운 직원 이야기를 하다가 보면 결국 성과관리와 비슷한 이야기를 하게 되고, 변화를 불러내올 부분이 드러나게 되면, 그 차원에서 다룰 수도 있다. 회사에서 특정 주제로 코칭을 받으라고 하면 클라이언트는 그것을 못해서 코칭을 받으라고 한다고 생각해서 방어적으로 나오는 경우가 흔하다. 따라서 이렇게 돌려서 접근하는 것도 하나의 방법이다. 그러면 클라이언트의 자율성은 해치지 않으면서 회사와의 계약도 이행할 수 있게 된다.

그러나 위의 사례는 5회에 걸쳐 시행이 되었는데, 가시적인 결과는 상대적으로 미미한 편이었다. 대화 자체는 흥미롭고 중요한 내용이 오고 갔지만, 여느 케이스처럼 변화를 하는 사람의 시도와 결과에 대한 흥분, 설렘이 방향성을 가지고 진행되기보다는 계속적으로 퇴보하고 매 회기 같은 시작점에서 시작하는 느낌을 받았다. 그는 늘 일반적으로 중요한 질문들을 가지고 왔다. "성과관리의 장점이 무엇이냐?", "코칭적으로 대화한다는 것은 무엇을 의미하느냐?"와 같은 것들이다. 자신을 탐색하고자 하는 의도가 전혀 없었다. 내적인 저항이 꽤 강한 클라이언트였는데, 인사팀에 배경을 물어보았다. 변상무는 사실 모두가 승진이 어려울 것이라고 보았다고 한다. 노력을 꽤 많이 하는 것 같은데 탁월한 능력의 소유자도 아니고, 여러 면에서 평범한 편이었지만 사정상 승진이 되었다. 그러면서 기뻤지만, 불안이 컸다. 자신을 포함한 모든 사람이 "감이 아닌 사람이 되었다"라고 생각을 하고 있었다. 그러다 보니 자신감이 없고, 변화해야 하는 것이 자신의 부족함을 받아들여야 하는 것이라고 인식하는 듯했다. 자신만으로도 너무 벅차서 부하직원을 품어줄 준비가 전혀 되어 있지 않았다. 불안은 하지만 어떻게 해야 하는지 모르는 듯했고, 실질적 변화 요구는 외면하고 독서를 하는 것으로 자신이 리더로서 지식을 가지고 있다는 것을 주장하였다. 그가 책의 내용에 관해 이야기 하는 것을 들어보면 진짜 독서를 하는지도 의심스러웠다. 변상무는 역할에 대한 불안과 두려움이 매우 크다. 준비가 되지 않은 상태에서 자신의 무대가 아닌 큰 무대에 올라가서 스포트라이트를 받는 기분일 것이다. 그러나 변상무는 이런 이야기를 끝까지 하지 않았다. 코칭에 대해서도 이것이 자신의 평가에 반영이 되는지에 대해서 궁금해 했고, 절대 아니라고 했지만 의심의 눈을 거두지 못한 듯 했다. 그는 이런 저런 방법이나 지식적인 것들에 대해서 표면적인 대화만을 이어갔다. 그리고 자신은 잘하고 있다고 역설하였다. 이런 경우는 방법이 없다. 꽤 많은 시간과 고도의 접근법이 요구되어 5회기 만에 무언가 변화를 만들기 어렵다. 물론 약간의 변화는 있다. 부하직원을 대하는 태도와 대화법에서 꽤 향상이 있었다. 그러나 그 정도의 변화는 변화촉진 코칭이 의도하는 수준은 아니었다. 코칭은 개인 강의처럼 흘러갔다. 일반적 교육이 6개월에서 1년 정도 허니문 기간이 지나면 효과가 떨어지는 것처럼 근본적인 변화가 아닌 한 그 효과는 길게 가지 못할 것이다.

그러나 이것이 의미 없는 것은 아니다. 변상무는 전숙고 단계에 있는 것으로 보인다. 그는 지금 이것이 가장 큰 과제가 아니다. 그는 능력으로 인정받고 싶고, 본인과 타인이 인정하는 임원이 되고 싶은 마음은 있지만 그것이 어렵다고 생각한다. 이건 본인이 인식하고, 인정하고 털어놓아야 하는데, 회사 측에서 고용한 사람에게는 아무리 봐도 무리일 것 같다. 이는 매우 큰 용기가 필요한 일이다. 그리고 이미 예전부터 임원의 꿈을 가지고 미래를 그리던 신임 상무들과 달리 지금부터 임원의 역할에 대해서 생각하기 시작했다. 따라서 정보 수집기간이고 상황 파악기간이다. 어느 날 전숙고 단계를 마무리하고 숙고 단계에 들어가면 코칭했던 사항들을 돌아보고 그것들을 유용하게 사용하여 다음 단계로 나아갈 수 있을 것이다. 코칭에 있어서 클라이언트의 준비 정도도 꽤 중요한 요소가 된다. 코칭이 장기간에 걸쳐 혹은 최소한 회기 사이의 간격을 늘려 기간을 길게 가지고 갈 수만 있었어도 더 좋은 결과를 만들어 낼 수 있었을 것이다.

그럼 이 미완의 코칭이 누구의 책임인가? 변화촉진 코칭에 있어서 자율성과 더불어 생각해야 하는 것이 책임감이다. 코칭의 성공은 누구의 책임이며 성취인가? 코칭에서의 변화와 성패는 모두 클라이언트와 가장 큰 관련이 있다. 코치는 코칭을 하는 것이 업이다. 따라서 이 한 케이스 변화를 이끌어 내지 못한다고 해서 큰일이 나지 않는다. 하지만 코칭을 받는 사람에게는 큰 기회이기 때문에 기회를 잘 사용해서 자신의 발전을 도모하는 것이 좋다. 따라서 코치와 클라이언트 쌍방에서 모두 책임을 동등하게 느껴야만 한다. 무슨 이유에서든 너무 완고하게 변화를 하지 않겠다고 하는 경우에는 코칭을 중지하는 것도 생각해 볼 수 있다. 여기서 코칭을 중지하는 것은 두 가지로 생각할 수 있는데, 하나는 회사와의 계약 자체를 중단하는 것이다. 또 하나는 코칭 시간을 클라이언트가 주도하도록 하는 것이다. 사실 이 두 가지 모두가 코칭의 책임을 클라이언트에게 오롯이 넘기는 것이다.

코칭은 피코치의 유익을 위해서 이루어지는 것이다. 클라이언트가 유익을 거부한다면 코칭이 일어날 이유가 없다. 코칭을 통한 변화의 책임은 사실 클라이언트가 더 크게 가지고 있어야 한다. 그런데 그 책임을 코치가 너무 많이 지려고 하면, 그것을 클라이언트가 알아차리고 수동적이 되는 경우가 있다. 그렇게 해서는 변화가 일어나지 않는다. 억지로 물가에 끌려 온 말은 물을 먹지 않는다. 목이 말라 물가로 온 말이 물을 먹는다. 목이 말라도 억지로 끌려와 기분 나빠서 물을 먹지 않기도 한다. 물을 먹고 싶지 않다고 하면 물가에도 데리고 갈 필요가 없다. 강력한 거부의사를 표하는 경우 회사 측과 논의하여 그만두어도 된다. 혹은 클라이언트가 원하는 주제와 방식으로 코칭을 구성해보자고 제안을 하는 것도 좋다. 코치가 아니라 코칭을 받는 사람을 위해 회사에서 제공한 변화의 기회이니 잘 이용해 보자고 제안하는 것이다.

사실 이렇게 저항이 큰 코칭은 코치에게도 좋을 것이 없다. 물론 험한 산을 넘어 성공한 코칭은 코치에게 큰 자신감을 심어주어 다음 단계로의 성장을 이끈다. 그러나 그릇이 커지는 것이 아니라 깨지기도 한다. 필자는 클라이언트로부터 다른 코치들에 대한 불만을 듣고 그것을 해결하는 일을 종종 한다. 그런 일은 얼마든지 해 낼 수 있다. 하지만 불만을 불러일으킨 코치들은 코칭 시간 동안 얼마나 좌불안석이었을까 싶다. 코칭이 주는 보람을 못 느낀 것은 물론이요, 누군가의 앞에서 쓸모없는 사람이 되어 시간을 보내고 무슨 말이든 하여 시간을 채워야 하는 순간들은 이루 말할 수 없이 곤혹스러웠을 것이다. 그 공포는 잘 사라지지 않는다. 다음 코칭에도 영향을 주고, 점점 작아지며 자신이 없어진다. 그렇게 되면 점점 코칭이 힘을 잃게 된다. 유지대화를 변화대화로 전환하는 총기와 힘을 잃게 되고, 더 심한 경우는 유지대화에 코치가 주저앉아버리게 된다. 그래서 코치는 클라이언트 앞에 서기 전까지 학습과 훈련이 필요하고, 클라이언트를 보면서도 꾸준히 어려움을 토로하고 도움을 받을 수 있는 수퍼비전을 받아야만 한다. 그래서 타율을 높여야 한다. 홈런타자는 삼진을 두려워하지 않는다. 홈런타자가 아니면 삼진이 두려울 수밖에 없다. 삼진만 당하면 홈런은커녕 타석에 들어설 수도 없게 된다.

변화대화 이후

변화촉진 코칭은 단기간에 관점 변화를 통해 행동변화까지를 목표로 한다. 따라서 초기에 변화의 단초를 만들어야만 한다. 그러나 긴 기간에 일어나는 코칭도 변화는 많은 경우 초기에 일어난다. 전숙고 단계에 있는 사람을 숙고 단계로 옮기는 것이 주어진 기간에 불가능할 수도 있다. 하지만 기업 내에서 변화의 압력을 체감하고 그에 반응해 왔던 영리한 기업 임원들은 실제 변화로 만들어내고는 한다. 자신의 비전과 가치를 바라볼 수 있는 지적 능력과 의지가 있다면 말이다. 여기서 코치의 역량이 드러난다. 2~3회기 만에, 어떤 경우는 코칭 시작 후 30분 만에 관점전환이 일어나고, 변화의 방향성까지 설정되는 사례가 매우 많다. 그렇게 변화 의욕으로 충만한 클라이언트에게 코치는 적절한 액션플랜을 제시해야 할 경우가 있다. 변화의 방법을 찾아보거나 내적 성찰로 이끌어 보라고 하는 것보다, 액션플랜을 제시하고 그것의 성공경험을 통해 더 큰 변화를 만들어 나갈 수 있기 때문이다. 양상무의 케이스는 거의 첫 회기에 모든 코칭이 이루어졌다고 해도 과언이 아니다. 나머지 회기들은 그에 대한 지지와 격려의 회기들이었고, 변화 행동을 가르쳐주는 시간들이었으며, 그는 그것들을 체화하는 법을 익혔다. 물론 그것이 삶의 한 부분으로 정착되는 데에는 조금 더 시간이 걸릴 테지만, 그렇게 될 것이다.

커리어 코칭에서 순식간에 변화가 일어난 사례는 매우 많다. 수학과 출신의 과학전문 기자가 찾아왔다. 자신은 나 같은 커리어 전문가가 되고 싶다는 것이다. 그러나 아무런 관련 훈련도 교육도 받은 적이 없다. 6월에 찾아왔는데, 그 다음해 9월에 상담심리학으로 유학을 갔고, 국내에 돌아와 박사과정을 마치고 지금은 모 대학 교수가 되어 학생들에게 커리어 관리와 리더십을 가르치고 있다. 6월부터 준비해서 보통 1월달에 입학 지원원서를 받는 미국 대학원 유학을 간다는 것은 매우 치밀한 전략과 강도 높은 준비기간을 필요로 한다. 여기서 코치가 가지고 있는 행동전략이 매우 유용하다. 필자는 미국 대학에서 인턴을 하면서 커리어 워크숍을 기획, 진행하면서 많은 관계자와 전문가들의 강의를 듣고 조언을 받아 커리어 상담을 해왔기에 전략 수립과 실행에 깊이 개입을 할 수 있었다. 만약 코치가 직접 어떤 정보를 가지고 있지 않다면, 그 정보를 가진 다른 코치에게 위탁하거나 클라이언트가 직접 방법을 찾는 과정에 대한 계획을 수립하고 응원해 주어야 한다. 따라서 변화촉진 코치는 행동변화 전략을 다양하게 가지고 있어야 한다.

코치의 전문성

앞서 제시한 코칭의 3요소에 있어서 인간/조직에 대한 이해, 그리고 효과적인 대화법과 더불어 중요한 것이 솔루션이다. 코칭 접근에 있어서 솔루션도 필요하지만 일반적인 임원들을 대상으로 하는 코칭에서는 제대로 먹히는 액션플랜을 여러 가지 가지고 있어야 한다. 게다가 선택도 가능하게 해 주어야 하니 꽤 많이 가지고 있어야 한다. 그리고 클라이언트가 묻는 말에 어느 정도 전문적인 정보를 가지고 있어야 의욕 충만한 클라이언트가 어디로 가야 하면 좋을 지 그 길을 제시해줄 수 있다. 양상무의 경우는 관점을 전환하고, 실행하는 대화법을 가르쳐주고, 인상관리하는 팁도 알려주었고, 변화의 과정에서 겪는 심리적인 어려움에 대해서도 설명해주었다. 도움이 될 수 있는 서적을 추천해 달라고 했을 때도 그 자리에서 바로 몇 권을 추천해 주기도 했다. 연구결과 등을 제시하여 지적인 설득과 지지를 통해서 안정감 있게 변화를 해 나갈 수 있게 했으며 수많은 사례를 통해서 변화대화가 유지되고 시도가 이어지도록 했다. 결과적으로 변화에 대한, 그리고 리더로서의 자기 효능감이 매우 높아졌다. 변상무의 경우는 좀 다르다. 그는 매번 질문을 준비해 오는 것 같았다. 전숙고에서 숙고로 넘어가는 앞 단계 사람은 변화에 대한 탐색기이기 때문에 질문이 많다. 변화를 할 것인가 말 것인가의 기로에 서서, 변화의 옵션, 변화의 장·단점을 탐색하고 싶어 한다. 또한 자신을 드러내고 싶어 하지 않고 안전하게 탐색하고 싶어 하기도 한다. 그리고 숙고 단계에 들어가면 이제 "나"는 어떻게 할 것인가를 비로소 생각하게 된다. 그제서야 자신의 이야기를 할 수 있다. 이런 탐색전도 커버할 수 있는 능력이 필요하다.

어떤 임원이 자신이 코칭을 받으면서 본인은 혁신을 좀 하고 싶은데 회사 분위기가 너무 경직되어 있어 혁신하기가 어렵다며 어떻게 해야 하냐고 물었다. 코치는 어떻게 해야 할까? 여기서 코치가 알아차려야 하는 것은 이미 이 임원은 혁신을 하라는 대답을 기다리고 있다는 것이다(전제 3). 이런 화두를 꺼낸 자체가 이것이 자신에게 중요한 문제인 것이다. 이는 현재 기업에서 그리고 큰 조직에서 원하는 바이다. 가야 할 방향성이 틀리지 않은 것이다. 그는 조심스럽게 다시 말했다. 이전에 코칭을 받을 때도 물어봤단다. 그랬더니, '조직에서 받아들여질 수 있는 수준에서 시도해보라'고 대답했다고 한다. 이는 변화촉진 코칭이 아니다. 첫째, 이 클라이언트는 "하세요"라는 대답을 듣고 싶었고, 그렇게 변화하고 싶은 의욕이 충만한 사람이다. 둘째, 이것은 바람직한 변화의 방향이다. 막아서거나, 멈출 것을 조언해서는 안 된다. 셋째, 어떤 변화든 일단 시도해보고 시행착오를 겪어서 더 나은 방향으로 나가게 해야 하는데, 변화 행동을 막고 있다. 그럼 이 코치는 왜 그런 대답을 했을까? 몇 가지 생각해 볼 수 있다. 자신의 삶의 철학이 그런 사람이다. 사회 순응적인 사람이라 옳은 일보다 거스르지 않는 것을 선호하는 것이다. 변화보다 유지의 철학을 가진 것이다. 그런데 보통 기존 질서에 순응적으로 행동하라고 코칭을 하지는 않는다. 또 하나의 가설은 코치가 혁신에 대해서 무지한 것이다. 혁신이 현재 기업에 얼마나 중요하고, 우리나라 기업 웬만한 곳은 혁신이 턱없이 부족하여 이런 시도가 매우 필요하다는 것을 모를 수 있다. 그리고 혁신적인 행동을 하는 사람들의 특성과 그들이 겪는 어려움, 딜레마, 극복 방안 등에 대한 이해가 없기 때문에, 혁신적 행동을 시작하면 코치가 해줄 수 있는 것이 없게 된다. 따라서 타협이라는 안을 내게 된 것으로 보여진다. 이는 잘 안된 코칭이 아니라, 비윤리적인 코칭이다. 피코치와 코치를 고용한 조직의 니즈에 모두 위배되기 때문이다. 그리고 심지어 바른 행동까지 막은 셈이다. 물론, 그는 코치가 회의적이었지만 나름의 준비는 하고 있었다.

따라서 변화촉진 코치는 꽤 높은 전문성을 가져야 한다. 중독을 치료하는 동기강화 대화 치료자들의 경우도 건강한 행동으로 가는 길에 있는 어려움과 극복 방법, 변화의 진정한 유익 등에 대해서 상당한 전문지식을 가진 사람들이다. 강압적으로 일방적으로 전달하지 않는다 뿐이지, 상당한 지식을 가졌을 때 더 빛을 발하게 된다. 많이 아는 사람이 내 이야기에 귀를 기울이고, 공감해준다. 그리고 나에게 딱 맞는 방식을 추천해줄 때 변화를 하는 사람은 변화에 대한 두려움을 딛고 흔들림 없는 코치의 도움을 받아 어려운 변화를 만들어 낼 수 있다. 이것은 신뢰에 관한 문제이기도 하다. 수많은 사람들의 다양한 문제에 적절히 응대하기 위해서는 전문지식의 레퍼토리도 풍부해야 한다. 성악가가 레퍼토리가 풍부해야 어떤 무대에 서더라도 그에 딱 맞는 노래를 부를 수 있지 않겠는가? 어떤 클라이언트는 이야기를 들어만 주어도 스스로 변화 행동까지 다 설계할 수 있다. 하지만 어떤 사람은 걸음마를 함께 떼어 주어야 한다. 어떤 사람은 조직 내에서 변화 행동에 대한 내적 갈등이나 사적인 문제를 꺼내기도 한다. 과거에 부하직원에게 했던 자신의 잘못 때문에 괴로워지는 사람들도 있다. 코칭은 앞에서 말한 것처럼 파도타기와 같다. 어떤 파도가 올지 전혀 예상치 못하고 코칭 장면에 들어가게 된다. 전부는 아니더라도 스스로 전문성이 있고, "이거는 제가 처음 접하는 문제인데, 알아보고 말씀드릴께요"라는 말이 부끄럽지 않을 정도는 되어야 한다. 세상에 모든 것을 아는 사람은 없지만, 많이 아는 사람은 있으니 말이다.

그래서 필자는 코칭을 시작하는 코치들에게 자신의 전문분야에서 시작하라고 조언한다. 영업관리를 오랫동안 해왔던 분이 코칭을 하고자 한다고 하면, 우선 매장에 있는 직원들이 고객 응대를 더욱 잘하고, 즐거운 마음으로 일할 수 있게 하는 코칭부터 시작하라고 조언한다. 맥락과 상황을 잘 이해하기 때문에, 그러한 분야의 지식을 이미 많이 알고 있으며, 학습도 훨씬 쉽다. 흔히 일어나는 문제에 대해서도 많이 알고 있고, 어떤 문제를 풀어야 하는지도 안다. 문제를 알고 있으면, 몇 권의 책을 읽고, 해결책을 찾아서 학습하고, 전문 교육을 받아 변화촉진 코칭의 대화법으로 행동변화를 이끌어 내면 된다. 나 역시 커리어 코칭으로 시작하였다. 커리어 상담을 석사과정에서 공부하고, 인턴과정을 통해서 훈련을 받아 최소한 웬만한 클라이언트들보다 많은 지식과 전략을 가지고 있다. 기업에서 경험을 쌓은 이후에는 바로 퇴직 임원들의 경력 컨설팅을 하게 되었다. 나름의 전문성이 있기에 성공경험을 많이 쌓았다. 다른 분야도 그렇다. 그 분야에서 조금씩 확장해 나가는 것이 안정적이다. 물론 그 분야에서 대가가 되어도 된다. 필자는 리더십 코칭을 하고자 하였고 커리어 코칭을 중간 디딤돌로 사용하였다. 결론적으로 클라이언트의 변화에 관한 전문성은 필요하다. 그 범위가 어떻게 되었든 간에 말이다.

그러기 위해서는 코치는 언제나 학습하는 태도를 가져야 한다. 세상이 돌아가는 판도 어느 정도 알고 있어야 한다. 어떤 것이 자신에게 잘 맞고, 클라이언트들에게 유익한지에 대한 것도 실제 실행을 통해서 검증을 해본 뒤 정말 강력한 툴 몇 가지는 가지고 있어야 한다. 이는 코치의 철학이나 성향과도 잘 맞아야 한다. 어떤 사람은 조근조근 설명해서 설득하는 것을 잘하는 사람이 있는가 하면 어떤 코치는 무슨 이유인지 모르겠지만, 저 사람 말은 실천해야 할 것 같은 느낌을 주는 사람이 있다. 그리고 솔루션은 얼라인먼트가 되어야 한다. 후자의 스타일이 부하직원에게 친절하게 설득하여서 변화를 이끌라고 한다면 아마 제대로 작동되지 않을 것이다.

변화촉진 코칭은 앞서 밝혔듯이 단기간에 변화 행동을 이끌어내는 것을 목표로 한다. 따라서 모든 코칭에 적합한 방법은 아니며, 모든 클라이언트에게 지금 당장 필요한 것이 아닐 수도 있다. 그러나 일반적인 코칭에도 쓰일 수 있는 대화법 등은 유용한 길잡이가 되어줄 것이다. 이것을 더욱 연마하고 싶은 사람에게는 《동기강화 상담》 도서를 추천한다. 중독환자 치료를 위해 쓰여진 책이지만, 일반 코칭 상황에서도 대부분 유용한 강력한 대화법이 될 것이다.

2부를 마치며

1부에서는 이론 이야기를 많이 하였고, 2부에서는 실행이 되는 사례를 바탕으로 모델을 제시하였다. 이는 어디까지는 우리가 가질 수 있는 수많은 가설 중에 하나이다. 모든 코칭은 상황과 개인의 특수성이 반영되어야 할 것이다. 물론 코치의 개인적 역량도 중요한 부분이 된다. 그러나 여기서 시도한 것은 코치의 개인적 역량을 넘어서는 모델을 제시하는 것이다. 이것은 두 가지 큰 의의를 가질 수 있다. 하나는 코칭을 연구자들에게 프레임으로 제공하고자 하는 것이다. 이것이 완전한 것이 아니라, 이러한 접근법을 시행해보고, 다른 상황에서는 되는지 안 되는지를 실험해보며, 보완점은 무엇인지를 고민해 나가자는 것이다. 어떤 요인에 있어서는 되고, 어떤 요인은 되지 않는 것들이 있을 것이고, 어떤 코치에게는 유용하고, 어떤 코치에게는 맞지 않는 옷인지 알아가 보는 틀이 된다는 것이다. 모든 이론과 모델이 그렇다. 처음부터 완벽한 것은 없다. 연구자들과 실행가들이 실행을 해가면서 조금 더 확률이 높은 모델로 진화되어 가는 것이다. 본 서를 집필한 이후로는 이 무대를 학술지로 옮겨 이 작업을 계속하고자 한다. 두 번째는 개인의 역량에 의존했던 실행가들에게 이론과 실증 연구를 바탕으로 하는 모델을 제시함으로써 필요한 경우에 코치들이 이 방식을 익혀 쓸 수 있게 하기 위함이다. 개인의 경험이나 제한된 학습 방법이 아니라 집단지성에 근거한 접근법이기에 자신의 특기를 살리고 그 위에 이러한 모델을 실행해 본다면 어떨까 싶다. 그러기 위해서는 조금 더 상세한 훈련 내용이 첨가되면 좋을 것이다. 이는 추후에 별도의 단행본으로 나오기에도 충분히 많은 내용일 것이다. 여기서는 우선 큰 얼개를 제공하였다.

코칭은 코치의 수만큼 정의가 많고, 그래서 다양한 것이 코칭의 매력이다. 하지만 다양성을 너무 존중하다 보면 시장에서 옥석이 가려지는 데에 너무 많은 시간이 걸리고, 그동안 옥석이 가려지는 것이 아니라 악화가 양화를 구축하는 현상도 나타나게 된다. 따라서 몇 가지 굵직한 모델이 존재하고, 그 위에 개인의 전문성과 역량을 더해서 더욱 빛이 나는 분야가 되었으면 하는 바람이다.

코칭의 역사를 귀한 사람을 원하는 곳으로 데려다 주는 마차 서비스에서 유래를 찾고는 한다. 하지만 나는 코칭이 훨씬 수준 높은 서비스를 제공해야 한다고 믿는다. 왕에게 조언을 하던 인물이나, 현대에는 식당 내각 Kitchen Cabinet*(대통령의 식사에 초청받아 담소를 나눌 수 있을 정도로 격의 없는 지인들)과 같은 역할, 그리고 전문가도 충분히 할 수 있다고 믿는다. 한 사업가가 말했다. "큰 사업하는 사람 부러워 마십시오. 큰 고민 있는 사람들입니다." 리더의 자리에 있게 되면 수많은 과거, 현재, 미래에 대한 고민을 떠안아야 한다. 그러다 보면 자신이 어디로 가는지도 모르고, 질주하게 되는 경우가 많다. 부하직원들은 고생하게 되고, 어느 정도 이상을 지나면 성장이 멈추고, 돌아보면 부하직원들은 처참하게 지쳐있는 경우가 많다. 또한 호르몬의 이상이든, 개인적인 어려움이든, 자신이 알지 못하는 욕망이나 질투에 사로잡혀서 비이성적인 판단을 하기도 한다. 이런 것들을 주주들 앞이나 이사회, 경영진들에게 던지기 전에 누군가의 도움을 받을 수 있다면 기업 경영에도 큰 도움이 된다. 그 결정의 의미가 무엇이고, 그 결정이 미치는 영향력이 어떤 것인지 제3자적 눈으로 위협적이지 않고, 따

• 키친 캐비닛은 대통령과 어떠한 사적 이해나 정치 관계로 얽혀 있지 않아 여론을 전달하는 통로 역할을 한다는 점에서 행정부 안에서 정치적 영향력을 행사하는 실력자들과는 구분된다. 이들은 식당 안에서는 직위가 아니라 서로를 퍼스트 네임으로 부르며, 대화나 토의 역시 수평적인 관계에서 이루어지기 때문에 대통령은 이들로부터 국민여론이나 자신의 국정운영 스타일에 대한 충고를 들을 수 있다. 나아가 측근들에 둘러싸여 자신이 잘못된 방향으로 나아가는 것을 바로잡을 수도 있어 자주 이런 모임을 갖는다. 물론 식당을 나서는 순간부터는 다시 각자의 위치로 돌아간다. 2001년 6월 부시(George Walker Bush) 전 미국 대통령이 키친 캐비닛 명단을 처음으로 공개하기도 하였는데, 흔히 높은 지위에 있는 사람과 격의 없이 대화를 나눌 수 있는 지인들로 의미를 확대하여 사용하기도 한다. 키친 캐비닛[kitchen cabinet] (두산백과)

듯하게 도움을 줄 수 있다면 기업과 사회가 더 좋은 곳이 될 수 있으리라 생각한다. 나는 그런 것이 우리 이그제큐티브 코치들이 지향해야 할 지점이라고 확신한다.

코치는 높은 전문성을 가지고서도 친절하고 겸손한 제안을 할 수 있는 존재여야 한다. 케츠 드 브리스 교수는 "현명한 바보Wise Fool(광대)"라 칭했다. 자존심을 해치지 않으면서도 리더에게 도움이 될 수 있는 생각거리와 질문거리를 던질 수 있고, 솔루션을 원하면 쥬크박스처럼 전문지식을 쏟아낼 수 있거나 전문적인 사람과 전문적 자원을 그 앞에 놓을 수 있는 사람 말이다. 그리고 코칭을 받다 보면 '내가 성장하고 있구나' 하는 생각을 하게 하는 조력자가 되어야 한다. 필자가 2010년 INSEAD에서 연구원 생활을 할 때, 케츠 드 브리스 교수에게 "그렇게 되려면 어느 정도의 수련기간이 필요할까요?"라고 물었다. 그러자 그는 "10년"이라고 대답했다. 인간에 대한 이해, 대화법, 그리고 솔루션까지 모두 익히려면 말이다. "제가 그걸 할 수 있을까요?"라고 물었다. 그러자 그가 말했다. "당연하죠. 지금부터 시작해요. 물론 처음에는 잘 못할 거고 실수할 겁니다. 하지만 실험Experiment하고, 경험Experience하고 나면 전문가Expert가 될 겁니다. 나도 아직 그러고 있어요." 학습하고 실험하며 시행착오를 겪다보면 10년 후에는 전문가가 될 것이라는 것이다. 물론 코치는 완성되는 것이 아니다. 어떤 직업도 마찬가지이다. 리더처럼 코치도 더 나은 코칭을 제공하고자 하는 노력과 고뇌를 하는 사람이고, 그것이 코칭을 더욱 빛나게 할 것이다. 필자도 본 서의 독자들에게 코치로서의 실험을 시작할 수 있는데 쓰임이 있길 바라며 10년 후에는 국내의 코칭 시장이 미국이나 유럽처럼 번성하고 기업과 사회에서 큰 역할을 할 수 있길 바란다.

부록
이그제큐티브 코칭에 대한 질문들

여기서는 필자가 코치 교육을 하면서 반복적으로 들었던 몇 가지 질문들에 대한 답을 다뤘다.

코치는 훌륭한 경영자 혹은 임원이었어야 하는가?

이는 코치가 되고자 하는 사람에게, 혹은 코치를 선택할 때 하는 질문이다. 나는 이것을 히딩크 감독과 차범근 감독으로 비유하여 설명한다. 히딩크와 차범근, 축구선수로 누가 더 훌륭했는가? 차범근은 유럽 최고 리그인 분데스리가에서도 최고의 선수로 갈색 폭격기라는 별명을 가지고, 수많은 기록을 세운 전설적인 선수였다. 반면 히딩크는 네덜란드의 중간 정도의 리그에서 뛰는 평범한 선수였다. 하지만 그들이 코치로서는 어땠는가? 이는 두말 할 필요도 없을 것이다. 차범근은 1998년 미국 월드컵 당시 경기 도중 경질되어 귀국을 할 정도의 평가와 수모를 겪었다. 반면 히딩크는 우리나라 축구 역사상 가장 화려한 장을 장식하였다. 즉 훌륭한 코치는 꼭 훌륭한 선수였을 필요는 없다. 다만, 축구를 어떻게 해야 하는지에 대한 기본적인 이해는 필요하다.

뛰어난 임원 출신이 훌륭한 코치가 될 수 있을까? 그건 모른다. 각 개인의 역량에 따라 달라질 것이다. 그리고 그가 임원시절 가지고 있던 솔루션이 지금, 다른 조직에서 먹힌다는 보장도 없다. 다만, 임원 출신의 경험을 바탕으로 코칭 기법을 익히고, 기술을 익힌다면, 훌륭한 코치가 될 가능성이 높다. 물론 그 경험이 전부는 아니라는 것은 확실하다.

반면, 임원 경험이 없거나, 훌륭한 성과가 없는 사람도 좋은 코치가 될수 있을까? 기본적으로 게임의 룰을 모르는 사람은 좋은 코치가 될 수 없다. 축구를 책으로만 배워서 좋은 코치가 될 수 있는가? 아는 것만으로 좋은 경영자를 만들 수 있다면, 경영학자들이 가장 훌륭한 경영자가 되어야 한다. 하지만 경영학자 출신의 훌륭한 CEO는 찾아보기 어렵다(물론 CEO가 되는 과정에서 박사를 받은 사람들은 있다). 하지만 기본적인 게임의 룰을 알고, 통찰력을 갖추고 있다면, 훌륭한 코칭 지식과 스킬로 코치가 될수 있다. 히딩크처럼 말이다.

인증이나 자격증이 필요한가?

우리나라에서도 코칭협회가 존재하고, 인증을 하고 있다. 하지만 인증절차를 들여다보면, 갸우뚱해진다. 일단, 누가 누구를 인증한다는 말인가? 코치를 인증하는 사람들이 과연 누구를 인증할 정도의 전문성을 갖추었는지, 인증 절차의 타당성과 신뢰도에 대한 검증은 했는지 뚜렷하게 드러나지 않는다. 또한 인증이 된 코치들 간에도 큰 격차가 존재한다. 일정 교육을 이수하고, 수퍼비전 없이, 실습 경험만 있으면 인증 코치가 된다. 과연 그들이 그 정도 선에서 좋은 코치가 될지 의문이다. 상담이나, 임상심리에 종사하는 사람들의 수준은 아니더라도, 코치는 사람을 상대하는 직업으로 인간이나, 그룹 역동에 대한 이해가 필수적이다. 하지만 인증 프로그램에서는 필요한 부분에 대한 검증이 과연 되고 있나 싶다.

사실 인증이 어떤 과정으로 이루어지건, 가장 중요한 것은 코치를 고용하는 사람이 이 인증을 얼마나 신뢰하느냐 일 것이다. 이는 각 개인의 믿음과 경험에 의거한다. 인증이 주는 장점이 있는 반면, 인증이 제대로 이루어지지 않는다면, 역량이 부족한 몇몇의 코치들이 인증 자체를 무용지물화 시켜버릴 수 있다는 것이다. 혹은 집단 자체를 다운 그레이드 시켜버릴 수 있다. 기준 요건과 교육을 강화하지 않는 한 인증의 의미는 없다.

무엇보다 중요한 것은 코칭이 인증이 가능한가 이다. 기본적으로 다양한 니즈를 맞추기 위한 것이 코칭이다. 어떤 경우는 전문 코치로 활동하지 않아도, 나에게 좋은 코치가 될 수 있다. 실제로 우리나라에서 최고가 비용을 받는 코치들은 대부분 이 인증을 가지고 있지 않거나, 그것과는 무관한 사람들이다. 만약 비용이 같다면, 스타 경영학자 혹은 정신과의사와 인증된 보통의 코치, 이 두 사람 중 누구를 코치로 선택하겠는가? 현 시점에서 코치는 인증보다는 개인의 역량이 더욱 중요하다.

INSEAD 코칭 프로그램은 상당히 많은 양의 학문적 탐구와 코칭을 경험하여, 석사학위를 수여한다. INSEAD는 유럽에서는 가장 높은 순위의 경영대학원이며, 세계 6위의 임원교육기관이다. 코칭 프로그램은 다른 어떤 기관이나 협회로부터 인증을 받고 있지 않다. 게다가 코칭 프로그램은 들어가는 것 자체가 굉장한 경쟁을 뚫어야 하고, 세계 최고 수준의 학자와 코치로부터 교육을 받는다. 당신이 HR 담당자라면, 같은 조건이라면, INSEAD 코칭 프로그램 졸업자와 인증된 코치 중 누구를 선택하겠는가? 즉 현재는 전 세계 어디에도 믿을 만한, 검증된 인증 시스템이 존재하지 않는다고 볼 수 있다.

그렇기에 코치를 선택하는 사람들은 코치 하나하나의 면면을 보는 수밖에 없지 않을까? 그런 노력이 최선의 코치를 선택하게 할 것이다.

어떤 기준으로 코치를 선정해야 하나?

인증도 믿을 수 없다면, 어떤 기준으로 코치를 선정해야 하나? 미국의 한 회사 HR 담당자는 각 임원들에게 본인이 필요한 부분을 보완해줄 수 있는 코치를 직접 구해오라고 한다. 일단, 코치는 코칭을 받는 사람이 필요하다고 느끼는 사람이 제일 좋다. 그것을 말로 설명할 수도 있지만, 많은 경우, "그냥" 그런 경우가 많다. 말콤 글래드웰의 《블링크》에 나오는 것처럼, 우리는 무언가를 알아채는 데 눈 깜짝하는 시간밖에 안 걸릴 수 있다. 사회생활을 오래한 임원들이라면, 그런 내공이 존재할 수 있다. 물론, HR 담당자에게 이런 능력이 있을 수도 있다.

그러기 위해서는 우선 코칭의 용도가 무엇인지에 대한 정확한 인식이 필요하다. 그런 것 없이, 그저 저렴한, 혹은 유명 코칭 단체의 코치를 고용할 경우 "코칭 해봤는데, 별거 없더라"라는 반응 밖에 할 수 없을 것이다. 바람이 없는데, 무엇으로 평가를 한단 말인가? 일단 코칭이 왜 필요한지에 대한 인식이 코치를 사용하는 조직과 코칭을 받는 임원 사이에서 합의에 이르렀다면, 이를 제일 잘 해줄 코치를 찾으면 된다. 코칭 회사나, 코칭 협회 등의 리스트를 이용할 수도 있고, 일반적인 기업교육가, 상담가, 경영학자, 심리학자 등 넓은 스펙트럼에서 선택할 수도 있다. 코칭은 "코치"라는 이름이 붙어야 할 수 있는 것은 아니기 때문이다.

다음으로 코칭 접근법에 대해서 살펴볼 필요가 있다. 접근법이 해당 조직의 전략에 도움이 되는지를 봐야 한다. 어떤 회사에서 보다 유연하고, 창조적인 조직을 만들고 싶어 한다면, 그런 것을 해 낼 수 있는 교육학자, 심리학자나 경영학자를 사용할 수 있다. 예전 관리 중심의 조직에서 임원을 했던 배경을 가진 코치는 그 시점에서 기여가 크지 않을 수 있다. 앞서 말했듯이 뚜렷하고, 검증된 접근법은 없으면서 큰소리만 치는 코치는 경계할 필요가 있다.

한 번에 좋은 선택을 할 수는 없다. 따라서 계약을 할 때, 2회 정도 시행해보고, 재계약하는 형식을 취해도 좋다. 최소한의 신뢰를 줄 수 있는지에 대한 생각이 있을 때, 장기 계약을 하는 것이 필요하다. 코치 역시 이 부분에 대해서 판단해야 한다. 자신이 도움이 될 수 있는지, 자신이 잘하는 분야와는 맞지 않는 일을 의뢰 받았는지 판단하고, 결정해야 한다. 자신도 없는 클라이언트와 돈 때문에 계약을 하고, 바람직한 결과를 내지 못한다면, 이는 아랫돌 빼서 윗돌 올리는 격이다. 평판만 나빠지게 되고, 코칭계 전반에 악영향을 끼친다. 완벽한 코치는 없다. No를 해야 할 때는 해야 한다. 오히려 성공 케이스를 많이 만드는 전략이 더 유효할 수 있다. 나 역시 어떤 클라이언트와는 계속 겉도는 느낌이 들 때가 있다. 특히 다양한 이유로 나를 시험하려고 하는 클라이언트는 직감을 하고, 매우 불편함을 느낀다. 그런 경우는 코칭을 중단하기도 한다. 그런 마음으로 코칭에 임하는 사람은 결코 좋은 결과를 낼 수 없을 뿐만 아니라 다른 클라이언트와의 관계에도 영향을 미친다. 또한 드러나게 비협조적이거나 비자발적이고 무책임한 클라이언트 역시 코칭하지 않는다. 코칭은 변화나 발전의 의지가 없는 사람까지 끌고 갈만큼 긴 시간을 허용하지 않기 때문이다.

코칭의 효과성 평가는 어떻게 하나?

기업에서 일어나는 많은 일들은 단순히 평가하기 어렵다. 매출의 증가와 하락 역시, 리더십, 시장상황, 경쟁관계, 정책변화 등 수많은 변수에 의해 좌우된다. 코칭도 마찬가지이다. 그 사람에게서 어떤 변화가 일어나는지를 볼 수는 있을 것이다. 하지만 중요한 것은 코칭을 정의할 때 이야기 한대로, 바람직한 조직발전과 변화에 기여해야만 한다.

코칭을 받은 사람의 만족도 중요하다. 만족이 되어야 변화나 발전으로 이어질 테니 말이다. 하지만 만족은 절대적이지 않다. 코칭이 어떤 변화를 일으켜야 하는지에 대한 기대가 없다면 더욱 그렇다. 유익한 시간을 보내고, 재미있는 시간을 보내서 만족한다면, 차라리 재미있는 뮤지컬 한 편 보여주는 게 나을 것이다. 시중에 떠도는 유익한 동영상이나, 다큐멘터리 프로그램이 훨씬 효과적이다. 본인 돈이 들어가지 않는 경우에 이런 경우가 더욱 많다. 단순히 조직으로부터 대접받는 기분이 만족도에 기여할 수 있다. 결코 이것이 코칭 결과의 유일한 평가 지표가 되어서는 안 된다.

코칭을 시작하면서 코치가 예상할 수 있는 효과를 제시해야 한다. 조직은 자신들이 원하는 효과를 제시해야 한다. 그것이 실적과 같은 숫자로 평가될 수도 있고, 진단도구Assessment로 가늠될 수도 있다. 혹은 부하직원이나, 상사에게 클라이언트의 변화에 대한 평가를 부탁할 수도 있다.

시기도 문제이다. 많은 교육의 경우 허니문 기간이 존재한다. 보통 6개월에서 1년을 이야기 하는데, 그 이후에 교육 받기 전으로 돌아가거나, 그보다 더 나빠지기도 한다는 것이다. 이를 적절히 고려하여야 할 것이다. 케츠 드 브리스 교수는 코칭의 효과가 내재화되기까지는 14개월 정도 필요하다고 했다. 물론 두 달에 한 번, 세 달에 한 번이 될 수도 있다. 다만, 한국에서 많이 시행하는 10회, 주 1회와 같이 정형화된 스케줄은 많은 이에게 한계가 처음부터 분명히 존재하는 포맷이다.

코칭 성공의 기본요소? 리더십!!

코칭이 임원들의 복지를 위한 서비스가 아니라 조직전략을 수행하기 위한 수단이라면, 코치의 배경보다 더 중요한 것은 조직의 최상위 리더가 얼마나 그 코칭을 지지하느냐이다. 코칭이 어떤 변화를 이끌어 낼 지에 대한 동의가 존재하고 그것을 리더가 지지해 줄 때 코칭은 소기의 목적을 달성한 것이다. 물론, 어떤 코칭은 조직원들이 자신들의 감정을 분출하고,

스트레스를 해소하는 장의 역할을 한다. 그럴 경우 코칭의 효과는 지협적일 수 있다. 물론 코칭의 대상이 최고 경영자이어서, 정신적으로 더욱 건강한 상황에서 더 효과적인 의사결정을 할 수 있고, 좋은 기운을 조직 전체에 퍼뜨릴 수 있다면, 그 효과는 조직 전체에까지 퍼져나갈 것이다.

하지만 보통의 경우 CEO가 조직발전의 방향을 제시하고, 그것을 이루기 위한 수단으로 코칭을 신뢰하고, 지지할 때 효과는 극대화 된다. 리더가 "어디 보자"하고 지켜보고 있다면, 코칭은 그저 직원 복지에 지나지 않는다. 투입되는 자원 역시 비용이지, 투자가 아니다.

부모가 아이를 어떻게 키워야 하는지에 대한 철학이 없고, 방법에 대해서도 공부하지 않으면서, 아이를 학원에 보내고, 유명한 선생님에게 과외를 받게 한다면, 그 아이의 끝은 어떻게 될까? 최소한 우리는 그것에 대한 바람을 가질 수가 없다. 따라서 어떤 모습이 되더라도 만족하기 어렵다. 혹은 어떤 모습이 되더라도 감동받지 못할 것이다. 프로세스 자체는 의미가 없다. 어떤 결과를 내야 한다. 물론 자녀 교육은 프로세스 자체로도 의미가 있는 경우가 많지만 조직에서는 결과를 내는 것이 중요하고, 그래서 그 결과를 위한 최적의 프로세스가 필요하다.

코칭도 결과를 내야 한다. 이를 위해서는 CEO의 바람이 있어야 하고, 신뢰되고, 지지되어야 한다. 리더의 지지가 없다면, 스티븐 코비, 델 카네기가 와도 그 조직은 바꿀 수 없다.

코칭은 만병통치인가?

어떤 코치들은 자신이 마법사쯤 되는 것처럼 자신을 선전한다. 코칭을 하면 마치 만사 해결이 되는 만병통치약인양 말이다. 이미 만병통치가 되는 순간, 그것은 코칭이라고 말할 수 없다. 일반적인 세뇌, 교화 등의 표현이 맞을 것이다. 코칭은 절대 그렇지 않다. 킬버그는 코칭의 정의에서 코칭을 "도움을 주는 관계"라고 지칭하였다. 코칭은 관계의 역동 속에서 변화와 발전이 이루어지는 것이다. 코치가 누군가를 변화시키거나 성장시키는 것이 아니다. 또 다른 도움을 주는 직업Helping Profession인, 정신과 의사들은 가끔 자신들을 점쟁이와 경쟁관계에 있다고 이야기 한다. 인생의 덫에 걸린 것과 같은 상황에서 사람들은 정신과의사를 찾기도 하고, 점쟁이를 찾기도 한다. 정신과 의사들은 점쟁이와의 차이를 의존성에 있다고 본다. 점쟁이는 자신이 문제를 다 해결해 주겠다고 하고, 점차로 자신에 대한 의존성을 높인다. 하지만 정신과 의사들은 그들이 혼자서 역경을 이겨내고, 성숙에 이르러 더 이상 자신을 찾지 않도록 한다는 것이다. 좋은 코치라면, 클라이언트를 자신에게 의존적으로 만들지 않아야 한다. 최소한 어느 시점 이후에는 말이다. 그들이 의존성을 높이는 이유는 진정한 변화를 촉발시키지 못함일 수 있다. 부족함만 강조하고, 그것을 자기가 해결해 줄 수 있는 양 상대를 지배하는 것이다. 하지만 코치가 나쁜 사람이 아니라면, 그것은 어찌 보면, 코치 스스로가 자신이 전지전능해야 한다는 착각에 빠진 결과일 수도 있다. 세상에 어떤 코치도, 모든 클라이언트를 다 변화시킬 수는 없다. 최소한 두 가지 이유가 있다.

첫 번째, 사람들은 그렇게 쉽게 바뀌지 않는다. 다만 바뀔 수 없는 부분을 포기하고, 인정하는 것이다. 성격유형검사인 MBTI을 기반으로 워크숍을 진행하면, 성격유형별로 다른 점이 극명하게 드러난다. 한 회사에서 10여년을 근무한 사람들인데도 업무 스타일이나, 태도, 결과물마저 놀라울 정도로 다른 모습을 보인다. 한 간부가 물었다. "사람들을 반대 유형이 되도록 교육하면 바꿀 수 있지 않겠느냐?" 그러면 나는 다른 유형의 사람들을 가리키며 말한다. "십수년을 같은 조직에서 같은 업무를 했는데도, 저렇게 다른데, 그게 그리 쉽게 되겠습니까?" 다만, 자신의 부족한 점을 인정하고, 그것을 받아들이고, 그 부분을 보완할 수 있는 방법을 조직차원에서 찾는 것이 현명하다. 예를 들어, 일을 시작하지만 마무리가 안 되는 스타일인 사람은 신사업 개발부서에서 일하면 된다. 창의적이고, 사람은 좋지만 근태관리가 안 되는 부하직원에게는 유연근무제를 실시하게끔 배려하면 되고, 말투가 투박한 리더는 업무적으로 잘하는 부분은 인정하면서, 커뮤니케이션 스킬을 배우도록 하면 된다. 큰 그림을 그리는 스티브 잡스는 관리에 능하고 세부사항까지 신경 쓰는 꼼꼼한 팀 쿡을 2인자로 두었다. 스티브 잡스에게 관리 능력의 부재를 탓하고, 그것을 강요했다면, 과연 아이폰이 나올 수 있었을까?

영재교육을 하는 학자들은 아이를 영재를 만드는 방법은 여러 가지 자극을 주는 것이 아니라, 아이가 집중하는 한 가지를 할 수 있도록 하는 것이라고 한다. 그림 그리기를 좋아한다면, 실컷 그리도록 해준다. 그러는 동안 아이는 집중력과 지구력이 향상되고, 자기 효능감이 올라가며, 성취에 대한 기쁨을 학습함으로써, 다른 분야에서도 자신감을 보이며, 다른 분야도 쉽게 학습할 수 있게 된다. 차라리 코칭에서는 이런 전략을 쓰는 것이 났다. 어떤 인터넷 쇼핑몰 CEO는 공부와는 담을 쌓았던 캐릭터라고 스스로를 소개했다. 하지만 사업을 운영하면서 삶의 재미와 의미를 느끼고, 자신만의 라이프 스타일을 만들었다. 그런 삶을 계속 이어가고자 관련 대학원에 진학을 했다. 자신이 잘하는 것을 더 잘하고 싶어서, 과거 꼴찌도 마다 않던 사람이 대학원에 진학했다.

예전 행동심리학자들은 보상과 처벌을 이용하여, 아이를 어떤 모습이던 만들어 주겠다고 큰소리를 쳤다. 하지만 그런 일은 일어나지 않았다. 보상과 처벌이 인간 행동에 가장 기본적인 영향을 미치긴 하지만 인간 본질에 대한 변화를 이끌어내는 데에는 한계가 있다. 그러므로 체크리스트를 만들어 거기에 모두 좋은 점수를 받는 "완벽한" 리더를 만들어 주겠다는 코칭은 사기이다.

둘째, 사람들은 하고 싶은 대로 한다. 성장은 자기가 하는 것이다. 코칭을 시작하는 사람들에게 가장 중요하게 강조하는 점은, 클라이언트를 억지로 바꾸려 하지 말라는 것이다. 기본적으로 사람들은 자기가 하고 싶은 대로 한다. 코치를 찾는 사람들은 내부에 답이 있다. 다만 그것을 못 알아채고 있거나, 누군가의 컨펌을 필요로 한다. 혹은 방법 정도에 대한 대답을 구한다. 그것도 모르고, 코치가 눈치 없이 계속 어떤 솔루션을 제공하게 되면, 코치에 대한 신뢰는 떨어지게 된다. 질문에 대답은 할 수 있을 정도의 전문성은 필요하지만 코치가 아는 한도 내에서 어떤 해결법을 제시하는 경우, 많은 경우 맞지 않다. 자신의 문제를 자신 이상으로 잘 아는 사람은 없다. 어떤 결정을 하던 지지해주는 것이 코치의 역할이다. 이는 사춘기시절 부모의 역할과도 같다. 사람들은 시행착오를 통해 성장을 한다. 클라이언트는 자신의 선택이 지지받고, 시행했을 경우, 실패를 하더라도 그를 통해 학습을 하고, 성장할 수 있다. 계속 어떤 답을 제공하면, 설령 그것이 옳더라도, 사람들은 반항을 하고 싶어 한다. 어떤 시도의 성패는 사실 여러 가지에 의해 결정된다. 매번 성공해야 한다는 강박처럼 사람을 황폐화 시키는 것도 없다. 코치의 지지로, 클라이언트가 인생에 다양한 실험을 하고, 그 경험을 통해 배우고, 점점 성장할 수 있는 기술과 자신감을 익혔다면 코치는 훌륭한 코치가 된다.

　퇴직자들에게 커리어 코칭을 할 때, 비자발적 퇴직을 한 사람들은 대부분 지금까지 했던 일과 전혀 다른 일을 하고 싶어 한다. 비자발적 퇴직을 자신에게 맞지 않는 일을 한 결과라고 해석하거나, 상처 때문에 자신감을 상실하여 그 쪽 일은 엄두를 내지 못하는 것이다. 하지만 많은 경우 자신이 하던 일을 하게 된다. 이 과정에서 코치가 "하던 일을 하는 것이 지금은 가장 안전하다. 회사에서 명예퇴직까지 했는데 전문성도 없는 일에 도전하면 누가 뽑아주겠냐"라고 옳은 소리를 할 수 있다. 하지만 이 이야기는 대부분 들리지 않고, 오히려 자존심과 자기 효능감에 상처만 내어 코치와의 관계가 망가지게 된다. 이런 경우 코치는 '옳은 일'에 대한 정보만 있을 뿐, 클라이언트의 심리상태에 대한 지식과 이해는 없는 것이다. 옳은 정보를 주는 것은 보통 컨설팅이다. 코칭이라면, 이런 상황과 심리상태를 고려하여, 난관을 극복할 수 있도록 도와주어야 한다. 필자는 보통 클라이언트가 하고 싶은 대로 하도록 지지해 준다. 그리고 나면 머지않아 돌아온다. 엉뚱한 길을 돌아오는 것이라고 비효율적이라고 생각할지 모른다. 하지만 엉뚱한 길을 가보지 않으면, 후회는 더욱 깊어지고, 코치에 대한 원망이 생긴다. 엉뚱한 길을 가 봐야, 자신이 가진 전문성에 대해서도 인지하게 되고, 자신을 인정하고 받아들이게 된다.

좋은 코치는 존재하는가?

국내에서 HR 담당자들에게 코칭을 한다고 하면 "코칭 해봤다. 비싸기만 하고 효과는 별로다"라는 소리를 자주 듣는다. 그래서 국내 코칭 시장은 크다가 지금은 많이 위축되었다. 코칭은 교육과도 같다. 어떤 교육은 더 효과적이고, 어떤 강사는 다른 사람에 비해서 만족도가 높다. 코칭도 여러 종류이고, 코치도 여러 종류이다. 코칭과 코치를 하나의 존재로 보기에는 무리가 있다. 코치마다 접근하는 방식이 다르다. 물론 처음 경험해 봤을 때는 그것이 전부라고 생각할 수 있다. 그래서 코치의 역량이 중요한 이유다. 하지만 더욱 중요한 것은, 코치와 조직, 혹은 클라이언트와의 궁합(영어로는 chemistry라고 표현한다)이다. 코칭을 받는 사람들이 코칭의 목표를 정확히 인식하고, 그에 맞는 코치를 찾는 것이다. 누군가에게 좋은 코치가 다른 사람에게는 그저 그런 코치일 수도 있다. 우리가 매번 축구 감독 선임에 진통을 겪는 것을 보면 그렇다. 다른 나라에서 성공적인 리더가 우리나라에 와서 영 효과를 못 보이거나, 의외의 인물이 성과를 올리기도 한다. 물론 세계 최고의 코치를 데리고 오지 못하는 여러 가지 이유도 있다. 아이의 과외선생을 구할 때만 해도, 갖은 조건을 다 따져서 사람을 구하지 않는가? 서울대 법대를 다닌다고 다 좋은 선생인가? 물론 그렇게 생각하는 사람이 많다. 하지만 좋은 과외 선생은 아이와 잘 맞고, 아이의 부족함을 공감하고, 성장할 수 있도록 도와주는 사람이다. 공부하기 싫어하는 아이와 자전거를 같이 타기도 하고, 사춘기 고민이 깊은 아이의 이야기에 귀 기울여줄 줄도 아는 사람 말이다. 그저 컨텐츠를 잘 전달하는 사람이 필요하면, EBS 이상이 없다.

미국 등 영어권 코치들의 설문결과에 의하면(Coutu & Kauffman, 2009), 65%는 자신이 동종 산업에서 코칭을 한 경험이 있어서, 27%의 코치들은 자신들이 동종 산업 출신이기 때문에 선택이 되었다고 이야기 한다. 즉 그 사업의 특성을 이해하는 사람들을 선호한다는 것이다. INSEAD 코칭 프로그램을 진행하는 교수들 역시 좋은 코치는 "fit(잘 맞는)" 사람이라고 이야기 한다. 킬버그의 정의에서도 코칭은 조력"관계"이다. 사람들의 관계는 레고 끼워 맞추듯 다 맞출 수 있는 것이 아니다. 조직 내에서도 더 잘 맞는 관계가 있듯이 코치도 클라이언트와의 관계가 매우 중요하다.

코치는 어떻게 성장하는가?

리더에게 코치가 필요하듯 코치에게도 코치가 필요하다. 이를 심리학에서는 수퍼비전이라고 하고, ICF에서는 멘토코칭, 한국 코치 협회에서는 코치더코치라고 명명한다. 코칭을 실행하면서도 전문가의 도움을 받아야 한다는 것이다. 이러한 수퍼비전은 크게 세 가지 측면에서 반드시 필요하다. 첫 번째, 코칭 기술을 향상시키기 위해서이다. 물론 기술이 향상되려면 가치관이나 인간관 등에 대한 변화도 필요하다. 더 나은 코칭을 제공하기 위해서이다. 누구도 완성이 된 상태에서 사람을 돕겠다고 나서지 않는다. 법도 끊임없이 개정되고, 의사들도 새로운 의술을 끊임없이 익힌다. 그리고 수많은 워크숍을 통해서 자신들이 잘하고 있는지를 확인하고, 더 잘하는 사람에게 수련을 받고 사사를 받는다. 코칭도 이런 것이 필요하다. INSEAD의 코칭 프로그램은 90년대 초반부터 시작하여 아직까지 사랑받고 있는 프로그램이다. 그들은 이토록 성공적인 프로그램이지만, 똑같이 실행이 된 적이 없다고 말한다. 늘 새로운 시도가 들어간다. 유지하는 것도 있고, 새롭게 시도하는 것도 있다. 물론 새로운 시도가 뜻하지 않은 부정적인 결과를 가지고 오는 때도 있지만, 끊임없이 시도한다. 본인의 전문성에 자신감 있는 코치도 계속 학습이 필요하고 연마가 필요하다.

두 번째, 체계적인 성찰을 위해서 수퍼비전이 필요하다. 우리는 관습에 젖어서 자신이 하고 있는 방식이 잘 되고 있다는 믿음에 빠져버리게 된다. 가수 이승철씨는 같은 노래를 많이 부르면 너무 익숙해진 나머지 노래가 "느끼해진다"고 표현했다. 잘하던 것도 꾸준히 스스로 모니터링을 하지 않으면 변질될 수 있다. 새로운 클라이언트임에도 불구하고 본인이 익숙하고 다 아는 사안인양 취급해 버려서 실제 이슈에 다가가지 못하게 되거나, 그것이 클라이언트의 불만을 만들게 되기도 한다. 따라서 주기적으로 자신이 어떻게 하고 있는지 동료나 선배와 함께 모니터링을 하는 것이 필요하다.

세 번째, 코치가 스스로를 돌보아야 하기 때문이다. 목수에게 수많은 연장이 있다면, 코치의 연장은 '자신'이다. 자신이 제대로 작동하지 않으면 좋은 코칭을 할 수가 없다. 코칭 초심자들은 당연히 코칭 도중에 크건 작건 상처를 받게 된다. 잘못을 스스로 알기도 하고, 모르기도 한다. 심한 경우는 모멸감을 느끼게 되거나 수치심과 죄책감도 느끼게 된다. 이럴 때, 이것을 치유해주고, 더 좋은 방향으로 발전시킬 수 있게 조언을 해 줄 수 있는 수퍼바이저가 필요하다. 지지적인 배우자, 동료, 혹은 친구가 많은 부분을 감당해 줄 수 있다. 그러나 같은 실수를 반복하지 않게 해주고, 그러한 상처를 어떻게 해석해 나가야 할지에 대한 깊이 있는 조언을 해주는 선배가 해주는 역할은 분명히 다르다. 게다가 코치는 이러한 역할이 업인 사람이다. 수퍼비전을 받으면서 조금 다른 차원에서 도움을 주는 법을 익힐 수도 있다. 또한 수퍼바이저는 보통 나보다 더 높은 전문성과 경험을 가지거나, 다른 접근법을 사용하는 사람이면 부가적인 혜택을 누릴 수가 있다. 필자는 코칭을 하지 않을 때는 유명한 코치, 정신과 의사, 상담가들로부터 코칭이나 상담을 받는다. 큰 도움이 된다. 혹은 명성에 비해서 형편없는 서비스를 제공하는 전문가를 만나기도 한다. 그러면 반면교사로 삼으면 된다. 비슷한 맥락에서 일을 하는 사람들이 어떻게 일을 하는지를 실제로 들어가서 보는 것만큼 도움이 되는 것도 없으니 말이다. 물론 비용이 나간다. 그러나 코칭하는 사람이 코칭 받는 것을 아까워한다면 누가 코칭을 받겠는가? 수퍼비전은 선택이 아니라 필수이다.

Adler, N. E., & Goleman, D. (1975). Goal setting, T-group participation, and self-rated change: An experimental study. *The Journal of Applied Behavioral Science, 11*(2), 197-208.

Amrhein, P. C., Miller, W. R., Yahne, C. E., Palmer, M., & Fulcher, L. (2003). Client commitment language during motivational interviewing predicts drug use outcomes. *Journal of consulting and clinical psychology, 71*(5), 862.

Anderson, S. L., & Betz, N. E. (2001). Sources of Social Self-Efficacy Expectations: Their Measurement and Relation to Career Development. *Journal of Vocational Behavior, 58*(1), 98-117. Retrieved from http://www. sciencedirect. com/science/article/B6WMN-457CVGH-M/2/b663e8a318382345ef774206 085d0131

Argyris, C. (1993). *On organizational learning.* Cambridge, Mass.: Blackwell Publishers.

Argyris, C. (2002). Double-Loop Learning, Teaching, and Research. *Academy of Management Learning & Education, 1*(2), 206-218. doi:10.5465/amle. 2002.8509400

Arnaud, G. (2003). A coach or a couch? A Lacanian perspective on executive coaching and consulting. *Human Relations, 56*(9), 1131-1154. Retrieved from <Go to ISI>://000187284100005

Bandura, A. (1995). *Self-efficacy in changing societies.* Cambridge ; New York: Cambridge University Press.

Bass, B. M. (1998). *Transformational leadership: industrial, military, and educational impact.* Mahwah, N.J.: Lawrence Erlbaum Associates.

Bass, B. M., & U. S. Army Research Institute for the Behavioral and Social Sciences. (1996). *A new paradigm of leadership: an inquiry into transformational leadership.* Alexandria, Va.: U.S. Army Research Institute for the Behavioral and Social Sciences.

Bebchuk, L., & Grinstein, Y. (2005). The Growth of Executive Pay. *Oxf Rev Econ*

Policy, 21(2), 283-303. doi:10.1093/oxrep/gri017

Berglas, S. (2002). The very real dangers of executive coaching. *Harvard Business Review, 80*(6), 86-92. Retrieved from <Go to ISI>:// 000175814500014

Bono, J. E., Purvanova, R. K., Towler, A. J., & Peterson, D. B. (2009). A survey of executive coaching practices. *Personnel Psychology, 62*(2), 361-404.

Boyd, R. D. (1991). *Personal transformations in small groups: a Jungian perspective.* London, New York: Tavistock/Routledge.

Bradford, L. P. (1964). *T-Group theory and laboratory method: innovation in re-education.* New York: Wiley.

Bragg, J., & Andrews, I. R. (1973). Participative decision making: An experimental study in a hospital. *The Journal of Applied Behavioral Science, 9*(6), 727-735.

Brookfield, S. D. (1987). Developing critical thinkers. *Milton Keynes: Open University Press: Buckingham.*

Brotman, L. E., Liberi, W. P., & Wasylyshyn, K. M. (1998). Executive coaching: The need for standards of competence. *Consulting Psychology Journal: Practice and Research, 50*(1), 40-46. doi:10.1037/1061-4087.50.1.40

Brunning, H. (2006). *Executive coaching: systems-psychodynamic perspective.* London ; New York: Karnac.

Burke, W. W. (2010). *Organization change: theory and practice* (3rd ed.). Thousand Oaks: SAGE Publications.

Burns, J. M. (1978). *Leadership* (1st ed.). New York: Harper & Row.

Corey, G. (1996). Theory and practice of counseling and psychotherapy. *Pacific Grove, CA: Brooks/Cole.*

Coutu, D., & Kauffman, C. (2009). The realities of executive coaching. *Harvard Business Review Business Report, 32.*

Coutu, D. L. (2004). Putting Leaders on the Couch (Vol. 82, pp. 64-71): Harvard Business School Publication Corp.

Critcher, C. R., Dunning, D., & Armor, D. A. (2010). When self-affirmations reduce defensiveness: Timing is key. *Personality and Social Psychology Bulletin.*

Criticos, C. (1993). Experiential learning and social transformation for a post-apartheid learning future. *Using experience for learning*, 159-165.

Csikszentmihalyi, M. (1999). 몰입의 즐거움: 해냄.

Cummings, T. G., & Worley, C. G. (2009). *Organization development & change* (9th ed.). Australia ; Mason, OH: South-Western/Cengage Learning.

Daloz, L. A. (1986). *Effective teaching and mentoring* (1st ed.). San Francisco, Calif.: Jossey-Bass.

Diener, E., & Seligman, M. E. (2002). Very happy people. *Psychological science, 13*(1), 81-84.

Dubouloy, M. (2004). The transitional space and self-recovery: A psychoanalytical approach to high-potential managers' training. *Human Relations, 57*(4), 467-496. doi:Doi 10.1177/0018726704043896

Elliott, R., & Freire, E. (2007). Classical person-centered and experiential perspectives on Rogers (1957).

Erickson, D. M. (2002). *A developmental constructivist examination of meaning making capacity among peer instructors in Learning in Retirement Programs.* (Ed. D. dissertation), Teachers College, Columbia University, New York. UMI database.

Erickson, E. (1950). Childhood and society. *New Tork.*

Feldstein Ewing, S. W., Filbey, F. M., Sabbineni, A., Chandler, L. D., & Hutchison, K. E. (2011). How psychosocial alcohol interventions work: A preliminary look at what fMRI can tell us. *Alcoholism: Clinical and Experimental Research, 35*(4), 643-651.

Fitzgerald, C., & Berger, J. G. (2002). *Executive coaching: practices & perspectives* (1st ed.). Palo Alto, CA: Davies-Black Pub.

Fredrickson, B. L., & Losada, M. F. (2005). Positive affect and the complex dynamics of human flourishing. *American Psychologist, 60*(7), 678.

Frisch, M. H. (2001). The emerging role of the internal coach. *Consulting Psychology Journal: Practice and Research, 53*(4), 240-250. doi:10.1037/1061-4087.53. 4.240

Gallwey, W. T. (1974). *The inner game of tennis* (1st ed.). New York: Random House.

Gessnitzer, S., & Kauffeld, S. (2015). The Working Alliance in Coaching: Why Behavior Is the Key to Success. *Journal of Applied Behavioral Science, 51*(2), 177-197. doi:10.1177/0021886315576407

Goleman, D. (2004). What makes a leader? *Harvard Business Review, 82*(1), 82-91.

Goleman, D. Boyatzis, R., & McKee, A. (2003). *감성의 리더십.* 서울: 청림출판서.

Golembiewski, R. T., & Blumberg, A. (1977). *Sensitivity training and the laboratory approach: readings about concepts and applications* (3d ed.). Itasca, Ill.: F. E. Peacock Publishers.

Goode, T. (2007). *A qualitative study of the influence of adult education concepts on best practice executive coaches.* (Ed.D. dissertation), Teachers College, Columbia University, United States, New York.

Gray, D. E. (2006). Executive Coaching: Towards a Dynamic Alliance of Psychotherapy and Transformative Learning Processes. *Management Learning, 37*(4), 475 -497. doi:10.1177/1350507606070221

Griffin, M. (2006). The executive coaching trend: towards more flexible executives. *Leadershio and Organizational development Journal, 27*(7), 584-596.

Haggbloom, S. J., Warnick, R., Warnick, J. E., Jones, V. K., Yarbrough, G. L., Russell, T. M., & Beavers, J. (2002). The 100 most eminent psychologists of the 20th century. *Review of General Psychology, 6*(2), 139.

Hart, V., Blattner, J., & Leipsic, S. (2001). Coaching Versus Therapy: A Perspective. *Consulting Psychology Journal: Practice and Research, 53*(4), 229-237. Retrieved from http://www.sciencedirect.com/science/article/B6X0F-46HDJGY -3/2/f6b05739cd0c4c52dd1bdedc161b7246

Hatch, M. J. (1993). The Dynamics of Organizational Culture. *The Academy of Management Review, 18*(4), 657-693. Retrieved from http://www.jstor.org /stable/258594

Hersey, P., Blanchard, K. H., & Johnson, D. E. (2001). *Management of organizational behavior: leading human resources* (8th ed.). Upper Saddle River, N.J.: Prentice Hall.

Herzberg, F., Mausner, B., & Snyderman, B. (1959). The motivation to work.

Hill, C., & Jones, G. (2008). *Strategic management theory: An integrated approach.* Marson, OH: South-Western Cengage Learning.

Hudson, F. M. (1999). *The handbook of coaching: a comprehensive resource guide for managers, executives, consultants, and human resource professionals* (1st ed.). San Francisco: Jossey-Bass Publishers.

Huggler, A. (2007). *CEOs on the couch: Building the therapeutic coaching alliance in psychoanalytically informed executive coaching.* (Ph.D.), Fielding Graduate University, California. Dissertation and Theses: Full Text database database.

Jarvis, J. (2004). *Coaching and buying coaching services: A guide* (2995). Retrieved from London.

Jarvis, P. (1992). *Paradoxes of learning:* Jossey Bass.

Jung, C. G. (1989). *Memories, dreams, reflections* (Vol. 268): Vintage.

Kampa-Kokesch, S., & Anderson, M. Z. (2001). Executive coaching: A comprehensive review of the literature. *Consulting Psychology Journal: Practice and Research, 53*(4), 205-228.

Keegan, R. (2000). What 'Form' Transforms? A Constructive-Developmental Approach to Transformative Learning. In J. Mezirow (Ed.), *Learning as*

Transformation: Critical Perspectives on a Theory in Progress. The *Jossey-Bass Higher and Adult Education Series*: ERIC.

Kegan, R. (1994). *In over our heads: the mental demands of modern life.* Cambridge, Mass.: Harvard University Press.

Kets de Vries, M. (2005). Leadership group coaching in action: The Zen of creating high performance teams. *Academy of Management Executive, 19*(1), 61-75.

Kets de Vries, M. (2014). Coaching the toxic leader. *Harvard Business Review, 92*(4), 100-109, 134.

Kets de Vries, M., & Balazs, K. (2005). Organizations as Optical Illusions: A Clinical Perspective on Organizational Consultation. *Organizational Dynamics, 34*(1), 1-17. Retrieved from http://www.sciencedirect.com/science/article/B6W6S-4F53VHP-1/2/75560bdf42a131761cde8f5b8a6e95b6

Kets de Vries, M., & Korotov, K. (2007). Creating Transformational Executive Education Programs. *Academy of Management Learning & Education, 6,* 375-387. Retrieved from http://search.ebscohost.com/login.aspx?direct=true&db=bth&AN=26361627&site=ehost-live

Kets de Vries, M. F. K. (2014). *Mindful leadership coaching: Journeys into the interior.* Palgrave Macmillan.

Kets de Vries, M. F. (2014). Dream journeys: A new territory for executive coaching. *Consulting Psychology Journal: Practice and Research, 66*(2), 77.

Kets de Vries, M. F. R. (1984). *The Irrational executive: psychoanalytic explorations in management.* New York: International Universities Press.

Kets de Vries, M. F. R. (2012). *The hedgehog effect: executive coaching and the secrets of building high performance teams.* San Francisco, Calif.: Jossey -Bass.

Kets de Vries, M. F. R., Carlock, R. S., & Florent-Treacy, E. (2007). *The family business on the couch: a psychodynamic-systems perspective.* Chicester, West Sussex, England: John Wiley & Sons.

Kets de Vries, M. F. R., Korotov, K., & Florent-Treacy, E. (2007). *Coach and Couch: The psychology of making better leader.* New York: Palgrave /Macmillan.

Kilburg, R. R. (2000). *Executive coaching: developing managerial wisdom in a world of chaos.* Washington, D.C.: American Psychological Association.

Kilburg, R. R. (2006). *Executive wisdom: coaching and the emergence of virtuous leaders.* Washington, DC: American Psychological Association.

Kim, H. J. (2011). *Executive coaching: Study of evolution of the program at a top European business school.* Teachers College, Columbia University, New York

Klein, W. M., & Harris, P. R. (2009). Self-affirmation enhances attentional bias toward threatening components of a persuasive message. *Psychological science, 20*(12), 1463-1467.

Kolb, A. Y., & Kolb, D. A. (2005). Learning Styles and Learning Spaces: Enhancing Experiential Learning in Higher Education. *Academy of Management Learning & Education, 4*(2), 193-212. doi:10.5465/amle. 2005.17268566

Korotov, K., Kets de Vries, M. K., Florent-Treacy, E., & Bernhardt, A. (2011). *Tricky Coaching: Difficult Cases in Leadership Coaching.* Palgrave Macmillan.

Kotter, J. P. (1990). *A force for change: how leadership differs from management.* New York ; London: Free Press; Collier Macmillan.

Langer, A. M. (2002). Reflecting on practice: Using learning journals in higher and continuing education. *Teaching in higher education, 7*(3), 337-351.

Leonard, T. J., & Laursen, B. (1998). *The portable coach: 28 surefire strategies for business and personal success.* New York, NY: Scribner.

Lewin, K. (1951). *Field theory in social science; selected theoretical papers* ([1st ed.). New York: Harper.

Lindsley, D. H., Brass, D. J., & Thomas, J. B. (1995). Efficacy-Performance Spirals: A Multilevel Perspective. *The Academy of Management Review, 20*(3), 645-678. Retrieved from http://www.jstor.org/stable/258790

Linehan, M. M., Dimeff, L. A., Reynolds, S. K., Comtois, K. A., Welch, S. S., Heagerty, P., & Kivlahan, D. R. (2002). Dialectical behavior therapy versus comprehensive validation therapy plus 12-step for the treatment of opioid dependent women meeting criteria for borderline personality disorder. *Drug and alcohol dependence, 67*(1), 13-26.

Maier, S. F., & Seligman, M. E. (1976). Learned helplessness: Theory and evidence. *Journal of experimental psychology: general, 105*(1), 3.

Maltbia, T. (2008). *Creating a coaching program: Our journey to date and where we are headed!* Paper presented at the Is Executive Coaching an Academic Discipline?, University of Pennsylvania. http://repository.upenn. edu/od_conf_2008/8

Marshak, R. J. (2006). Organizational development as a profession and a field. In J. Brazze (Ed.), *The NTL Handbook of Organization Development and*

Change. San Francisco: Pfieffer/Jossey-Bass.

Marsick, V., & Watkins, K. (2001). Informal and incidental learning no. 89 (Spring 2001) p. 25-34. *New Directions for Adult and Continuing Education, no.89*, 25-34.

Martin, J. (2004). *Organizational culture*. Research Paper Series. Stanford University. Palo Alto.

Maslow, A. H. (1943). A theory of human motivation. *Psychological review, 50*(4), 370.

Maslow, A. H., Frager, R., Fadiman, J., McReynolds, C., & Cox, R. (1970). *Motivation and personality* (Vol. 2): Harper & Row New York.

McCauley, C., & Hezlett, S. (2002). Individual development in the workplace. In N. Anderson, D. Ones, H. Sinangil, & K. Viswesvaran (Eds.), *Handbook of industrial, work, and organizational psychology* (Vol. Personnel psychology, pp. 313-335). Thousand Oak, CA: Sage.

Merriam, S. B. (2004). The role of cognitive development in Mezirow's transformational learning theory. *Adult Education Quarterly, 55*(1), 60-68.

Mezirow, J. (1991). *Transformative dimensions of adult learning* (1st ed.). San Francisco: Jossey-Bass.

Mezirow, J. (1996). Contemporary paradigms of learning. *Adult Education Quarterly, 46*(3), 158-172.

Mezirow, J. (2000). *Learning as transformation: critical perspectives on a theory in progress* (1st ed.). San Francisco: Jossey-Bass.

Mezirow, J., & Marsick, V. (1978). Education for Perspective Transformation. Women's Re-entry Programs in Community Colleges.

Michelman, P. (2004). *Methodology: Do you need an executive coach?* Retrieved from http://harvardbusiness.org/product/methodology-do-you-need-an-executive-coach/an/U0412D-PDF-ENG

Miller, W. R., & Rollnick, S. (2015). 동기강화상담: 변화 함께하기 *신성만, 권정옥, 이상훈 옮김). 서울: 시그마프레스. (원전은 2013년에 출판).*

Niemes, J. (2002). Discovering the Value of Executive Coaching as a Business Transformation Tool. *Journal of Organizational Excellence, 21*(4), 61-69. Retrieved from http://dx.doi.org/10.1002/npr.10044

O'Boyle, E. H., Humphrey, R. H., Pollack, J. M., Hawver, T. H., & Story, P. A. (2011). The relation between emotional intelligence and job performance: A meta-analysis. *Journal of Organizational Behavior, 32*(5), 788-818. doi:10.1002/job.714

Ozkan, E. (2008). Executive coaching: Crafting a versatile self in corporate America. *Dissertation Abstracts International Section A: Humanities and Social Sciences, 69*(2-A).

Passmore, J. (2007). An integrative model for executive coaching. *Consulting Psychology Journal: Practice and Research, 59*(1), 68-78. doi:http://dx.doi.org/10.1037/1065-9293.59.1.68

Peltier, B. (2001). *The psychology of executive coaching: theory and application.* New York: Brunner-Routledge.

Peltier, B. (2009). *The psychology of executive coaching: theory and application* (2nd ed.). New York: Brunner-Routledge.

Prochaska, J. O., & Velicer, W. F. (1997). The transtheoretical model of health behavior change. *American journal of health promotion, 12*(1), 38-48.

Quinn, R. E. (1996). *Deep change: discovering the leader within.* San Francisco, Calif.: Jossey-Bass Publishers.

Raskin, P. (2009). [Executive Coaching].

Revans, R. W. (1982). *The origins and growth of action learning.* Studentlitteratur.

Rock, D., & Donde, R. (2008). Driving organisational change with internal coaching programmes: part two. *Industrial and commercial training, 40*(2), 75-80.

Rogers, C. (1961). A therapist's view of psychotherapy: On becoming a person. *London, Constable.*

Rogers, C. R. (1977). *Carl Rogers on personal power.* Delacorte.

Rogers, C. R. (2007). The necessary and sufficient conditions of therapeutic personality change.

Rogers, C. R., & Koch, S. (1959). A theory of therapy, personality, and interpersonal relationships: as developed in the client-centered framework.

Salovey, P., & Mayer, J. D. (1990). Emotional intelligence. *Imagination, cognition and personality, 9*(3), 185-211.

Schön, D. A. (1987). *Educating the reflective practitioner: toward a new design for teaching and learning in the professions* (1st ed.). San Francisco: Jossey-Bass.

Schein, E. H. (1996). Culture: The missing concept in organization studies. *Administrative Science Quarterly, 41*, 229-240.

Schein, E. H. (2004). *Organizational culture and leadership* (3rd ed.). San Francisco: Jossey-Bass.

Schein, E. H. (2010). *Organizational culture and leadership* (4th ed.). San Francisco: Jossey-Bass.

Schimmack, U. (2008). The structure of subjective well-being. *The science of subjective well-being,* 97-123.

Seligman, M. (2009). 마틴 셀리그만의 긍정심리학. [*Authentic happiness*].*(김인자 역).* 경기: 도서출판 물푸레. *(원본 발간일은 2004년).*

Seligman, M. E. (1975). *Helplessness: On depression, development, and death:* WH Freeman/Times Books/Henry Holt & Co.

Seligman, M. E., & Csikszentmihalyi, M. (2014). *Positive psychology: An introduction:* Springer.

Sherman, S., & Freas, A. (2004). The wild west of executive coaching. *Harvard Business Review, 82*(11), 82-90. Retrieved from <Go to ISI>:// 000224746900021

Sperry, L. (2008). Executive coaching: An intervention, role function, or profession? *Consulting Psychology Journal: Practice and Research, 60*(1), 33-37. doi: http://dx.doi.org/10.1037/1065-9293.60.1.33

Stacey, R. D. (1992). *Managing the unknowable: strategic boundaries between order and chaos in organizations* (1st ed.). San Francisco: Jossey-Bass.

Starr, L. (2008). Building Executive Coaching As An Academic Discipline: Establishing The Academic Community Database And Peer Review Of Proposed Academic Guidelines And Standards For Graduate Education In Executive Coaching Retrieved from http://repository.upenn.edu/cgi /viewcontent.cgi?article=1005&context=od_working_papers

Steele, C. M. (1988). The psychology of self-affirmation: Sustaining the integrity of the self. *Advances in experimental social psychology, 21,* 261-302.

Stiglitz, J. E. (2003). *The roaring nineties: a new history of the world's most prosperous decade* (1st ed.). New York: W.W. Norton.

Taylor, F. W. (1911). *The principles of scientific management.* New York, London: Harper & Brothers.

van de Loo, E. (2000). The clinical paradigm: Manfred Kets de Vries's reflections on organizational therapy. *Academy of Management Executive, 14*(1), 49-51. doi:10.5465/ame.2000.2909838

Werner, E. E. (1993). Risk, resilience, and recovery: Perspectives from the Kauai Longitudinal Study. *Development and psychopathology, 5*(04), 503-515.

Witherspoon, R., & White, R. P. (1996). Executive coaching: A continuum of roles. *Consulting Psychology Journal: Practice and Research, 48*(2), 124-133. Retrieved from http://ovidsp.ovid.com/ovidweb.cgi?T=JS&CSC=Y&NEWS =N&PAGE=fulltext&D=psyc3&AN=1996-06258-008

Yalom, I. D., & Leszcz, M. (2005). *The theory and practice of group psychotherapy* (5th ed.). New York: Basic Books.

김현정. (2014). 인수합병 이후 중소기업의 조직개발 사례: 그룹코칭 기법 중심으로. *HRD연구(구 인력개발연구)*, *16*(2), 113-143. Retrieved from http://kiss. kstudy.com/search/detail_page.asp?key=3251688

레슬러, 칼 & 톰슨, 조. (2010). *로우 R.O.W.E.* 서울: 민음인.

케츠 드 브리스, 맨프레드. (2017). *리더는 어떻게 성장하는가*. 서울: 더블북.

프로이트, 지그문트. (2007). *꿈의 해석*(이환, Trans.). 서울: 돋을새김.

INDEX

저자 소개

김현정

세상을 바꾸는 것은 시스템이고, 시스템을 만드는 사람은 리더이며, 그런 리더를 돕는 사람이 되었고, 지금은 리더를 돕는 사람들을 위한 시스템을 만들고 있다.

한양대학교 교육학과 학사, 미국 미네소타 대학 상담심리 석사 이후 삼성전자 리더십 개발센터, 리 헥트 해리슨, 커리어 디시젼(대표)에서 리더를 교육, 코칭, 컨설팅 했다. 이후 코치 양성을 위해 미국 콜럼비아 대학에서 조직과 리더십 전공 박사학위를 받고, INSEAD 객원 연구원, 숭실대학교 경영학부 조교수, 연세대학교 상담코칭 지원센터 코칭훈련 책임교수를 역임한 후 현재는 아주대학교에서 협상코칭연구센터 센터장으로 아주대학교 코칭 MBA 과정과 숭실대학교에서 이그제큐티브 코칭을 가르치고 있다. 삼성전자, 현대자동차 그룹 등 대기업과 중소기업 임원들을 코칭해 왔다. 이그제큐티브 코칭 단체인 Executive Coach Society를 설립하고, 대표 코치를 맡고 있다.

콜럼비아 대학 박사논문은 하버드 대학 내의 코칭 연구원으로부터 연구비를 전액 지원받아 INSEAD의 코칭 프로그램을 심층 연구하였으며, 이후 코칭에 관하여 주요 학술지에 논문을 게재하고 있다. 국내에서는 최초로 이그제큐티브 코칭을 학문 분야로 가르치고 있다.

코칭이 연구와 학문 분야로 이 땅에서 발전하여, 실증을 기반으로 한 코칭으로 세상을 바꾸는 리더를 양성하고자 한다.

저서로는 《Learning》, 《직장인 10년차》 등이 있으며, 번역서로는 《블루오션 전략》, 《리더는 어떻게 성장하는가? 리더 스스로가 던져야 할 5가지 질문》이 있다.

- e-mail: Hyun8980@gmail.com
- facebook: www.facebook.com/ecs5s

이그제큐티브 코칭의 이론과 실제

초판발행	2017년 7월 1일
지은이	김현정
펴낸이	안상준
편 집	김효선
기획/마케팅	이선경
표지디자인	김연서
제 작	우인도·고철민
펴낸곳	㈜피와이메이트 서울특별시 마포구 월드컵북로 400, 5층 2호(상암동, 문화콘텐츠센터) 등록 2014. 2. 12. 제2015-000165호
전 화	02)733-6771
f a x	02)736-4818
e-mail	pys@pybook.co.kr
homepage	www.pybook.co.kr
ISBN	979-11-88040-10-0 93320

정 가   15,000원

박영스토리는 박영사와 함께 하는 브랜드입니다.